111 GRÜNDE, BORUSSIA MÖNCHENGLADBACH ZU LIEBEN

Sebastian Dalkowski

111 GRÜNDE, BORUSSIA MÖNCHENGLADBACH ZU LIEBEN

Eine Liebeserklärung an den großartigsten Fußballverein der Welt

Aktualisierte und erweiterte Neuausgabe mit elf Bonusgründen

WIR SIND DER ZWÖLFTE MANN, FUSSBALL IST UNSERE LIEBE!

INHALT

**WIR SIND JA SO BESCHEUERT –
VORWORT ZUR NEUAUSGABE** 10

**1. KAPITEL: SCHÖNER GING'S NICHT –
DIE GOLDENEN 70ER** 13
Weil Hennes Weisweiler aus Borussia die Fohlenelf machte · Weil selbst ein Pfostenbruch Borussia nicht stoppen konnte · Weil es dafür schon einer Limodose bedurfte · Weil Borussia als erster Bundesligist den Meistertitel verteidigte · Weil Borussia in den 70ern häufiger Meister wurde als Bayern München · Weil Günter Netzer sich selbst einwechselte … · … und eine Disco eröffnete · Weil Hacki Wimmer lief und lief und lief · Weil Jupp Heynckes seine Bundesliga-Karriere dort beendete, wo sie begann · Weil Otto Kleff einfach nicht aufhören wollte · Weil ein Fliegengewicht Borussia zum europäischen Schwergewicht machte · Weil auch sonst so ziemlich jeder Skandinavier eingeschlagen hat · Weil Borussia als erste deutsche Mannschaft den UEFA-Pokal gewann · Weil Borussia als einzige deutsche Mannschaft zweimal den UEFA-Pokal gewann · Weil Borussia nicht nur aus den 70ern besteht

**2. KAPITEL: TOR FÜR DIE BORUSSIA –
GROSSE UND KLEINE TRIUMPHE** 43
Weil Borussia in ihrer ersten Saison ganze zwei Tore schoss und trotzdem Meister wurde · Weil der erste große Titel eine Sensation war · Weil drei Borussen in der besten Nationalmannschaft aller Zeiten spielten · Weil Borussen die ersten drei Tore des Jahres erzielten · Weil Borussia als erste deutsche Mannschaft auf italienischem Boden siegte · Weil die wahre Borussia die andere Borussia 12:0 schlug · Weil Borussia zehn Spiele in

Folge gewann · Weil Berti Vogts' Prophezeiung nur 16 Jahre hielt · Weil Stephan Paßlack die deutsche Nationalmannschaft vor einer der größten Blamagen aller Zeiten bewahrte · Weil kein anderer Bundesligist weniger Punkte brauchte, um nicht abzusteigen · Weil Borussia.de nicht die Website von Borussia Dortmund ist · Weil Borussia die einzige Krawattenmannschaft des Jahres war · Weil Borussia in der ewigen Tabelle noch immer auf einem Europapokalplatz liegt · Weil der Tag kommen wird

3. KAPITEL: ES KOMMEN AUCH WIEDER GUTE TAGE – BORUSSIAS SCHATTENSEITEN 73

Weil es niemals schlechter laufen kann als in der Saison 1956/57 · Weil Peter Meyer der beste unbekannte Stürmer seiner Generation war · Weil Kalle Del'Haye die Achterbahn des Lebens mitfuhr · Weil Gladbach der erste Ort war, an dem Lothar Matthäus sich nicht mehr sehen zu lassen brauchte · Weil am 9. Mai 1998 alles möglich zu sein schien · Weil Abstiegskampf eine existentielle Erfahrung ist · Weil es auf der Trainerbank nie langweilig wird · Weil Borussia mich lehrte, Abschiede zu ertragen · Weil es dem Verein gelang, am ersten Spieltag erster und am letzten Spieltag letzter zu sein · Weil der Verein sich nicht zu schade ist, in der 2. Liga zu spielen · Weil Borussia ernsthaft glaubte, die Verpflichtung von Giovane Élber sei eine gute Idee · Weil kein Tabellenletzter mit weniger Gegentoren in die 2. Liga abgestiegen ist · Weil die Geschichte des Eigentors ohne Borussia neu geschrieben werden müsste · Weil Borussia aber auch von den Eigentoren des Jahrhunderts profitierte · Weil Borussia so gut scheitern kann

4. KAPITEL: WAS WÄREN WIR OHNE EUCH – UNVERGESSENE, VERGESSENE UND HEIMLICHE STARS 103

Weil Borussias erster Nationalspieler sogar ohne Zehen spielte · Weil ein Tankstellenwart Borussias erster Star war · Weil ein Dreigestirn 30 Jahre Borussia regierte · Weil Uwe Kamps vier Elfmeter hielt · Weil der Tiger den berühmtesten Hinterkopf der Liga hatte · Weil Bernd Krauss den deutschen Fußball modernisierte · Weil Arie van Lent Borussia mit einem

Paukenschlag in der Bundesliga zurückmeldete · Weil ein Finne Borussia vor dem Abstieg rettete · Weil niemand mehr zum Zitatenschatz der Bundesliga beigetragen hat als Hans Meyer · Weil ein Borusse das erste Kapitel des Sommermärchens schrieb · Weil Borussias Brasilianer besser verteidigen als Tore schießen · Weil sogar Borussias Abwehrspieler Torjäger sind · Weil Filip Daems beinahe jeden Elfmeter verwandelte · Weil ein Schweizer das Wunder schaffte · ... und noch eins · Weil Arangoal nur aus 44 Metern ins Tor traf · Weil Charly Stock sich seit mehr als 50 Jahren für Borussia engagiert · Weil der Bökelberg in unseren Herzen niemals abgerissen wird

5. KAPITEL: DIE SCHEISSE VOM DOM –
DER FC UND ANDERE SPEZIELLE GEGNER 139

Weil Borussia den Untergang von Tasmania Berlin einleitete · Weil es so viel Spaß macht, den FC zu hassen · Weil es sogar im Feindesland eine Borussen-Kneipe gibt · Weil nicht der FC, sondern Borussia das letzte Europapokalspiel im Müngersdorfer Stadion bestritten hat · Weil Fortuna Düsseldorf auch keine Lösung ist · Weil Borussia das erste Live-Spiel der Bundesliga gewann · Weil Borussia nach 30 Jahren doch in München gewann · Weil Borussia nur unter denkwürdigen Umständen zweimal gegen Real Madrid rausflog · Weil Borussia-Anhänger sich sogar mit englischen Fans verstehen

6. KAPITEL: TYPISCH BORUSSIA –
KURIOSES AUS DEM FOHLENSTALL 157

Weil Tante Titti für einen Borussen immer ein Zimmer frei hatte · Weil das Denkmal für Borussias größte Helden überhaupt nicht heldenhaft ist · Weil Ewald Lienen für die Friedensliste kandidierte · Weil Heppos Frauen die besten sind · Weil Dirk Heyne der einzige Fußballspieler ist, der durch einen Pfostenschuss zum Helden wurde · Weil Berti Vogts das Kaninchen zurückbrachte · Weil Borussia wegen Kiffens der letzte Pokalsieg aberkannt wurde · Weil man wegen Borussia sogar Scooter lieben muss · Weil Borussias Stadionsprecher Sportschaumoderatoren wurden oder Punks geblieben sind · Weil sich Andreas Cüppers sonst nicht heiser gebrüllt hätte · Weil Igor de Camargo mindestens so viel Talent hat wie Roberto Boninsegna · Weil Marco Reus sich nur verletzte, wenn er für die Nationalmannschaft spielen sollte · Weil hinter Jünter niemand anderes steckt als ...

7. KAPITEL: EIN LEBEN LANG SCHWARZ-WEISS-GRÜN – BORUSSIAS FANS 183

Weil Rübi seit 30 Jahren fast kein Heimspiel verpasst hat · Weil Manolo trommelte, bis er nicht mehr konnte · Weil Borussia den ersten Fanbeauftragten der Bundesliga einstellte · Weil das Wäldchen noch steht · Weil der böseste Kabarettist Deutschlands ein Borusse ist · Weil Borussia kein Verein ist, sondern eine Diagnose · Weil jeder Fan in fünf Sekunden fünf Momente aufzählen kann, die ihn zum glücklichsten Menschen der Welt gemacht haben · Weil die Bratwurst (meistens) nicht das Beste am Stadionbesuch ist · Weil es auch in Bagdad und Sydney Borussia-Fans gibt · Weil es das Geilste ist, für einen Traditionsverein zu halten · Weil Facebook ohne Borussia nur halb so unterhaltsam wäre · Weil 10.000 Fans mit nach Rom fuhren · Weil selbst ein Testspiel ein Erlebnis ist · Weil auch der Kommerz dem Gefühl nichts anhaben kann

8. KAPITEL: GEMISCHTE TÜTE – WAS SICH NICHT EINORDNEN LIESS 213

Weil Borussia das erste deutsche Team war, das ein Freundschaftsspiel in Israel bestritt · Weil Thomas Broich nebenbei Philosophie studierte · Weil Kasey Keller in einer Burg residierte · Weil Borussen auch nach ihrer Zeit in Gladbach für Aufsehen sorgten · Weil sie irgendwann alle zurückkommen · Weil Marc-André ter Stegen einen Elfmeter gegen Messi gehalten hat · Weil die Weisweiler Elf sonst Nachwuchssorgen hätte · Weil die Namensrechte am Stadion noch nicht verkauft wurden · Weil es hier sonst nichts gibt · Weil Herr Endt seinen Supermarkt auch an Heimspieltagen nicht schließt · Weil mein Bruder und ich sonst kein Gesprächsthema hätten · Weil es noch 1.000 andere Gründe gibt · Weil darum

9. KAPITEL: DIE BONUSGRÜNDE – WAS SEITDEM GESCHAH 239
Weil Borussia sich nach 37 Jahren wieder für die Königsklasse qualifizierte · Weil Borussia sich auch von fünf Niederlagen in Folge nicht aus der Ruhe bringen lässt · Weil Borussia Weltmeister im Produzieren von Elfmetern ist · Weil die Liebe zu Borussia den Tod überdauert · Weil Borussia sich seit mehr als 20 Jahren weigert, ein Pokalhalbfinale zu gewinnen · Weil Lars Stindl Deutschland zum ersten Confed-Cup-Titel schoss · Weil nur Borussia es schafft, unbesiegbare Bayern zu besiegen und eine Woche später gegen Wolfsburg unterzugehen · Weil Josip Drmić sich gleich zweimal zurückkämpfte · Weil Christofer Heimeroth nie ein Klagelied sang · Weil sogar bayrische Jungs bei uns glücklich werden · Weil Thorsten Albustin sich selbst besiegte

**QUELLEN, BÜCHER, MAGAZINE,
ZEITUNGEN UND ARTIKEL, WEBSITES** **258**

WIR SIND JA SO BESCHEUERT

Vorwort zur Neuausgabe

Bei mir fing es ja so an, dass der Nachbar uns Anfang der 90er zwei signierte Autogrammkarten mitbrachte. Meinem Bruder gab ich die von Martin Max, ich behielt die von Hans-Jörg Criens, den ich für den größten Stürmer unter der Sonne hielt. Danach war irgendwie klar, zu welchem Verein ich halten würde. Vielleicht ist es so banal.

Mehrere Milliarden Menschen sind kein Fan von Borussia Mönchengladbach. Die Mehrheit der Weltbevölkerung liebt entweder einen anderen Verein oder interessiert sich nicht für Fußball. Das ist bedauerlich und zeigt, dass der Mensch keine genetische Veranlagung besitzt, Borusse zu werden. Irgendwas macht die einen dazu, die anderen verschont es. Sehr hoch ist die Wahrscheinlichkeit, angesteckt zu werden, wenn man wie ich am Niederrhein aufgewachsen ist, jenem platten Land zwischen Holland und Ruhrgebiet, zu dem auch Mönchengladbach gehört. Selbst in Zeiten, in denen das Team sich allmählich wieder der Normalität annähert. Die Selbstverständlichkeit, mit der Borussia einige Jahre in den Europapokal einzog und von der die ersten Auflagen dieses Buches geprägt waren, ist leider wieder verschwunden. Die Zeit mit Lucien Favre bleibt eine Ausnahmeerscheinung, an die Borussen-Fans noch lange zurückdenken werden. Jetzt heißt es, auch in grauen Zeiten schwarz, weiß und grün zu bleiben.

Der Kabarettist Hanns Dieter Hüsch hat mal gesagt: »Der Niederrheiner weiß nichts, kann aber alles erklären.« Und so weiß der Borussia-Fan gar nicht so genau, warum er letztlich Anhänger der Fohlenelf ist, hat dafür aber sehr viele Erklärungen. Es ist die

Mannschaft, die nicht nur eine Stadt, sondern eine ganze Region zusammenhält. Es sind die goldenen 70er mit Günter Netzer, Jupp Heynckes und Allan Simonsen, in denen Mönchengladbach mit Konterfußball fünfmal Meister wurde. Es ist dieses ständige Auf und Ab. Es ist ein Pfostenbruch, ein Dosenwurf, ein 12:0 und eine Erinnerung namens Bökelberg. Oder ist es doch etwas ganz anderes, das die Liebe weckt? Neue Gründe, Borussia Mönchengladbach zu lieben, wird es immer geben. In dieser Neuausgabe sind gleich elf hinzugekommen.

Dies ist ein Buch für die, die nicht verstehen, warum der Ehemann, die Ehefrau, der Nachbar, der Sohn, die Tochter, der Arbeitskollege jeden Samstag herbeisehnen wie den Tag der Gehaltsüberweisung. Dies ist ein Buch für die, die sich vergewissern wollen: Ach ja, deshalb bin ich so bescheuert. Und nicht zuletzt ist dies ein Buch über einen Verein, der uns nicht alles bedeutet. Sondern viel mehr. Borussia Mönchengladbach, die Elf vom Niederrhein.

Sebastian Dalkowski

1. KAPITEL

SCHÖNER GING'S NICHT

DIE GOLDENEN 70ER

1. GRUND

Weil Hennes Weisweiler aus Borussia die Fohlenelf machte

Wie lässt sich die Bedeutung von Trainer Hennes Weisweiler für Borussia Mönchengladbach auf den Punkt bringen, ohne zu übertreiben? Zum Beispiel so: Er war die wichtigste Person in der Vereinsgeschichte. Ohne ihn wäre die Borussia heute so bedeutend wie Westfalia Herne oder Sportfreunde Siegen. Ohne ihn hieße die Hennes-Weisweiler-Allee, die zum Stadion im Nordpark führt, heute vielleicht ... nein, ohne ihn gäbe es gar kein Stadion im Nordpark.

Als der Regionalligist Borussia Mönchengladbach und Hennes Weisweiler im April 1964 zusammenfinden, haben sie eines gemeinsam: Große Zeiten haben sie noch nicht erlebt. Okay, Gladbach hat 1960 den DFB-Pokal gewonnen, und Hennes Weisweiler den 1. FC Köln mit einigem Erfolg trainiert, aber sonst? Sepp Herberger hat der Borussia seinen früheren Assistenten empfohlen, der die DFB-Lehrgänge zur Trainerausbildung an der Sporthochschule Köln leitet. Der Verein sucht einen neuen Fußballlehrer, weil Fritz Langner zu Schalke 04 wechselt. Als Weisweiler den Club 1975 verlässt, ist Borussia ein anderes Team. Drei Deutsche Meisterschaften hat er mit ihnen gewonnen, einmal den DFB-Pokal und zu seinem Abschied den UEFA-Pokal.

Weisweiler macht gleich zu Beginn so ziemlich alles anders als Langner. Eine seiner ersten Amtshandlungen ist es, die schwarzen Trikots, in denen Borussia bisher aufgelaufen ist, durch weiße zu ersetzen – angeblich auf Anraten seiner Frau. Dann sortiert er nach und nach die alten Recken aus und setzt auf junge, talentierte Spieler. Der Etat lässt ohnehin keine großen Sprünge zu. Weisweiler baut auf Netzer, auf Heynckes, auf Laumen, allesamt in der Blüte ihrer Jugend, und macht sie wie später auch Vogts zu Spitzenspielern. Und: Er lässt sie nicht den üblichen langweiligen Fußball kicken, sondern immer schön offensiv. Lieber 5:4 gewinnen als 1:0. Langner hat auf Disziplin und Ordnung gesetzt, Weisweiler gibt seinen Spielern Freiheiten und lässt auch Diskussionen zu. So schafft er die Fohlenelf, wie der Sportjournalist Wilhelm August Hurtmanns das Team aufgrund seiner Jugendlichkeit und der unbekümmerten Angriffslust tauft. Gleich im ersten Jahr gelingt der Aufstieg in die 1. Bundesliga. In der zweiten Saison schlägt Borussia Schalke mit 11:0, der Begriff »Torfabrik« macht die Runde. In ganz Deutschland gewinnen die Fohlen Freunde mit ihrem einzigartigen Konterfußball, den Weisweiler sie gelehrt hat.

Doch nicht die Abteilung Angriff ist verantwortlich für die erste Meisterschaft, sondern die Defensive. Nachdem Netzer Weisweiler erfolgreich gedrängt hat, die arg löchrige Abwehr endlich zu stopfen, holt der Verein für die Saison 1969/70 in Vorstopper Ludwig Müller und Libero Klaus-Dieter Sieloff, zwei erfahrene Verteidiger. Prompt hat Gladbach die beste Defensive und gewinnt den Titel, bleibt aber das Gegenstück zur anderen großen deutschen Mannschaft der 70er, Bayern München, die eher pragmatischen Fußball spielt. Mit den Auftritten im Europapokal sorgt Borussia auch im Ausland für Aufsehen. All das ist das Werk von Hennes Weisweiler, dem Kölner, der ausgerechnet in Gladbach seine größten Erfolge feiert. Doch er will sein Werk nicht bis in alle Ewigkeit weiterführen.

1975 ist er zusammen mit Udo Lattek bei *Dalli, Dalli* zu Gast. Weisweiler verkorkt Weinflaschen und gibt sie an Lattek weiter. Niemand ahnt, dass er nur ein paar Monate später auch seinen Trainerposten an Lattek weitergeben würde. Gleich nach dem Gewinn des UEFA-Pokals teilt er der geschockten Vereinsführung mit, dass er zum FC Barcelona wechselt. Zum einen, weil er mit Borussia alles erreicht hat, was er erreichen will, zum anderen, weil er bei Barcelona deutlich mehr verdient. Nach elf Jahren ist die Ära Weisweiler vorbei, seine Leistungen aber strahlen bis heute. Mehr noch als seine Titel.

2. GRUND

Weil selbst ein Pfostenbruch Borussia nicht stoppen konnte

Es gibt Geschichten, die hat ein Borussia-Fan schon tausend Mal gehört. Doch weil sie so gut sind, hört er sie gerne ein tausendundeinstes Mal. Zum Beispiel jene, wie Gladbach dafür sorgte, dass die Tore nicht mehr aus Holz, sondern aus Aluminium gefertigt werden. Es ist der 3. April 1971. Borussia tritt am 27. Spieltag zu Hause gegen Bremen an. Mönchengladbach, aktueller Deutscher Meister, befindet sich im Titelkampf in einem Kopf-an-Kopf-Rennen mit Bayern München. Jeder Punktverlust kann die Entscheidung bedeuten. Horst Köppel schießt Borussia in der siebenten Minute mit 1:0 in Führung, doch Heinz-Dieter Hasebrink gleicht bereits neun Minuten später aus. Borussia stürmt ununterbrochen weiter. Ohne Erfolg. Es sieht ganz danach aus, als würden die Fohlen sich mit einem Punkt begnügen müssen. Dann bricht die 88. Minute an. Günter Netzer bringt einen Freistoß hoch in den Bremer Strafraum, Torhüter Günter Bernard befördert den Ball vor dem heranfliegenden Herbert Laumen über die Latte. Der hat so viel Schwung, dass er ins Tor läuft, sich im Netz verheddert und zu Boden geht. Leider reißt er dabei auch den von ihm aus gesehen rechten Torpfosten mit sich, der knapp oberhalb der Grasnarbe auseinanderbricht. Die Tore bestehen damals noch aus Holz, nicht aus Aluminium. Und Holz wird manchmal morsch. Das Tor fällt über Laumen zusammen, er liegt wie ein Fisch im Netz.

Großes Gelächter unter den Spielern und auf den Rängen. Während die Bremer versuchen, das Gehäuse wieder aufzurichten, dämmert den Borussen, dass dies die Gelegenheit ist, den Punktverlust doch noch zu vermeiden. Wenn die Partie abgebrochen wird, gibt es ein Wiederholungsspiel, und das würden sie dann gewinnen. Also beteiligen sie sich nicht mit vollem Einsatz an den Reparaturversuchen. Sogar die Borussen-Chronik zum 110-jährigen Bestehen hält fest: »Gladbacher Ordner waren nicht übermäßig aktiv bei der ›Ersten Hilfe‹: Ihnen war wie allen Borussenfans und wohl auch den Spielern ein Wiederholungsspiel lieber, um dann doch noch zwei Punkte einzufahren.«[1]

Netzer sagt sogar zum Schiedsrichter, er könne doch sehen, dass hier nichts zu machen sei. Am besten breche er das Match ab. Doch Schiri Gert Meuser, der erst sein fünftes Bundesligaspiel pfeift, schlägt vor, Ordner sollen den Pfosten die letzten Minuten stützen. Die stellen sich selbstverständlich ungeschickt an, auch Hammer und Nägel helfen nicht weiter. Meuser resigniert und bricht das Spiel ab. Gladbach scheint sein Ziel erreicht zu haben. Wenn da nicht der DFB wäre. Der erklärt Werder Bremen am 29. April zum Sieger und brummt Gladbach noch 1.500 DM Geldstrafe auf. Ein Grund für das Urteil ist die Passivität, die die Borussen bei den Wiederaufbaumaßnahmen an den Tag gelegt haben. Den Einspruch lehnt der DFB ab. Offizielle Begründung: »Ein Bundesligaverein ist nun mal kein Dorfverein. Er hat dafür zu sorgen, dass in angemessener Frist ein zusammengebrochenes Tor wieder sachgemäß aufgestellt werden kann.« Dass heute trotzdem eine Loge im Borussen-Stadion *Pfostenbruch* heißt, hat auch damit zu tun, dass die Geschichte für Gladbach doch noch gut ausging. Borussia wurde trotzdem Meister. Herbert Laumen wechselte nach der Saison ausgerechnet zu Werder Bremen und wurde dort nicht glücklich. Und die Bundesligavereine setzten seit dem 3. April 1971 lieber auf Aluminium.

3. GRUND

Weil es dafür schon einer Limodose bedurfte

»And the Oscar goes to …«. Die Zuschauer im Dorothy Chandler Pavilion in Los Angeles halten den Atem, als Liza Minnelli am 10. April 1972 bekannt gibt, wer die Auszeichnung als bester Hauptdarsteller erhält. Gene Hackman oder doch Walter Matthau? Minelli öffnet den Umschlag, sieht auf den Zettel, blickt leicht verwirrt zu den Zuschauern und sagt dann: »Roberto ... ähem ... Boninsegna.« Roberto wer? Roberto B-o-n-i-n-s-e-g-n-a, Stürmer von Inter Mailand, zum Zeitpunkt seiner größten schauspielerischen Leistung 27 Jahre alt. Es ist Mittwoch, der 20. Oktober 1971. Borussia Mönchengladbach tritt auf dem Bökelberg zum Achtelfinalhinspiel des Landesmeisterpokals gegen Inter an. Es sollte die größte und schlimmste Nacht aller Zeiten für jeden Borussen werden. Gladbach überrollt Inter Mailand mit 7:1. Heynckes, le Fevre und Netzer treffen doppelt, Klaus-Dieter Sieloff verwandelt in der 83. Minute einen Elfmeter zum Endstand. Eine Sensation. Besser sieht niemand die Borussia je spielen.

Die Sache hat bloß einen Haken: die 28. Minute. Gladbach führt mit 2:1, als sich Inters Stürmer Boninsegna und Borussias Verteidiger Luggi Müller um einen Einwurf streiten. Eine Dose der Marke Coca-Cola fliegt von den Rängen und trifft Boninsegna. Danach gehen die Versionen auseinander. Die Inter-Version lautet so: Boninsegna wird von einer vollen Büchse am Kopf getroffen, ist sofort bewusstlos und muss deshalb auf einer Trage vom Platz in die Kabine transportiert werden, quasi mit dem Tod kämpfend. Die Gladbacher Version: Boninsegna wird von einer leeren Dose bloß an der Schulter getroffen und lässt sich erst fallen, als ihn Inter-Kapitän Sandro Mazzola dazu auffordert. So versucht das Team, die sich abzeichnende Niederlage am Grünen Tisch zu verhindern oder einen Spielabbruch zu erzwingen. Immer wieder will der Stürmer aufstehen, aber der Masseur drückt ihn immer wieder zu Boden.

Filmaufnahmen des Wirkungstreffers gibt es nicht, so wie es überhaupt kaum Aufnahmen von der Partie gibt. Kurz vor Spielbeginn ist die Übertragung abgesagt worden, weil sich Borussia und ARD nicht darüber einig waren, wer die Mehrwertsteuer von 6.600 DM für den Erwerb der Übertragungsrechte zahlen soll. Nur die 27.500 Zuschauer im Stadion werden Zeugen dieses Jahrhundert-Spektakels.

Der Werfer ist bis heute unbekannt. Zwar wird direkt nach der Tat ein 29-Jähriger aus dem niederrheinischen Bracht festgenommen, der aber bestreitet das Vergehen. War der Werfer vielleicht ein Italiener? Sollte die Dose Müller treffen und nicht den Inter-Stürmer? Die UEFA interessiert das alles nicht. Ganz Gladbach rechnet bloß mit Platzsperre oder Geldstrafe. Beides gibt es auch, aber das ist nicht alles: Das Spiel wird annulliert. Die größte Sternstunde der Borussen – einfach ausgelöscht. Die Stadt ist in Aufruhr, die Kneipen sind voll. Tenor: Die Mannschaft wird für etwas bestraft, für das sie nichts kann. Sternstunden haben es so an sich, dass sie sich nicht wiederholen lassen. Das Rückspiel verliert Gladbach mit 2:4, das Wiederholungsspiel im Berliner Olympiastadion endet 0:0. Borussia fliegt raus. Ausgerechnet im Zweikampf mit Boninsegna bricht sich Verteidiger Müller das Bein.

Bis 2012 steht die Dose im Vereinsmuseum von Vitesse Arnheim. Der niederländische Schiedsrichter Jef Dorpmans hat sie mit nach Hause genommen und seinem Heimatverein übergeben. Zum 40. Jahrestag des Büchsen-Debakels bemüht sich Borussia um die Rückkehr der Dose. 2012 darf eine nach Arnhem geschickte Delegation sie schließlich an sich nehmen. Im geplanten Borussia-Museum soll sie einen Ehrenplatz erhalten.

4. GRUND

Weil Borussia als erster Bundesligist den Meistertitel verteidigte

Das ist doch unerhört. Steigt da so ein Verein aus der niederrheinischen Provinz in die Bundesliga auf, sieht sich die Veranstaltung vier Jahre lang an und wird dann 1970 mit einem unterdurchschnittlichen Etat und einem der kleinsten Stadien einfach Deutscher Meister. Ein Dorf von 150.000 Einwohnern. Da ist ja selbst Braunschweig größer, dessen Eintracht die Schale in der Saison 1966/67 geholt hatte. Und nun bilden sich die Borussen ein, dass sie den Titel in der nächsten Saison verteidigen können? Unerhört, einfach unerhört. Das ist doch bisher keiner Bundesligamannschaft gelungen.

Lange dauert es nicht, bis all diejenigen verstummen, die Gladbachs erste Meisterschaft für eine Laune der Natur gehalten haben. Nach 13 Spieltagen steht Borussia Mönchengladbach souverän und als einziges Team ohne eine Niederlage an der Tabellenspitze. Selbst den Bayern gelingt daheim gegen die Fohlen nur ein 2:2. Die Torfabrik läuft wieder. 5:0 gegen Kaiserslautern, 6:0 gegen Oberhausen. Wer will diese Mannschaft noch stoppen? Erst mal stoppt sie ein englischer Verein. In der 2. Runde des Europapokals der Landesmeister tritt Gladbach gegen den FC Everton an. Das Hinspiel endet 1:1, das Rückspiel ebenfalls. Elfmeterschießen! Borussia verliert das Drama. Gegen Hertha BSC kassiert Gladbach die erste Niederlage der Saison, Bayern holt sich die Tabellenführung und wird Herbstmeister. Schon am 19. Spieltag steht Borussia wieder dort, wo sie hingehört, doch das Kopf-an-Kopf-Rennen geht weiter. Andere Teams sind im Titelkampf nicht zugelassen.

Als Gladbach mit 3:1 gegen Bayern gewinnt, scheinen die Borussen endlich davonzuziehen. Doch wenn der Nackenschlag der Hinrunde das Elfmeterdrama gegen Everton war, ist der Nackenschlag der Rückrunde die Niederlage am Grünen Tisch gegen Werder Bremen nach dem Pfostenbruchspiel. So ist die Situation nach 31 Spieltagen folgende: Gladbach Tabellenführer mit 44:18 Punkten, dahinter Bayern München mit ebenfalls 44:18 Punkten und die nur um eins schlechtere Tordifferenz. Am 32. Spieltag gewinnen beide nur mit einem Tor Unterschied. Borussia holt auswärts einen 2:0-Rückstand gegen Dortmund auf, schießt in sieben Minuten drei Tore und gewinnt 4:3. Am vorletzten Spieltag der Schock: Bayern siegt 4:1 gegen Braunschweig, auch Borussia führt gegen den Tabellenletzten Rot-Weiss Essen 4:1, könnte sogar sieben, acht Buden machen, kassiert dann aber noch zwei Gegentreffer.

Bayern geht deshalb als Tabellenführer in den letzten Spieltag mit 74:34 Toren, die punktgleiche Borussia hat ein Torverhältnis von 73:34, also bloß ein Tor weniger geschossen. Mehr Spannung geht nicht. Für den Fall, dass am Ende Gleichstand herrscht, hat der DFB bereits den Termin für das Entscheidungsspiel festgelegt. Bayern fährt ins Ruhrgebiet nach Duisburg, die Zebras sind sorgenfrei und können allenfalls noch die UEFA-Pokal-Teilnahme erreichen. Gladbach tritt in Frankfurt an, die Eintracht ist noch in Abstiegsgefahr. In Frankfurt ist auch die Meisterschale. Werden die Bayern Meister, sollen sie die auf dem Heimweg mitnehmen. Ab Samstag, 15.30 Uhr hält Fußballdeutschland die Luft an. In der 43. Minute erzielt Netzer das 1:0, doch die Tabellenführung währt nur zwei Minuten, dann gleicht Frankfurt aus. In Duisburg steht es zur Pause 0:0. Die Entscheidung wird auf die zweite Halbzeit vertagt. Dann geht alles sehr schnell. Duisburgs Tormaschine Rainer Budde schießt in der 55. Minute das 1:0 und legt in der 69. Minute nach. Im Frankfurter Waldstadion besinnen sich die Borussen endlich auf ihre Stärke. Köppel trifft in der 70., kurze Zeit später lässt Heynckes einen Doppelschlag folgen. Borussia Mönchengladbach hat die Meisterschaft verteidigt.

Doch schon einen Tag später redet kaum mehr jemand vom spannendsten Bundesligafinale aller Zeiten. Während ganz Gladbach am Sonntag seine Helden in der Innenstadt feiert, deckt der Präsident von Bundesligist Kickers Offenbach, Horst-Gregorio Canellas, während seiner Geburtstagsfeier den größten Bestechungsskandal aller Zeiten im deutschen Profifußball auf.

5. GRUND

Weil Borussia in den 70ern häufiger Meister wurde als Bayern München

Es gibt nur zwei Arten von Borussia-Fans: Die, die die 70er erlebt haben, und die, die zu spät geboren wurden. Zu diesen Zu-Spät-Geborenen gehöre ich. Meine Zeit mit der Borussia begann 1990. Damals fing Gladbach an, regelmäßig mit dem Abstieg zu tun zu haben. Für unsere Generation war Borussia eine Mannschaft, deren zugewiesenes Territorium der Tabellenkeller war. Die Qualifikation für einen internationalen Wettbewerb, ja sogar ein einstelliger Tabellenplatz, schienen völlig abwegig.

Für die Zu-Spät-Geborenen war es unvorstellbar, dass es mal eine Zeit gegeben haben soll, in der Borussia den deutschen Fußball dominierte. Selbst wenn ich heute die Geschichten aus den goldenen 70ern höre, bin ich eher geneigt, *Harry Potter* für ein Sachbuch zu halten, als die Geschichte der Fohlenelf für eine wahre Begebenheit.

Also noch mal: In den 70er Jahren gehörte Borussia Mönchengladbach zu den besten Vereinsmannschaften Europas. Europas! Fünfmal wurde das Team in den 70er Jahren Deutscher Meister (1970, 1971, 1975, 1976, 1977), so häufig wie keine andere Mannschaft. Selbst den Bayern gelang das nur dreimal. Borussia war das erste Team, das den Meistertitel in der Bundesliga verteidigte, und bis heute ist es neben der Borussia bloß Bayern München gelungen, dreimal in Folge Deutscher Meister zu werden. Bis 1980 war Borussia Rekord-Meister der Bundesliga. Nicht Dortmund, Leverkusen oder Bremen waren damals die Konkurrenten der Münchener um den Meistertitel, nein, mein Verein, Borussia Mönchengladbach. Wirklich wahr. Außerdem wurde das Team in dieser Zeit zweimal UEFA-Pokal-Sieger, einmal DFB-Pokal-Sieger und stand einmal im Finale der Landesmeister. Damals trat die Borussia in dem sicheren Gefühl an, zu gewinnen. Niederlagen waren nicht völlig zu vermeiden, aber das war dann direkt national news. Vier, fünfmal pro Saison, dann war aber auch Schluss. Und 70, 80 Tore waren Pflicht. Heute glaubt ja selbst ein Team wie Hoffenheim, dass es aus Gladbach drei Punkte mitnehmen darf. So ein Verein wurde damals mit 6:0 abgefertigt und zurück in den Zug gesetzt. Ja, Günter Netzer spielte für Borussia, auch Jupp Heynckes, Berti Vogts, Allan Simonsen, Europas Fußballer des Jahres 1977. Habe ich noch jemanden vergessen? Ach ja, Wolfgang Kleff, Hacki Wimmer und Rainer Bonhof. Damals kickte der halbe Kader in der deutschen Nationalmannschaft, nicht bloß bei der slowakischen oder belgischen.

Die Orientierungspunkte waren nicht Hannover, Bremen, Hamburg oder Stuttgart, sondern Liverpool und Inter Mailand. Gladbach war in den 70ern erfolgreicher als der FC Barcelona. Barcelona! An die Zeit danach denke ich jetzt einfach nicht. Das hier ist schließlich ein Märchen, und ein Märchen braucht ein Happy End.

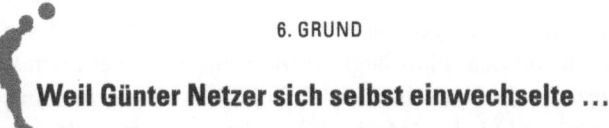

6. GRUND

Weil Günter Netzer sich selbst einwechselte …

Die Chinesische Mauer, so heißt es immer wieder falsch, soll das einzige Bauwerk sein, das sich aus dem Weltraum erkennen lässt. Wahr ist allerdings: Das einzige Ereignis, das sich vom Weltraum aus erkennen ließ, war die Tat eines Borussen namens Günter Netzer. Sie trug sich zu am 23. Juni 1973 im Düsseldorfer Rheinstadion.

Es ist ein Samstag, und Borussia Mönchengladbach tritt zum DFB-Pokalfinale gegen den 1. FC Köln an. Köln ist Favorit, Gladbach droht eine Saison des totalen Scheiterns. Meister ist das Team nicht geworden, im UEFA-Pokal-Finale hat es gegen Liverpool, natürlich gegen Liverpool, verloren. Es ist das letzte Spiel von Günter Netzer, der ein paar Tage zuvor seinen Wechsel zu Real Madrid bekannt gegeben hat. Nach 230 Bundesligaspielen und 82 Bundesligatoren für seine Borussia ist Schluss. Mehr als eine Million DM Ablöse erhält der Verein, Netzer 350.000 DM pro Jahr. Doch die ewige Nummer 10 steht nicht in der Startelf. Selbstverständlich gibt Trainer Weisweiler nicht den Groll auf Netzer als Grund an, sondern dessen fehlende Fitness. Was nicht völlig aus der Luft gegriffen ist. Netzer ist im Trainingsrückstand wegen einer Verletzung, hatte einen Autounfall, seine Mutter ist kurz zuvor gestorben.

Stattdessen bringt Weisweiler den defensiven Heinz Michallik. Netzer, der ewige Rebell, die ewige Nummer 10, nimmt mit der Nummer 12 auf der Bank Platz. Am liebsten hätte er sich auf die Tribüne gesetzt oder wäre gar nicht erst ins Stadion gefahren, doch seine Mitspieler überzeugen ihn vom Gegenteil. Auch ohne Netzer entwickelt sich ein Spiel, das bis heute zu den besten Endspielen in der Geschichte des DFB-Pokals zählt. Trotz brütender Hitze rennen die Spieler auf und ab, Torchance folgt auf Torchance. Dass es nach 90 Minuten nur 1:1 steht, ist ein Wunder. Und der Grund, warum Netzer die Gelegenheit hat, Geschichte zu schreiben. Kurz vor Beginn der Verlängerung geht er zu Christian Kulik, der völlig ausgebrannt auf dem Platz liegt. Netzer fragt ihn, ob er noch kann. Kulik verneint dies entschieden, ist froh, dass Netzer für ihn spielen möchte, und bleibt einfach liegen. Netzer stapft zu Weisweiler, verkündet seinen Entschluss, dass er nun zu spielen gedenke. Weisweiler nimmt das wortlos hin. Noch in der Halbzeit hat er ihn selbst einwechseln wollen, bloß wollte Netzer nicht.

Der zieht nun seinen blauen Trainingsanzug aus, Jubel brandet auf im Stadion. Der berühmteste Sohn der Stadt tritt zu seinem letzten Akt an. Und als ob dieses Finale nicht schon dramatisch genug wäre, die Hitze, das Derby, Heynckes' verschossener Elfmeter, die Selbsteinwechslung, setzt Netzer noch einen drauf. Kaum auf dem Platz spielt er Doppelpass mit Bonhof und hämmert den Ball aus knapp 13 Metern mit links in den Torwinkel, obwohl oder gerade weil er den Ball nicht richtig trifft. Gladbach hält das 2:1 bis zum Schluss und holt zum zweiten Mal den DFB-Pokal. Beim anschließenden Bankett würdigen sich Netzer und Weisweiler keines Blickes. Vertragen werden sie sich erst später. Wie immer.

In der Berichterstattung am nächsten Tag spielt die Selbsteinwechslung Netzers kaum eine Rolle. Weil gar nicht bekannt ist, dass Netzer sich selbst eingewechselt hat. In einem Interview mit *11 Freunde* vom 6. März 2013 sagte Netzer: »Die Entwicklung dieser Geschichte ist unglaublich! Zehn Jahre lang wusste niemand von meiner Selbsteinwechslung. Ich habe mit keinem darüber gesprochen, solange Weisweiler noch lebte. Eine Frage der Ehre. Erst nach seinem Tod habe ich es einmal erwähnt – und niemand hat mir geglaubt.«[2]

7. GRUND

... und eine Disco eröffnete

Es gibt einen schönen und zugleich traurigen Satz im Wikipedia-Eintrag der Stadt Mönchengladbach: »Vor allem in den siebziger und achtziger Jahren lockte das attraktive Nachtleben noch junges Szene-Publikum aus Düsseldorf an.« Wer heute durch die Gladbacher Altstadt geht, merkt sofort: Diese Zeiten sind vorbei.

Einer, der großen Anteil am legendären Ruf der Altstadt hatte, hatte auch einen großen Anteil am Erfolg der Borussia in den 70ern. Günter Netzer eröffnete im Frühjahr 1971 an der Waldhausener Straße die Disco Lover's Lane, einen Steinwurf von seinem Geburtshaus entfernt. In einem Interview mit der ZEIT begründete er diesen Schritt mit finanzieller Notwendigkeit. »Mein Verein Borussia Mönchengladbach hatte damals ein Stadion mit nur 2600 Sitzplätzen. Der Verein konnte uns nicht viel bezahlen. Die anderen haben das Dreifache verdient, der Franz Beckenbauer in Bayern und auch der Wolfgang Overath in Köln!«[3]

Die Ironie der Geschichte wollte es so, dass dort zuvor ein Friseur untergebracht war. Ausgerechnet ein Friseur, sind Netzers bekanntestes Markenzeichen doch bis heute seine langen blonden Haare. Schuld daran war Netzers damalige Freundin Hannelore, die entscheidend daran beteiligt war, dass Netzer der erste Popstar der Bundesliga wurde. Sie übernahm auch die Gestaltung des Lovers' Lane. Netzer gab seinen Namen her und steckte das Geld rein, sein nächster Schritt als Geschäftsmann, immerhin hatte er auch das Fohlen-Echo auf den Weg gebracht. Hannelore beschloss, den ganzen Laden schwarz streichen zu lassen, die Wände, die Decke, den Boden.

Um die Gäste anzulocken, griffen die Mitarbeiter vor allem zu Beginn noch zu einem Trick: Sie stellten Netzers Ferrari vor die Tür, auch wenn er nicht da war. Das zog. Kaum öffnete der Club, drängten die Leute hinein. Viele waren aus Köln oder Düsseldorf angereist. Doch Türsteher Rainer Mumbauer war streng. Wenn es klingelte, öffnete er eine Klappe auf Augenhöhe und musterte die Gäste. Wer nicht ordentlich angezogen war oder zu tief ins Glas geschaut hatte, konnte wieder umdrehen. Wer ein Fußballtrikot trug, versuchte es auch besser anderswo. Spieler von Borussia kamen selbstverständlich immer hinein, Jupp Heynckes und Rainer Bonhof gehörten zu den Stammgästen, auch Beckenbauer schaute nach Auswärtsspielen vorbei, Udo Jürgens und die Schauspielerin Elke Sommer setzten sich an die Theke, sogar Sepp Herberger kam mal vorbei. Die Leute sollen applaudiert haben, als er seinen Hut ablegte. Nur Weisweiler ließ sich dort nie blicken. Er hatte den starken Verdacht, dass Netzer völlig verrückt geworden war.

Mehr als 60 Leute passten nicht hinein in die Sardinenbüchse Lovers' Lane. Denen mixte der italienische Barkeeper Picco für sechs bis acht Mark legendäre Drinks und sorgte dafür, dass sie zahlreich bestellten. Aus elf Leuten bestand das Team inklusive Chef, weshalb es den Spitznamen »Netzers Geldelf« bekam. Nur einen DJ gab es in der Geldelf nicht. Wer am Regal mit den Platten stand, legte eine

Scheibe auf. Oder aber die Musik kam vom Tonband, nicht selten Bob Dylan, einer von Netzers Lieblingsmusikern. Netzer sah allerdings davon ab, zu tanzen, er konnte es schlicht nicht.

Dann wurde alles anders. Als Netzer 1973 zu Madrid wechselte, zeigte sich, weshalb der Laden stets so voll gewesen war: Es war Netzers Anwesenheit beziehungsweise der Verdacht, er könne anwesend sein. Kaum war er fort, sanken die Besucherzahlen. Ab den 80ern versuchten andere Betreiber ihr Glück, doch keiner kam an den Erfolg von Netzer heran. Heute kämpft dort ein R&B-Club ums Überleben. Zum Feiern fahren die Gladbacher nun – welch Frevel – in eine andere Altstadt: in die von Düsseldorf.

8. GRUND

Weil Hacki Wimmer lief und lief und lief

Der Mann, den sie »Hacki« nannten, war ein fauler Hund. Wenn die anderen noch im Kraftraum schwitzten, saß Hacki bereits frisch geduscht in der Eisdiele am Alten Markt und ließ sich seinen Bananensplit schmecken. Bei Heimspielen brachte er die Fans mit seinen ständigen Alleingängen zur Verzweiflung, den Pass auf den besser stehenden Kameraden zu spielen, war nicht seine Art. Abwehrarbeit lehnte er ab und trotzdem war er einer der ersten, denen die Puste ausging. Schnell war er erst wieder, als es hieß, sich vor ein Fernsehmikrofon zu stellen. Was Weisweiler auch versuchte, Hacki weigerte sich. »Fußball ist ein einfaches Spiel«, hat Hacki mal gesagt, »21 Männer jagen 90 Minuten lang einem Ball nach, da muss ich nicht auch noch mittun.«

Wer über Herbert »Hacki« Wimmer irgendetwas Schlechtes sagen möchte, der muss schon lügen, bis der Torpfosten bricht. Man wird auf der ganzen Welt keinen Menschen finden, der sich negativ zu ihm äußert. Vielleicht gehört er deshalb bis heute zu den beliebtesten Spielern der Borussia, vielleicht wurde er deshalb in die Jahrhundertelf gewählt. Weil er einfach ein durch und durch anständiger Kerl ist. Wer über Wimmer schreiben will, dem bleibt also nur die Lobhudelei.

Dann los! Hacki Wimmer war exakt zwölf Jahre Fußballprofi. Zwölf davon spielte er für Borussia Mönchengladbach. Als er 1966 mit 21 Jahren vom Aachener Stadtteil-Verein Borussia Brand nach Gladbach wechselt, ohne allerdings je von Aachen an den Niederrhein zu ziehen, ist er Außenstürmer und bleibt das auch zu Beginn seiner Profizeit. Weil er ein guter Dribbler ist und der Gegner von ihm meist nur die Hacken sieht, verpasst ihm Torhüter Manfred Orzessek den Spitznamen Hacki. Sein richtiger Vorname gerät in Vergessenheit. Seine eigentliche Bestimmung findet er im defensiven Mittelfeld. Jahrelang hält er Netzer den Rücken frei für dessen Offensiveskapaden, er läuft und läuft, unermüdlich, bis zum Schluss, jeden Spieltag. In keiner Saison bestreitet er weniger als 26 Spiele. Er kommt dabei, obwohl er Defensivspieler ist, ohne Grätschen aus, ohne Knochenbrecher-Mentalität. Lieber setzt er auf Technik und Übersicht. Netzer ist das Herz des Spiels, Wimmer die Lunge. Netzer steht im Rampenlicht, Wimmer in seinem Schatten. Netzer ist Dauergast in den Medien, Wimmer ist froh, wenn ihn die Reporter in Ruhe lassen. Wer weiß schon, dass Wimmer das erste Tor im DFB-Pokal-Finale gegen den 1. FC Köln geschossen hat? Dass Wimmer im EM-Endspiel 1972 gegen die Sowjetunion das 2:0 erzielte? Dafür ist er der einzige, dem Weisweiler das Du anbietet. Als Entschuldigung dafür, dass der Trainer einmal gesagt hat, mit so einem anständigen Spieler könne man nicht Meister werden.

Als Netzer 1973 zu Real Madrid wechselt, zeigt Wimmer, dass er mehr ist, als der erste Wasserträger des deutschen Fußballs. Die Lunge kann auch ohne das Herz. Fünf Meisterschaften holt er mit Borussia, zwei UEFA-Pokal-Siege und den DFB-Pokal, macht 366 Bundesligaspiele, und schießt 51 Tore. Auch nach dem Ende seiner Karriere sucht Wimmer nicht das Rampenlicht. Fernsehexperte oder Trainer, das ist nichts für ihn. Stattdessen übernimmt er das Zeitschriftengeschäft seines Vaters in Aachen, bis seine Hüfte nicht mehr mitmacht und er sich einige Male auf den OP-Tisch legen muss. Heute läuft die Lunge nicht mehr. Sie fährt Fahrrad.

9. GRUND

Weil Jupp Heynckes seine Bundesliga-Karriere dort beendete, wo sie begann

Der Mann, der dort oben auf dem Podium sitzt, hat alles erlebt und alles gewonnen. Er hat Pfosten brechen und Büchsen fliegen sehen. Er ist Deutscher Meister geworden und DFB-Pokal-Sieger, er hat die Champions League geholt. Er hat Tore geschossen, viele Tore, und er hat auf der Trainerbank gesessen. Es ist die Pressekonferenz nach seinem letzten Spiel in der Bundesliga. Es ist der 18. Mai 2013. Und gleich wird der Mann zum ersten Mal in seinem Leben anfangen, vor einer Fernsehkamera zu weinen. Weil sich ein Kreis geschlossen hat. Der Mann, der dort sitzt, heißt Jupp Heynckes.

Jetzt erst mal tief Luft holen.

Das Leben von Jupp Heynckes beginnt am 9. Mai 1945 in einem Mönchengladbacher Krankenhaus. Er wächst im Stadtteil Holt auf. Auch die Bundesligakarriere von Jupp Heynckes beginnt in Mönchengladbach. 1962 wechselt er von Grün-Weiß Holt zur Borussia. 1964 holt ihn Weisweiler von der Reserve in die 1. Mannschaft. Am 14. August 1965 bestreitet er sein erstes von 1.011 Bundesliga-Spielen. Eine Woche später schießt der Stürmer sein erstes Bundesligator, das auch das erste Bundesligator am Bökelberg ist. Er wird für den Verein in der Liga noch weitere 194 Tore machen. So viele wie kein anderer Borusse. Und es wären noch mehr geworden, wenn er nicht 1967 zu Hannover 96 gewechselt wäre. Ein Irrtum, den er 1970 wieder korrigiert. Und er trifft weiter. Drei Tore beim 5:1 gegen

Twente Enschede, fünf Tore beim 12:0 gegen Dortmund, seiner letzten Partie als Spieler. Er ist 33, seine Knie machen nicht mehr mit.

Das Leben von Jupp Heynckes als Trainer beginnt in Mönchengladbach. Ein Jahr assistiert er Udo Lattek, dann wird er 1979 selbst Chef. Er hat Erfolg, aber er bleibt ohne Titel. 1980 erreicht er das UEFA-Pokal-Finale, 1984 das DFB-Pokal-Finale. Um Deutscher Meister zu werden, wechselt er 1987 zu Bayern München und beginnt eine Weltkarriere. 2006 kehrt der Mann, der mit Real Madrid die Champions League gewonnen hat, auf die Trainerbank von Borussia zurück. Er soll das Team in die obere Hälfte der Tabelle führen. Der Versuch geht brutal daneben. Borussia steht auf einem Abstiegsplatz, als er am Morgen des 31. Januar 2007 seinen schwarzen Dienstwagen volltanken lässt und danach Präsident Rolf Königs Papiere und Fahrzeugschlüssel überreicht. Es hat Morddrohungen gegeben. Der Verein schafft es nicht, ihn umzustimmen. Doch es ist nicht sein Karriereende. 2009 führt er Bayern als Interimstrainer noch in die Champions League. Dasselbe gelingt ihm als Coach von Bayer Leverkusen.

Dann kommt die Saison seines Lebens. 2013 holt er mit Bayern Meisterschaft, DFB-Pokal und Champions League. Der erste deutsche Trainer, der das Triple gewinnt. Sein letztes von 1.011 Bundesligaspielen führt ihn zu Borussia. Es ist das kitschigste Drehbuch, das sich denken lässt. Am Abend zuvor hat er die DFB-Pokalsiegermannschaft von 1973 getroffen, vor dem Spiel verabschiedet ihn Borussias Vereinsspitze auf dem Rasen, die Nordkurve hält ein Transparent hoch mit der Aufschrift »Ein echtes Fohlen dreht seine letzte Runde – mach's gut, Jupp« und feiert ihn mit Sprechchören. Es ist das erste Mal, dass Borussen-Fans einen Angestellten des FC Bayern München feiern. Weil sie wissen, dass er immer Borusse geblieben ist. Seinen Hauptwohnsitz hat er in dem Ort Waldniel, gleich an der Grenze zu Mönchengladbach, in einem restaurierten Bauernhof. Als der Stadionsprecher Bayern zur Meisterschaft gratuliert, fangen die Borussia-Anhänger sofort an zu pfeifen. Sie freuen sich für ihren Jupp, nicht für die Münchener. In der Pressekonferenz nach dem Spiel wird er auf den überwältigenden Empfang angesprochen. Der sonst so gefasste Heynckes antwortet: »Ich möchte mich wirklich sehr herzlich bedanken bei den Borussen-Fans und Zuschauern für den wunderbaren Abschied, weil ...« Und da gerät seine Stimme ins Stocken, er räuspert sich hält inne. »... das zeigt mir, dass ... ja, dass das meine Heimat ist.« Danach verliert der Mann, der dort oben auf dem Podium sitzt, den Kampf gegen die Tränen. Dass er vier Jahre später doch noch mal zu den Bayern zurückkehrt – schon okay, Jupp.

10. GRUND

Weil Otto Kleff einfach nicht aufhören wollte

Der Mann heißt Peter Cestonaro und er kommt aus Haiger-Langenaubach. Dieser Peter Cestonaro aus Haiger-Langenaubach spielt am 29. Mai 1982 für den SV Darmstadt 98 gegen Mönchengladbach. Es ist der 34. Spieltag, es steht 5:0 für Borussia, als ihm in der 65. Minute der Ehrentreffer gelingt. Zum letzten Mal in seinem Leben holt Wolfgang Kleff als Borussen-Torhüter einen Ball aus dem Netz. Seine Mitspieler heißen nicht mehr Berti Vogts und Günter Netzer, sondern Lothar Matthäus und Armin Veh. Wolfgang, jetzt mal unter uns, du wirst im November 36, wäre es nicht an der Zeit, ganz aufzuhören?

Wie bitte, aufhören? Du tickst ja wohl nicht mehr richtig.

Was bisher geschah. 1968: Kleff, Jahrgang 1946, kommt zur Borussia, verliert in der ersten Saison mehr als zehn Kilo, meine Güte ist die 1. Liga hart. Will schon fast zurück nach Schwerte, steht dann plötzlich im Tor und bleibt im Tor beziehungsweise in der Nähe des Tores, denn Kleff gehört zu den ersten mitspielenden Keepern. Macht sieben Jahre lang jedes Bundesligaspiel mit. 4. November 1970: Achtelfinale im Pokal der Landesmeister gegen

Everton, Rückspiel. Im Hinspiel hat Kleff eine Toilettenrolle vom Spielfeld befördert, derweil schlug der Ball in seinem Tor ein. Große Scheiße. Im Rückspiel kassiert er nach einer Minute das 0:1. Hält danach alles. *Alles.* Hat plötzlich acht Arme und zwölf Hände. Sogar der Schiedsrichter klatscht. Sagt Kleff. Borussia fliegt trotzdem nach Elfmeterschießen raus. Egal. Dafür nimmt Kleff alles mit, was Borussia gewinnt. Meisterschaften, UEFA-Pokal, DFB-Pokal. Kleff immer im Tor. Kurze Hosen, nein, kürzeste Hosen. Sieht aus wie Otto und heißt deshalb bei allen auch Otto. Ist mindestens so lustig wie er. Spielt später in einem seiner Filme einen schwulen Friseur.

7. Juli 1974: Kleff sitzt auf der Bank. Im Münchener Olympiastadion. Während des Endspiels zwischen Deutschland und den Niederlanden. Im Tor: mal wieder Sepp Maier. Sechs Länderspiele macht Kleff in seiner Karriere. Dann Leistenbruch. Plötzlich steht dieser Kneib im Tor von Borussia. Ein Jahr Hertha BSC. Jupp Heynckes sagt: Komm zurück, Otto. Noch mal zwei Jahre Borussia, dann Peter Cestonaro und Schluss.

Wie Schluss? Ich mach noch weiter.

Zwei Jahre Fortuna Düsseldorf als Stammtorhüter in der 1. Liga. 3. Spieltag 0:6 gegen HSV, 4. Spieltag 0:5 gegen Mönchengladbach. In seinem letzten Spiel für Fortuna ausgewechselt. Kleff ist 37 und ein halbes Jahr. Otto, wäre nun nicht der richtige Zeitpunkt, die Handschuhe an den Nagel zu hängen?

Was sagst du da? Bist du bescheuert?

Ein Jahr Oberhausen, 1984/85, 2. Bundesliga. VfR 1910 Bürstadt und Hessen Kassel statt Bayern München und Schalke 04. Wieder Stammtorhüter. Wolfgang, ich frag dich noch mal: Wie wäre es mit Ruhestand? Du bist 38,5.

Jetzt lass mich doch noch. Arme, Beine, ist doch noch alles dran.

Ein Jahr VfL Bochum, 1985/86, 1. Liga. 1:4 gegen Waldhof Mannheim, 2:4 gegen Bayer Leverkusen, 1:6 gegen Bayern München. 0:3 gegen Köln. Aber auch 6:1 gegen Borussia Dortmund. 20 Spiele. Wolfgang, jetzt aber, oder? Du wirst in ein paar Monaten 40.

Na und?
Ein Jahr FSV Salmrohr, 2. Bundesliga, 1986/87. 25 Spiele. 1:6 gegen Rot-Weiß Oberhausen, 0:5 gegen VfL Osnabrück, 0:4 gegen Arminia Bielefeld, 0:8 gegen SV Darmstadt. Im letzten Match kassiert Kleff fünf Gegentore. Das Team steigt mit 48:94 Treffern als Tabellenletzter ab. In Mönchengladbach steht mittlerweile Uwe Kamps im Tor. Wolfgang? Ich will ja nix sagen, aber ...
Ich bin erst 40 Jahre und ein halbes.
Fünf Jahre SV Straelen, von 1987 bis 1992. Amateurfußball. 58 Spiele. So, Wolfgang, nun ist aber Schluss. Du bist 45.
Ja, vielleicht. Also erst mal.
Ein Jahr KFC Uerdingen, Regionalliga, 1999/00. Ersatztorhüter. Mit 52 Jahren. Null Spiele. Otto, jetzt lass den Quatsch.
Mal sehen.
9. März 2008: 35 Minuten im Tor für den NRW-Landesligisten FC Rheinbach. Mit 61 Jahren. Ein paar Monate nach einem Schlaganfall. Ausgewechselt, weil ein Gegenspieler das Knie in seinen Oberschenkel rammt. Da steht es 1:0 für Rheinbach. Das Spiel endet 1:4. Im Tor von Borussia steht mittlerweile Christofer Heimeroth.
2009: Herzoperation nach Herzrhythmusstörungen.
Wolfgang, jetzt ist aber Schluss, ne?
Och ...

11. GRUND

Weil ein Fliegengewicht Borussia zum europäischen Schwergewicht machte

Es hat Allan Simonsen wirklich gegeben. Er ist niemand, den sich unsere Väter ausgedacht haben, damit wir begreifen, warum damals alles besser war. Simonsen, sagen die Leute und meinen damit nur zu einem Drittel eine Person. Zu einem Drittel meinen sie damit eine Spielkultur und zu einem Drittel eine Sehnsucht. Wer an den Konterfußball der Fohlen denkt, denkt erst an Netzer und dann sofort an Simonsen. Netzer machte Borussia in Deutschland bekannt, Simonsen in Europa. Sechseinhalb Jahre spielte der dänische Stürmer am Niederrhein. Er kam 1973 als Talent, er ging 1979 als Weltstar.

Dabei sah es mehr als ein Jahr so aus, als würde Simonsen bei Borussia überhaupt nichts reißen. Zwar hat er, als er mit 19 für 200.000 DM von Vejle BK wechselt, in seiner Heimat schon für Aufsehen gesorgt, aber die dänische Liga ist eben nicht die Bundesliga. Plötzlich muss er zwei- bis dreimal täglich trainieren. Weisweiler schickt ihn bewusst in die Zweikämpfe mit Terrier Vogts, den Simonsen später als seinen härtesten Gegner bezeichnen wird. Es scheint, als könne sich Simonsen, 1,68 Meter groß, 57 Kilo leicht, nicht durchsetzen. Er spielt kaum, wenn, dann wird er eingewechselt. Am Ende der Saison 1973/74 will Weisweiler ihn schon loswerden, aber dem Zweitligisten Augsburg ist die Ablöse zu hoch.

In der neuen Saison ist der Trainer gezwungen, ihn spielen zu lassen, weil Wimmer für mehrere Spiele ausfällt. In der ersten Partie bereitet er ein Tor vor, in der dritten und vierten schießt er selbst eines. Er hat seine Schwäche, die Schmächtigkeit, einfach zu seiner Waffe gemacht. Auf alten Videos kann man sehen, wie er sich um Gegner windet, wie er an ihnen vorbeirauscht. Es ist, als würde man versuchen, nach einer Fliege zu treten. Doch er kann mehr als Tore schießen, er ist kein typischer Torjäger. Er stößt aus dem Mittelfeld nach vorn, spielt die entscheidenden Pässe, kommt über die Flügel, kann auch Elfmeter schießen. Wo die Nummer 7 mit dem Pennäler-Gesicht auftaucht, ist Gefahr.

Am Ende der Saison wird Gladbach zum dritten Mal Deutscher Meister und holt sich den UEFA-Pokal, Simonsen macht im Rückspiel gegen Twente Enschede nach drei Minuten das 1:0 und kurz vor Schluss das 5:1 mit einem Strafstoß. Die Gegner können grätschen, wie sie wollen, sie kriegen ihn nicht kaputt. Zwischen Mai 1974 und Februar 1978 läuft Simonsen 130 Bundesligaspiele in Folge auf. Spätestens als er 1977 als erster und einziger Borusse zu Europas Fußballer des Jahres gewählt wird, ist Manager Grashoff klar: Lange ist der nicht mehr zu halten.

Noch einmal überzeugt er Simonsen, einen neuen Vertrag zu unterschreiben, unter anderem mit der Aussicht auf zwei Wochen mehr Sommerurlaub. 1979 holt und verwandelt der Däne den Elfmeter, der Borussia zum UEFA-Pokal-Sieger gegen Roter Stern Belgrad macht. Danach beendet Berti Vogts seine Karriere, wechselt Udo Lattek zu Borussia Dortmund und geht Allan Simonsen für rund 1,7 Millionen DM zum FC Barcelona. Es ist das Ende einer Ära. Es ist das Ende jener Borussia, von der uns unsere Väter am liebsten erzählten.

12. GRUND

Weil auch sonst so ziemlich jeder Skandinavier eingeschlagen hat

Wenn jemand der Ansicht ist, den skandinavischen Fußballspielern werde in diesem Buch zu viel Platz eingeräumt, dann möge er bitte auf der Stelle schweigen. Er soll froh sein, dass es nicht noch mehr Kapitel sind. Denn in keiner Region der Welt kaufen die Borussen so gerne und so erfolgreich ein, und wenn ein skandinavischer Fußballspieler zum Geburtstag einen Atlas geschenkt bekommt, ist dort auf der Deutschlandkarte statt Berlin, Hamburg oder München vermutlich nur Mönchengladbach verzeichnet. Borussia holt sich keinen neumodischen Kram aus Japan, Gladbach holt sich die Spieler aus den Ländern mit den glücklichsten Menschen der Welt. Dänen, Schweden, Finnen, Norweger – ganz egal. Bloß ein Isländer fehlt noch.

Ihren Anfang nahm die Vorliebe für den Norden mit den Dänen, aber nicht mit Allan Simonsen. Der erste hatte den eher untypischen Nachnamen le Fevre, Vorname Ulrik, und kam 1969 vom selben Verein wie später der kleine Flitzer. Eine lange Eingewöhnungszeit brauchte er nicht, gleich in der ersten Saison schoss der Stürmer bei drei 1:0-Siegen das einzige Tor und 1971 das erste Tor des Jahres. Leider blieb er nur drei Spielzeiten. Sein Nachfolger Henning Jensen, ebenfalls ein Däne, blieb vier Jahre, schoss 44 Tore und ging dann wie so viele Borussen zu Real Madrid. Dass auch Simonsen die Offensive beflügelte, hätte niemanden mehr überraschen sollen. Die Dänen waren schnell, wendig, technisch stark und schossen Tore mit einer Selbstverständlichkeit, wie andere die Zeitung aus dem Briefkasten holen.

Die Selbstverständlichkeit des Toreschießens war auch die Berufsauffassung des Schweden Martin Dahlin in den 90er Jahren. Er war ein Grund dafür, warum Gladbach sich plötzlich im europäischen Geschäft wiederfand. In 125 Liga-Spielen machte er 60 Tore für Borussia. Der andere Grund für die Gladbacher Auferstehung war Patrik Andersson. Er bewies, dass Skandinavier nicht nur den schönen Offensivfußball pflegen, sondern auch zur Verteidigung zu gebrauchen sind. Ohne seine Hilfe hätte es Bernd Krauss nie geschafft, die Viererabwehrkette einzuführen. Er ist neben Simonsen einer von zwei Skandinaviern in der Jahrhundertelf.

So könnte ich munter weitermachen. Da gibt es noch den Dänen Peter Nielsen, der sich beim Fernsehschauen die Schulter ausrenkte, den norwegischen Verteidiger Kai Erik Herlovsen, den norwegischen Mittelfeldspieler Håvard Nordtveit, die dänischen Verteidiger Bo Svensson und Kasper Bøgelund, den Schweden Oscar Wendt. Allesamt Fußballer, die irgendwie Eindruck hinterließen, mal mehr, mal weniger.

Und ja, damit bei all der Schwärmerei niemand einen Würgereiz verspürt – ein paar Skandinavier haben vielleicht nicht so eingeschlagen, wie sie sollten. Aber wirklich nur ein paar. Der Schwede

Jörgen Pettersson schoss zwar in 114 Spielen 32 Tore, brauchte aber viel zu viele Chancen und hat so manch einen Borussen-Fan und -Trainer verzweifeln lassen. Der Däne Morten Skoubo hingegen hat so ziemlich jeden verzweifeln lassen. Er kam 2002 als Sturmtalent an den Niederrhein, brachte aber bloß vier Treffer zustande. Zum Glück traf an seiner Stelle Mikael Forssell. Dass der auch Skandinavier ist, dafür kann ja ich nichts.

13. GRUND

Weil Borussia als erste deutsche Mannschaft den UEFA-Pokal gewann

Das muss man den Kids überhaupt erst mal erklären, was der UEFA-Pokal war. Der UEFA-Pokal war der Vorgänger-Wettbewerb der Europa League. Bloß dass die Europa League eine bedeutungslose Veranstaltung ist, weil die besten Teams in der Champions League antreten. Doch es gab eine Zeit, in der sich bloß der Meister für die Champions League qualifizierte, die damals noch Europapokal der Landesmeister hieß. Der Pokalsieger qualifizierte sich für den Europapokal der Pokalsieger, die übrigen Spitzenmannschaften spielten im UEFA-Pokal. Im K.-o.-System.

Als Borussia Mönchengladbach in der Saison 1974/75 zu diesem Wettbewerb antritt, wird der erst zum vierten Mal ausgespielt, eine deutsche Mannschaft hat den Titel noch nicht geholt. Schon in der 1. Runde sieht es so aus, als könnte auch die Borussia das nicht ändern. Gegen den FC Tirol Innsbruck liegen die Fohlen in der Fremde nach 55. Minuten mit 0:2 zurück, bevor Heynckes der Anschlusstreffer gelingt. Am Bökelberg laufen die Dinge anders. Schon nach 17 Minuten erzielt Berti Vogts das 1:0. Kurz darauf verschießt Bonhof einen Elfmeter. Gladbach zittert, bis Heynckes und Jensen 20 Minuten vor Schluss alles klar machen. Es ist der holprige Auftakt zu einem Triumphzug, in dem Gladbach einen Bilderbuch-Konterfußball spielt, mit dem die vermutlich beste Borussia aller Zeiten am Saisonende auch Deutscher Meister wird. In der 2. Runde reicht es gegen Olympique Lyon im Morast und vor bloß 4.800 Zuschauern im Bökelbergstadion zwar nur zu einem 1:0, aber im Rückspiel jagen die Borussen die Franzosen mit 5:2 aus dem Wettbewerb. Noch schlimmer trifft es Real Saragossa. Mit 5:0 gehen die Spanier am Bökelberg unter, Heynckes und Simonsen treffen mal wieder, wie sie wollen. Am Ende des Wettbewerbs werden sie 21 der 32 Borussen-Treffer erzielt haben. Das Rückspiel gewinnt Gladbach 4:2. Auch Baník Ostrava aus der Tschechoslowakei ist im Viertelfinale kein Hindernis. Borussia siegt auswärts 1:0, daheim 3:1. Und der 1. FC Köln im Halbfinale – pah! Nach dem Hinspiel, das Gladbach im Feindesland traditionell mit 3:1 gewinnt, ist das Duell entschieden. Im Rückspiel begnügen sich die Borussen mit einem 1:0.

Im Finale wartet Twente Enschede. Doch für das Hinspiel in Düsseldorf fällt Tormaschine Heynckes verletzt aus, die Niederländer ermauern sich ein 0:0. Damit hat das Team ernsthaft Chancen, den UEFA-Pokal zu gewinnen, schließlich hat es zu Hause keines seiner Spiele im Wettbewerb verloren. Das ändert Borussia dramatisch. Kaum angepfiffen, ist die Partie bereits gelaufen. Nach drei Minuten passt Dietmar Danner von links zurück zu Simonsen, der den Ball aus 15 Metern ins Tor haut. In der neunten Minute flankt Jensen in den Strafraum, ein Niederländer ist freundlich genug, den Ball in die Füße des genesenen Jupp Heynckes zu spielen. Der geht vorbei und macht das 2:0. In der zweiten Halbzeit erzielt Heynckes seine Treffer zwei und drei, das 1:4 stört niemanden mehr. Zur Sicherheit verwandelt Simonsen kurz vor Schluss einen Foulelfmeter zum 5:1. Nie wieder wird eine Mannschaft im Finale des UEFA-Pokals das Auswärtsspiel so hoch gewinnen. Sogar die holländischen Fans applaudieren, als Berti Vogts die Trophäe entgegennimmt. Nur Manager Grashoff grummelt, dass der UEFA-Pokal bloß Geld gekostet habe, weil die Heimspiele so schlecht besucht waren und jeder Spieler eine Siegprämie von 15.000 DM erhält. 15.000 DM! Das muss man den Kids erst mal erklären, dass Spieler damals für eine solche Siegprämie überhaupt angetreten sind.

14. GRUND

Weil Borussia als einzige deutsche Mannschaft zweimal den UEFA-Pokal gewann

Die Saison 1978/79 wäre eine zum Wegwerfen gewesen. Aber so richtig. In der vergangenen Spielzeit ist Borussia nur wegen der schlechteren Tordifferenz nicht Meister geworden, plötzlich aber steckt die Fohlenelf zum ersten Mal im Abstiegskampf, bis sie durch einen Schlusssprint noch den zehnten Rang erreicht, die zweitschlechteste Platzierung ihrer Bundesliga-Geschichte. Das Signal ist deutlich: Borussias goldene 70er gehen zu Ende.

Das ist kein Zufall. Vor Saisonbeginn haben Hacki Wimmer und Libero Hans-Jürgen Wittkamp den Verein verlassen, um ihre Karriere bei unterklassigen Teams ausklingen zu lassen. Jupp Heynckes ist von der Tormaschine zu Latteks Co-Trainer geworden, Rainer Bonhof zum FC Valencia gewechselt. Borussia muss vier zentrale Spieler ersetzen. Und es kommt noch ein fünfter hinzu. In der ersten Runde des DFB-Pokals bricht sich Berti Vogts Knöchel und Wadenbein und reißt sich alle möglichen Bänder. Neun Monate fällt er aus, er will zwischenzeitlich aufhören und kehrt dann doch für sechs Bundesliga-Partien zurück, um seine Borussia aus der Abstiegszone zu führen.

Doch da gibt es noch diesen UEFA-Pokal. Dort tritt ein anderes Team auf. Es ist keine Mannschaft, die den großen Glanz verbreitet wie 1975, es fehlen auch meist die namhaften Gegner, aber es ist ein Team, das gewinnt. 5:1 im Hinspiel der 1. Runde gegen Sturm

Graz, das wollen sich auf dem Bökelberg allerdings nur 8.000 Zuschauer ansehen. Das Rückspiel entscheidet die Borussia locker mit 2:1 für sich. In Runde 2 leistet Portugals Serienmeister Benfica Lissabon schon mehr Widerstand. Auswärts erkämpfen sich die nicht mehr ganz so stürmischen Fohlen ein torloses Unentschieden. Auch im Rückspiel steht es nach 90 Minuten 0:0. Zum ersten, aber nicht zum letzten Mal in diesem Wettbewerb hilft ein Foulelfmeter weiter. Hans-Günter Bruns verwandelt, Klinkhammer legt kurz vor dem Abpfiff das zweite Tor nach. Im Achtelfinale ist beinahe Schluss für Borussia. Gegen das eher unbekannte polnische Team Śląsk Wrocław haben die Gladbacher auf dem Bökelberg nur ein 1:1 geholt, im Rückspiel gehen die Polen nach 26 Minuten in Führung. Doch der laufende Meter Allan Simonsen macht den Ausgleich per Kopf und trifft zwei weitere Male, die Gladbacher siegen 4:2. Viertelfinale! Und endlich wieder ein namhafter Gegner. Gegen Manchester City holen die Borussen auf der Insel mal nicht die übliche Niederlage, sondern ein 1:1. Das Rückspiel gewinnen sie durch schnell herausgespielte Tore mit 3:1. Drei Tage später geht das Team an selber Stelle mit 1:7 gegen Bayern München unter.

Das stärkt nicht gerade das Interesse der Fans fürs Halbfinale, der Gegner auch nicht. Das Hinspiel in Duisburg endet 2:2, zum Rückspiel kommen keine 15.000 gegen den ebenfalls abstiegsgefährdeten MSV. Die, die Gladbach die Treue halten, werden belohnt. In der 43. Minute eröffnet Allan Simonsen das Torfestival. Das 2:0 bereitet er mit einem sensationellen Pass vor, das 3:0 erzielt er selbst nach einem katastrophalen Fehlpass. Am Ende zieht Gladbach mit 4:1 ins Finale ein.

Dass die Borussen auch dieses gewinnen, gegen Roter Stern Belgrad, hat allerdings nur sehr wenig mit spielerischen Fähigkeiten zu tun und viel mit Glück. Im Hinspiel in Jugoslawien sind die Belgrader überlegen und gehen nach 22 Minuten in Führung. Doch vor 95.000 Zuschauern gelingt es dem Team nicht, das zweite Tor zu erzielen. Den Gladbachern gelingt nicht mal eines, was aber auch nicht nötig ist, weil der Belgrader Jurišič das mit einem herrlichen Flugkopfball ins eigene Gehäuse erledigt. Als die beiden Teams zum Rückspiel im nicht ausverkauften Rheinstadion antreten, können die Borussen theoretisch noch immer absteigen. Gut spielen sie auch an diesem Abend nicht. Nicht die beste Mannschaft siegt, sondern die mit den besten Flugfähigkeiten. In der 17. Minuten hebt Simonsen im Strafraum relativ zweifelhaft ab, den Elfmeter verwandelt er selbst. Sowohl die Latte als auch die Abwehr halten das Ergebnis bis zum Schluss. Borussia gewinnt zum zweiten Mal den UEFA-Pokal, keiner anderen deutschen Mannschaft wird das gelingen.

Berti Vogts darf noch mal eine Trophäe in die Höhe strecken. Dann beendet er seine Karriere. Allan Simonsen geht zum FC Barcelona, Trainer Udo Lattek zu Borussia Dortmund. Es ist das bittersüße Ende einer Ära.

15. GRUND

Weil Borussia nicht nur aus den 70ern besteht

An der ein oder anderen Stelle in diesem Buch ist ganz am Rande von einem Jahrzehnt die Rede, das wir einfach mal die *70er* nennen wollen. Okay, in jedem Kapitel, das war, und in jedem Kapitel, das noch folgen wird, tauchen die 70er auf. Entweder, weil das Thema in den 70ern spielt, oder weil es in einem anderen Jahrzehnt spielt und es dann heißt, dass es kein Vergleich zu den 70ern sei, oder aber, dass dieses und jenes an die guten alten 70er erinnere. Auch dieses Kapitel kommt nicht ohne die 70er aus, obwohl es doch *Weil Borussia nicht nur aus den 70ern besteht* heißt. Schon in diesem Absatz kam der Begriff »70er« so häufig vor, dass jedem Leser übel geworden sein dürfte. Schluss damit. Schluss mit den ständigen Verweisen darauf. Es gibt auch andere Jahrzehnte. Haha, guter Witz ... Nein im Ernst jetzt.

Also gut, versuchen wir es mal: Es hat wenig Sinn, zu bestreiten, dass die 70er das erfolgreichste Jahrzehnt der Borussen waren. Dort holten sie fünf ihrer fünf Meistertitel, zwei ihrer zwei UEFA-Pokal-Siege und einen ihrer drei DFB-Pokale. Das heißt, dass sie acht ihrer zehn nationalen und internationalen Titel in den 70ern holten. Wer nach 1970 geboren wurde, kann nicht glaubwürdig behaupten, auch nur einen Teil dieser erfolgreichen Epoche bewusst miterlebt zu haben. Dieses Privileg fällt Fans zu, die deutlich älter als 40 sind. Alle anderen müssen sich mit Erzählungen der Altvorderen und pixeligen YouTube-Clips begnügen.

Doch es muss sich niemand grämen, zu spät geboren worden zu sein. Das Fan-Dasein bemisst sich nicht nach Titeln, es bemisst sich nach Erlebnissen. Und erlebnisreich waren die anderen Jahrzehnte auch. Der Aufstieg in die 1. Liga kann so aufregend sein wie eine Meisterschaft, ein knapp verhinderter Abstieg so mitreißend wie ein UEFA-Pokal-Gewinn und ein Sieg gegen Bielefeld genau so viel Freude machen wie ein Sieg gegen Mailand, wenn nur die sieglose Zeit zuvor lang genug gewesen ist. Stefan Effenberg kann einem im Mittelfeld so sehr imponieren wie Günter Netzer und Hans Meyer einem so legendär erscheinen wie Hennes Weisweiler.

Eigentlich ist es heutzutage noch viel großartiger, Borussia-Fan zu sein. Ein junger Anhänger hat kaum Fallhöhe und freut sich im Grunde schon, wenn es eine Saison lang nicht gegen den Abstieg geht. Der 4. Platz der Saison 2011/12 ist ein viel größeres Wunder als der erste Meistertitel. Und hat sich ein Stadion je so sehr gefreut wie beim späten 1:0 durch Roberto Colautti gegen Schalke 04 im Jahr 2009?

Die 70er sind das erfolgreichste Jahrzehnt, aber sie sind nicht *das* Jahrzehnt und schon gar nicht sind sie das einzige Jahrzehnt. Aber ja, verdammt, wir könnten ruhig mal wieder Meister werden. Haha, guter Witz ... Nein im Ernst.

2. KAPITEL

TOR FÜR DIE BORUSSIA

GROSSE UND KLEINE TRIUMPHE

16. GRUND

Weil Borussia in ihrer ersten Saison ganze zwei Tore schoss und trotzdem Meister wurde

Dass es eine Zeit vor dem Nordpark gab, daran erinnern sich die Fans nur allzu gerne. Dass es aber auch eine Zeit vor dem Bökelberg gab, kann doch unmöglich sein, oder? Vor dem Bökelberg, also vor Christi Geburt?

Nicht ganz. Es ist das Jahr 1899 nach Christi Geburt. 13 junge Männer haben genug von ihrem Turnverein, der wohl TC Germania Gladbach hieß, und gründen im Arbeiterviertel Eicken ihren eigenen Fußballclub, eben die Borussia. Das offizielle Geburtsjahr ist 1900. Der erste Fußballverein der Stadt ist es nicht, seit 1894 kicken die reichen Schnösel beim FC Mönchengladbach.

Fußball ist damals ungefähr so angesehen wie heute Wrestling, einen eigenen Platz zu finden alles andere als leicht. Die Borussen müssen in ihrer Anfangszeit nicht bloß auf Rasenplätzen mit Ackerqualität spielen, sondern häufiger tatsächlich auf einem Acker. Sie müssen auch ihre eigenen Tore mitbringen und nach dem Spiel wieder abbauen, denn sonst könnte es sein, dass sie am nächsten Tag nur noch die Überreste wiederfinden. Die Anti-Fußball-Bewegung hat zahlreiche Anhänger. Um die Platzprobleme zu lösen, treten die Borussen der Marianischen Jünglings-Kongregation bei, ein katholischer Verein für junge Männer. Die hat einen eigenen Platz.

Gleich zu Beginn deutet die Borussia an, zu welchen Heldentaten sie später, also sehr viel später, fähig sein wird. Die ersten drei Spiele gewinnt sie: 2:1 gegen Blitz Neuwerk, 2:1 gegen Germania M'Gladbach, 4:2 gegen den Rheydter FC. Doch anstatt sich über die Erfolge zu freuen, stört sich die Kongregation an der Unsittlichkeit der Spieler. Sie tragen kurze Hosen, an Sonntagen stehen sie auf dem Platz, anstatt in der Kirche zu knien. So geht das aber nicht. Es kommt zum Streit, 1903 verlässt Borussia die Kongregation und nimmt wenig später an ihrer ersten Meisterschaft teil, in der 3. Klasse des 2. Bezirks. Selbstverständlich wird das Team sofort Meister. Das liegt allerdings nicht ausschließlich an der Leistung der Borussia. In der Liga spielt bloß eine weitere Mannschaft, BV Solingen 98. Das Hinspiel in Solingen endet 2:2. Zum Rückspiel treten die Solinger aus ungeklärten Gründen nicht an, die Partie wird 2:0 für Borussia gewertet. Zwei Tore geschossen, zwei am Grünen Tisch erhalten – das reicht, um Meister zu werden.

Weil aber ein eigener Platz fehlt, kann Borussia in der nächsten Saison nicht antreten. Bevor 1919 das Stadion auf dem Bökelberg eröffnet wird, müssen die Spieler immer wieder einen neuen Mietrasen finden. Doch auch ohne eigenes Stadion hält sich Borussia wacker in den Niederungen des deutschen Fußballs. 1906/07 Meister in der 2. Klasse des 2. Bezirks mit acht Siegen aus acht Spielen. Weil der Westdeutsche Spielverband aber mal wieder seine Ligen reformiert, bleibt Borussia zweitklassig. Der Aufstieg gelingt zwei Jahre später.

Der Höhepunkt in der Steinzeit der Borussia-Geschichte aber ist eine Niederlage. 1912 wird das Team Meister seiner Liga und qualifiziert sich durch mehrere Entscheidungsspiele für die Westdeutsche Meisterschaft gegen den Kölner Ballspielclub. Wer dort gewinnt, darf an der Deutschen Meisterschaft teilnehmen. Doch auf dem Platz des ungeliebten FC Mönchengladbach triumphiert Köln mit 4:2. Erst 1920 werden die Borussen Westdeutscher Meister mit einem 3:1 gegen eben jenen Kölner BC. Da hat die Ära Bökelberg bereits begonnen.

17. GRUND

Weil der erste große Titel eine Sensation war

Zu den unschönen Wahrheiten der Borussen-Historie gehört es, dass der Verein bis 1960 im deutschen Fußball nur eine untergeordnete Rolle spielte. Gladbach war Fußball-Provinz. Bis das Team 1960 sensationell den DFB-Pokal gewann.

Damals spielte Borussia in der Oberliga, der höchsten deutschen Spielklasse, die in fünf Regionen unterteilt war. Das Team trat in der Oberliga West an, ohne besonders aufzufallen. Meist ging es gegen den Abstieg, nicht immer mit Erfolg. Mit der Meisterschaft hatte der Verein auf jeden Fall nie etwas zu tun.

Auch die Saison 1959/60 läuft wie immer. Gladbach hält mit Mühe und Not die Klasse, doch im Pokal will und will das Team einfach nicht ausscheiden. Der Pokal, das ist zunächst der WFV-Pokal, der Pokal des Westdeutschen Fußballverbandes. Das 6:1 gegen den Stadtrivalen Germania Geistenbeck ist noch keine Überraschung, das 3:1 gegen den Ligakonkurrenten SC Viktoria Köln lässt aufhorchen. Gegen Germania Datteln, nicht gerade ein Fußballgigant, braucht das Team zwei Versuche. Das erste Spiel endet 2:2 nach Verlängerung, das Wiederholungsspiel gewinnt Gladbach mit 8:1. Der nächste Gegner ist wieder ein Oberligist. Doch auch gegen Alemannia Aachen steht es nach dem Abpfiff Unentschieden. Das 3:3 erfordert ein Wiederholungsspiel, das aber erst in der nächsten Saison ausgetragen wird. Auch dort heißt es am Ende: 3:3 nach Verlängerung. Was nun? Elfmeterschießen gibt es damals noch nicht, also passiert etwas, das im heutigen Fußball unvorstellbar ist: Das Los entscheidet. Der Schiedsrichter schreibt auf ein Stückchen Papier »Sieger«, auf das andere nichts. Borussias Kapitän Albert Brülls schreitet zur Tat, zieht einen Zettel, faltet ihn auseinander und reißt jubelnd die Arme hoch. Gladbach steht in der nächsten Runde.

Dort wartet der erste richtig dicke Brocken, Borussia Dortmund, im Vorjahr Dritter der Oberliga. Doch selbst im Stadion Rote Erde gewinnen die Borussen mit 4:3. Gladbach steht im Finale des WFV-Pokals, das in Düsseldorf ausgetragen wird. Spätestens dort müsste nach menschlichem Ermessen Schluss sein. Der 1. FC Köln ist Meister der Oberliga West und würde den Titel auch in der neuen Saison wieder gewinnen. Doch nicht nur der Pokal, auch das Derby hat seine eigenen Gesetze. Borussia dreht einen Rückstand noch zum 3:1 und darf deshalb erstmals am DFB-Pokal teilnehmen, der praktischerweise gleich mit dem Halbfinale beginnt. Jetzt müsste die Siegesserie aber wirklich enden. In Münster steht das Team dem Deutschen Meister HSV gegenüber, für den immerhin ein Mann mit dem Namen Uwe Seeler stürmt. Doch schon nach zwei Minuten schlägt Brülls' Ball zum 1:0 ein. Die Partie endet 2:0 für den Außenseiter, die Provinzkicker aus Gladbach haben den nächsten Favoriten rausgeworfen. Berlin, Berlin, wir fahren nach Berlin, hätten die Fans gesungen, doch geht es damals zum Finale ins Düsseldorfer Rheinstadion.

Halb Gladbach macht sich am 5. Oktober 1960 auf den Weg in die benachbarte Landeshauptstadt, die Borussen-Kicker verdrücken vor dem Finale noch einen Strammen Max und fertigen dann vor 50.000 Zuschauern den Karlsruher SC ab, als Meister der Oberliga-Süd klarer Favorit. Zweimal kann der Gegner die Führung noch ausgleichen, dann zieht Brülls aus 30 Metern ab. Karlsruhes Torhüter sieht dem Ball nur noch verwundert hinterher – 3:2. Das Wunder ist geschafft. Der Pokal kommt an den Niederrhein, der damals noch kein monströser Goldpott ist, sondern eine handliche Silberschale. Zum Feiern mit Schnittchen, Würstchen, Kartoffelsalat und Bier geht es ins Vereinslokal Schumacher, tags darauf mit dem Auto-Korso durch die Stadt. Der Fußball-Atlas Deutschland ist seitdem um eine Stadt reicher.

18. GRUND

Weil drei Borussen in der besten Nationalmannschaft aller Zeiten spielten

Mehr Borussia ging nicht. Es lief die 52. Minute im EM-Endspiel 1972 zwischen Deutschland und der UdSSR. Beim Stand von 1:0 für Deutschland beschloss Günter Netzer, einen Pass auf Jupp Heynckes zu spielen. Der spielte den Ball in den Lauf von Hacki Wimmer. Wimmer zog direkt mit links ab, der Ball ging rechts am gegnerischen Keeper vorbei ins Tor – 2:0. Das Spiel war entschieden. Fünf Minuten später machte Gerd Müller noch das 3:0. Deutschland war Europameister.

Das Team, das 1972 den Titel holte, gilt noch immer als die beste deutsche Nationalmannschaft aller Zeiten. Nicht ohne Grund: Gleich drei Borussen gehörten zur Stammformation der EM 1972: Günter Netzer, Jupp Heynckes und Hacki Wimmer. Es wäre noch ein vierter dazugekommen, hätte sich Berti Vogts nicht zuvor verletzt. Die Schaltzentrale war Netzer, der 1972 endlich mal bei einem großen Turnier zeigen durfte, dass er auch für die Nationalmannschaft ein Gewinn war. Sein ewiger Konkurrent als Spielmacher, der Kölner Wolfgang Overath, hatte sich an der Leiste verletzt. Netzer war es, der den ersten Sieg der deutschen Nationalmannschaft auf englischem Boden möglich machte. Beim 3:1 im Viertelfinale erzielte er ein Tor per Elfmeter und glänzte ansonsten in der Vorbereitung. Beim 2:1 gegen Belgien im Halbfinale bereitete er eines der zahlreichen Müller-Tore mit einem langen Pass vor. Eines ist sicher: Mehr Fohlenelf war die Nationalmannschaft nie, und ohne die Borussen wäre Deutschland 1972 nicht so überlegen Europameister geworden.

Doch abgesehen von der EM 1972 war das Verhältnis zwischen Borussen und der Nationalmannschaft schwierig. Man könnte auch sagen: Meist haben dort Spieler anderer Teams geglänzt. 36 deutsche Nationalspieler hat Borussia hervorgebracht, die meisten von ihnen nahmen in der Bundeself nur eine untergeordnete Rolle ein. Tauchten einzelne Borussen in den 70ern wenigstens noch regelmäßig in der Startformation auf, waren sie ab den 80ern ohne Bedeutung.

Fast schon legendär ist Günter Netzers unglückliche Karriere in der Nationalmannschaft. 1974, da spielte er bereits in Madrid, zog Helmut Schön mal wieder Wolfgang Overath vor. Netzer wurde nur einmal eingewechselt – im Spiel gegen die DDR. Nur 37 Länderspiele machte Netzer, 31 davon zu Borussia-Zeiten. Auch für zwei weitere Borussen verlief die WM 1974 nicht wie erhofft: Heynckes und Wimmer verletzten sich während des Turniers und wurden auf der Bank Weltmeister. Dort saß auch Wolfgang Kleff, der wie immer Sepp Maier den Vortritt lassen musste. Immerhin zwei Borussen standen im WM-Finale 1974: Berti Vogts und Rainer Bonhof. Sie waren es auch, die die meisten Länderspiele als Borusse machten. Bei Berti Vogts waren es 96, bei Rainer Bonhof 40. Die anderen 13 bestritt er nach seinem Fortgang. Heynckes machte 38 seiner 39 Länderspiele für Borussia, Wimmer alle 36. Angesichts ihrer Bedeutung für die Fohlen eine lachhaft niedrige Zahl. Auch andere prägende Spieler hatten in der Nationalmannschaft gegen die Bayern-Übermacht kaum eine Chance. Herbert Laumen, Borussias zweitbester Torjäger, lief bloß zweimal im Deutschland-Dress auf, Hans-Günter Bruns viermal, Wilfried Hannes achtmal, Uwe Rahn 14-mal. Andere wechselten den Verein frühzeitig. So machte Uli Stielike bloß die ersten 6 seiner 42 Partien für die DFB-Auswahl zu seiner Zeit am Niederrhein. Und Rekordnationalspieler Lothar Matthäus wechselte nach 26 seiner 150 Länderspiele zum neben 1860 wichtigsten Fußballverein Münchens.

19. GRUND

Weil Borussen die ersten drei Tore des Jahres erzielten

Fußball ist eine Sportart, die sich ohne Schönheit nicht denken lässt. Ein spektakuläres Tor entschädigt für einen Grottenkick von 90 Minuten, eine Mannschaft, die mit Hurra-Fußball verliert, ist beliebter als ein Team, das sich ein 1:0 nach dem anderen ermauert. Mit anderen Worten: Borussia Mönchengladbach ist Fußball.

Als die ARD 1971 mit dem Tor des Monats auch das Tor des Jahres einführte, wurde schnell klar: Das ist ein Wettbewerb für Gladbach. Sechsmal erzielten Borussen bisher das Tor des Jahres, hinter der Deutschen Nationalmannschaft und Bayern München liegt das Team auf Platz 3.

Gleich die ersten drei Jahre sind ausschließlich Sache der Fohlen. Den Anfang macht Ulrik le Fevre im Oktober 1971. Schalke reist am 12. Spieltag als Tabellenführer an den Bökelberg, hat erst fünf Tore kassiert. Bereits nach 36. Minuten führt Borussia mit 5:0, dann folgt le Fevres großer Auftritt. Ein Mitspieler knallt den Ball auf der linken Seite flach in den Strafraum, der Däne lässt ihn abtropfen, der Ball bekommt Höhe, le Fevre legt ihn sich einmal in der Luft vor, legt ihn sich ein zweites Mal in der Luft vor, tanzt dabei drei Schalker aus und zieht mit rechts flach in die rechte Ecke. Das Spiel endet 7:0.

Nicht im Borussen-Dress, aber quasi vom Geist der Borussia erfüllt, erzielt Günter Netzer 1972 das Tor des Jahres. Im Freundschaftsspiel zwischen Deutschland und der Schweiz stürmt er wie sein eigenes Klischee mit wehenden Haaren über den halben Platz. Dann passt er in den Strafraum auf Gerd Müller, der den Ball mit der linken Sohle stoppt und mit der rechten Hacke an Netzer zurückgibt. Der haut ihn zum 4:0 ins Tor. Endstand: 5:1.

Im Jahr darauf trägt Netzer beim Tor des Jahres wieder das schönere Trikot. Es ist das UEFA-Pokal-Viertelfinale gegen Kaiserslautern 1973. Das Hinspiel auf dem Betzenberg hat Gladbach mit 2:1 gewonnen. Im Rückspiel steht es 1:1, als Gladbach in der 42. Minute einen Freistoß kurz vorm Strafraum erhält. Netzer lässt sich den Ball von einem Mitspieler mit dem Fuß anheben und haut die Kugel in die rechte obere Ecke.

1979 darf sich der nächste Borusse Torschütze des Jahres nennen. Inter Mailand führt in der 2. Runde des UEFA-Pokals im Rückspiel 1:0 gegen Borussia und wäre mit diesem Ergebnis weiter. Gladbachs Keeper Wolfgang Kneib schlägt den Ball ab, Harald Nickel nimmt ihn mit der Brust an, lässt ihn zweimal aufprallen und zieht aus 35 Metern ab – 1:1 in der 33. Minute! Gladbach siegt mit 3:2 und kommt eine Runde weiter.

Das nächste Tor des Jahres zeigt, dass Schönheit nicht alles ist. Es ist der 3. Spieltag 2005/06, Gladbach ist auf Schalke zu Gast. Frank Rost wehrt einen Schuss nach vorne ab, Kasper Bøgelund rauscht heran und schlägt den Ball volley aus knapp 18 Metern Richtung linke obere Torecke – 1:0. Nichts gegen die Schusskünste des Herrn Bøgelund, aber 2005 gibt es einige nominierte Tore, die spektakulärer sind, allein Lukas Podolski erzielt viermal das Tor des Monats. Doch über die Qualität befindet keine Jury, sondern der Zuschauer per Telefon. Und weil Borussia im ganzen Land beliebt ist und die Köln-Fans nicht für jeden der vier Podolski-Treffer anrufen, siegt Bøgelund.

Im Jahr darauf sorgt Oliver Neuville für das letzte Tor des Jahres. Zur Saisoneröffnung steht es zwischen Gladbach und Galatasaray Istanbul 0:1. Borussia bringt einen Ball hoch in den Strafraum, Neuville erwischt ihn noch mit der Hacke durch eine artistische Bewegung, nach der er sich heutzutage vermutlich krankschreiben lassen müsste, und macht aus kurzer Entfernung den Ausgleich. Es ist ein vorsorglicher Trost, für alles was kommt. Am Ende der Saison steigt Gladbach zum zweiten Mal aus der Bundesliga ab.

20. GRUND

Weil Borussia als erste deutsche Mannschaft auf italienischem Boden siegte

Die Fohlen haben sich so sehr um den deutschen Fußball verdient gemacht, dass einige Erfolge nie die ihnen zustehende Würdigung erfahren haben. Der folgende ist nicht einmal bei Google zu finden, es gibt auch kein YouTube-Video vom entscheidenden Spiel. So als ob es nicht der Rede wert wäre. Es ist aber sehr der Rede wert.

Bis zum 20. Oktober 1976 haben deutsche Mannschaften im Europapokal nie auf italienischem Boden gewonnen. Sie sind nicht immer rausgeflogen, sie haben auch mal ein Unentschieden geholt, aber gesiegt haben sie nie. Selbst der deutschen Nationalmannschaft ist das bis zu diesem Zeitpunkt nur einmal gelungen, ein 1:2 im Jahr 1929.

Versucht haben es deutsche Teams häufig genug. 1958 reist Borussia Dortmund nach einem 1:1 gegen AC Mailand mit einiger Hoffnung zum Rückspiel im Viertelfinale des Landesmeisterpokals. Doch AC Mailand siegt mit 4:1. Im selben Wettbewerb schafft Dortmund 1964 gegen Inter im Halbfinale daheim ein 2:2. Im Rückspiel ist wieder nichts zu holen – 0:2. Ohne Chance sind auch Teams wie Eintracht Braunschweig, Hertha BSC und TSV 1860 München. Selbst Bayern München kann sich die Reise über die Alpen sparen. Das Halbfinal-Hinspiel im Pokal der Pokalsieger 1968 entscheidet AC Mailand mit 2:0. Und Borussia Mönchengladbach hat geradezu ein Trauma gegenüber italienischen Teams entwickelt. Nach dem annullierten 7:1 gegen Inter 1971 verlieren die Borussen in Italien 4:2. Auch gegen den AC Mailand ist 1974 nichts drin. Immerhin holen sie im Jahr darauf ein Unentschieden gegen Juventus Turin und scheiden nicht aus dem Landesmeisterwettbewerb aus.

Auf den Tag genau, fünf Jahre nach dem 7:1, am 20. Oktober 1976, tritt Borussia in der 2. Runde des Landesmeisterpokals zum Hinspiel beim AC Turin an. Der AC Turin ist damals eine große Nummer und hat in der Vorsaison im eigenen Stadion bloß einen Punkt abgegeben. 71.000 Zuschauer brüllen ihr Team, das sie bloß »El Torro«, der Stier, nennen nach vorne. Für italienische Mannschaften eher untypisch setzt Turin auf Angriffsfußball. Doch darauf hat sich Borussia eingestellt, fängt die Aktionen frühzeitig ab und setzt Konter. In der 21. Minute trifft Simonsen nur den Pfosten, den Nachschuss setzt er übers Tor. Sieben Minuten später spielen Vogts und Heynckes einen Doppelpass, Vogts steht plötzlich frei vorm Tor und trifft. Die Turiner merken, dass das heute schief gehen kann. Sie werden nervös, spielen Fehlpässe, verlieren Zweikämpfe. In der ersten Halbzeit kommen sie kaum zu Chancen. Es braucht 64 Minuten bis zum Ausgleich, der den Italienern kurzzeitig Auftrieb gibt. Doch die Borussen sind nervenstark. Und sonst sind da noch immer Torhüter Wolfgang Kneib und der Pfosten. Mitten hinein in die Turiner Hoffnungen erzielt Hans Klinkhammer zehn Minuten vor Schluss mit einem Flachschuss den Siegtreffer. Der Stier ist besiegt, die schwarze Serie beendet. Es hat bloß keiner gemerkt.

21. GRUND

Weil die wahre Borussia die andere Borussia 12:0 schlug

Es gibt nur ein Ergebnis in der Geschichte der Fußball-Bundesliga, das so einzigartig ist, dass es nicht mal nötig ist, die beteiligten Mannschaften zu nennen. Weil sie jedem Fußballfan sofort einfallen. 12:0. Klar, Borussia Mönchengladbach gegen Borussia Dortmund. Der höchste Sieg einer Bundesligamannschaft aller Zeiten. Abgespeichert für alle Ewigkeit. Abgespeichert leider auch: Gebracht hat er den Gladbachern, mal abgesehen von dem Rekord, nichts.

Aber es war doch so schön. Und zwar ging das so: Am 29. April 1978 tritt Mönchengladbach zum letzten Spiel der Saison gegen Dortmund an. Nicht auf dem Bökelberg, dort wird umgebaut, sondern im Düsseldorfer Rheinstadion. Es geht um nichts mehr. Quasi. Zwar liegt Gladbach auf Platz 2 der Tabelle und könnte zum vierten Mal hintereinander Meister werden, aber der von Hennes Weisweiler trainierte 1. FC Köln ist punktgleicher Tabellenführer, hat eine um zehn bessere Tordifferenz und tritt beim als Absteiger feststehenden Schlusslicht St. Pauli an. Die Meisterschaft hat Gladbach schon zuvor verspielt, durch zu viele Unentschieden und durch eine Niederlage gegen Köln.

Ohne Druck spielen die Fohlen auf, und gleich nach 27 Sekunden trifft Jupp Heynckes mit dem Kopf zum 1:0. Es ist sein letztes Spiel für Borussia, das letzte Spiel als Fußballer, er wird an diesem Nachmittag noch viermal den Ball an Torhüter Peter Endrulat vorbeijagen. Zur Halbzeit steht es 6:0, weil Gladbach alles gelingt und Dortmund nichts. Da Köln in St. Pauli nur 1:0 führt, ist plötzlich die Sensation möglich. Borussia braucht bloß noch die Kleinigkeit von fünf Toren, um Deutscher Meister zu werden. Die Kölner sind über das Schützenfest in Düsseldorf informiert. Vermutlich ist das der Grund, warum die Geißböcke in der zweiten Halbzeit ebenfalls mit dem Toreschießen beginnen und schließlich mit 5:0 gewinnen. Borussia gelingen zwar auch in der zweiten Halbzeit sechs Tore, aber es sind drei zu wenig für die Tabellenführung. Mehr als zwölf Torschützen hätte die Anzeigetafel in Düsseldorf sowieso nicht ausweisen können.

Egal. Nie zuvor wurde eine andere Bundesligamannschaft so gedemütigt wie Borussia Dortmund an diesem Tag. Am Ende muss Schiedsrichter Ferdinand Biwersi aus Bliesransbach die Bälle aus dem Tornetz holen, weil die Dortmunder Luftpumpen das vor lauter Scham nicht mehr selbst machen wollen. Die Ersatzspieler widersetzen sich standhaft einer Einwechslung. An dieser Schmach wollen sie keine Sekunde lang beteiligt sein.

Das 0:12 bleibt nicht ohne Folgen. Der BVB brummt den Spielern eine Strafe von 2.000 DM auf, wegen Manipulationsverdacht müssen sie beim DFB antreten. Der bestätigt sich allerdings nicht. An jenem Tag im April war Dortmund schlichtweg wirklich so schlecht und die wahre Borussia so gut. Das Schützenfest ist das Ende für Torhüter Peter Endrulat, sowieso nur zweiter Mann, der an diesem Tag sein letztes Spiel für Dortmund macht, obwohl er noch am wenigsten für die Gegentore verantwortlich ist. Es ist auch das schlimmste Spiel im Trainerleben von Otto Rehhagel, der gleich am nächsten Tag entlassen wird und fortan nur noch Otto Torhagel heißt. In der Saison darauf übernimmt er Bielefeld und steigt gleich mal souverän in die 2. Liga ab.

Das 12:0 steht seitdem für das größte Bundesliga-Spektakel/-Debakel aller Zeiten. Freuen dürfte das besonders die Schalker. Denn deren 0:11-Pleite gegen Mönchengladbach von 1967 war zuvor mehr als elf Jahre lang die höchste Niederlage der Bundesliga-Geschichte gewesen. Heynckes traf damals nur schlappe drei Mal.

22. GRUND

Weil Borussia zehn Spiele in Folge gewann

Die 80er Jahre nehmen im Kosmos eines Borussia-Fans in etwa den Platz ein, den Yoko Ono für einen Beatles-Fan einnimmt: Sie waren der Anfang eines langsamen Untergangs. Am Ende des Jahrzehnts war aus der Fohlenelf ein Abstiegskandidat geworden. Dieses Team sollte mal Bayern München auf Augenhöhe begegnet sein? Guter Witz. Doch bevor Borussia sich für mehrere Jahre die Identität des Punktelieferanten überstreifte, setzte sie noch ein letztes, deutliches Lebenszeichen.

Die Saison 1986/87 beginnt Borussia Mönchengladbach mit Sorgen. In der zurückliegenden Spielzeit hat das Team immerhin den 4. Platz erreicht, doch nun haben Stürmerstar Frank Mill und Abwehrchef Wilfried Hannes den Verein gewechselt. Für neue Stars fehlt wie immer das Geld. Der Saisonauftakt geht auch gleich kräftig daneben, erst im achten Spiel gelingt Borussia der erste Sieg. Es folgen zwar ein paar schöne Erfolge, ein 7:1 in Bremen, ein 9:2 im DFB-Pokal gegen Bayer Uerdingen, aber die Mannschaft spielt zu unbeständig, und die Stürmer sind dermaßen erfolglos, dass sogar über die Verpflichtung des nicht gerade jugendhaften Klaus Fischer nachgedacht wird. Am 24. Spieltag verliert Mönchengladbach am Bökelberg 0:1 gegen München und findet sich auf Platz 12 im Niemandsland der Tabelle wieder, mit fünf Punkten Rückstand auf einen UEFA-Pokal-Platz.

Doch mittlerweile ist einiges passiert. Jupp Heynckes hat Mittelfeldspieler Uwe Rahn gegen dessen Willen in den Sturm beordert, wo er immer torgefährlicher wird. Außerdem hat er Mitte März bekannt gegeben, dass er in der nächsten Saison Bayern München trainieren wird. Er sieht keine Chance, sein Ziel, die Meisterschaft, mit Borussia noch zu erreichen. Der ganz große Druck ist nun weg.

So beginnt Borussia Mitte April eine Serie, die die Bundesliga noch nicht erlebt hat. Das 2:0 gegen Leverkusen erweckt noch kein Aufsehen, das 7:2 gegen Waldhof Mannheim schon eher. Uwe Rahn trifft viermal. So geht es munter weiter. 2:0 gegen Homburg, 2:0 gegen Bayer Uerdingen, 4:2 in Stuttgart und so weiter und so weiter. Mit dem neunten Sieg in Serie innerhalb einer Saison, ein 4:2 gegen Köln, stellt Gladbach den bisherigen Bundesligarekord ein, mit dem 4:0 am letzten Spieltag gegen Nürnberg gehört dem Team der Rekord ganz alleine. Gladbach steht auf Platz 3 und hat in den letzten zehn Spielen 20:0 Punkte geholt und 34:8 Tore geschossen. 14 davon Uwe Rahn, der mit 24 Treffern Torschützenkönig und Deutschlands Fußballer des Jahres wird.

Doch die Serie ist in vielerlei Hinsicht das Ende: Das Ende von Jupp Heynckes als Trainer von Borussia. Das Ende von Uwe Rahn als Torgarant. Borussia lässt ihn nicht zum PSV Eindhoven ziehen, wo er Nachfolger von Ruud Gullit werden soll, die Ablöse ist dem Verein zu gering. Daraufhin wirkt er immer lustloser, macht in der nächsten Saison nur noch zwölf Tore und verlässt schließlich den Verein. Die Serie ist auch das Ende von Borussia als Spitzenmannschaft. Die ersten beiden Spiele der Saison 1987/88 gewinnt sie noch, dann geht sie mit 0:6 in Stuttgart unter. In der Rückrunde holt sie so wenig Punkte wie kein anderes Team und landet auf Platz 7.

Doch der Rekord sollte lange Bestand haben. Wolfsburg gelangen 2009 ebenfalls zehn Siege am Stück, aber erst 2012/13 übertraf Bayern München die Serie. 14 Siege in Folge. Selbstverständlich mit Jupp Heynckes als Trainer.

23. GRUND

Weil Berti Vogts' Prophezeiung nur 16 Jahre hielt

Es ist in der Nacht des Triumphs, als Berti Vogts sich als Wahrsager übt. Gerade hat Gladbach zum zweiten Mal den UEFA-Pokal gewonnen, als die Abwehrlegende empfiehlt, sich die diese Trophäe ganz genau anzusehen. Es werde nämlich für lange Zeit die letzte für Borussia sein. Wir schreiben das Jahr 1979.

Gleich im Jahr darauf sieht es so aus, als habe Vogts ordentlich danebengelegen. Bis zur 81. Minute hat Borussia schon die Hand am UEFA-Pokal im Final-Rückspiel gegen Eintracht Frankfurt, dann aber schießt Frankfurt ein Tor und holt den Titel. In der Saison 1983/84 hat Borussia sogar die Chance auf zwei Titel. Einige Spieltage vor Schluss führt das Team die Tabelle an und könnte tatsächlich Meister werden. Am Ende reicht es bloß zu Platz 3, immerhin punktgleich mit dem neuen Deutschen Meister VfB Stuttgart. Im DFB-Pokalfinale unterliegen die Borussen Bayern München erst im Elfmeterschießen. 1992 passiert ihnen dasselbe gegen den Zweitligisten Hannover 96. Aus Berti Vogts' Prophezeiung scheint ein Fluch zu werden. Doch dann kommt die Saison 1994/95, in der Gladbach nicht nur in die Bundesliga-Spitzengruppe zurückkehrt, sondern auch im DFB-Pokal auftrumpft. Wenn auch nicht sofort. In der 1. Runde geht der Viertligist Greifswalder FC nach 35 Minuten durch einen Freistoß mit 1:0 in Führung, bevor Klinkert, Fach, Herrlich und Kastenmaier die Partie an der Ostsee noch drehen. In der 2. Runde wird es noch knapper. Der Drittligist Kickers Offenbach hält 89 Minuten sehr gut mit. Dann erzielt Martin Dahlin mit seinem gebrochenen Zeh das 1:0.

Im Achtelfinale hat Gladbach endlich ein Heimspiel. 15.800 Zuschauer erleben gegen den Zweitligisten Mainz 05 ein Spiel ohne Abwehrreihen. Der Mainzer Thomas Zampach eröffnet in der fünften Minute das Torfestival. Dann 1:1 Wynhoff, 2:1 Herrlich, 3:1 Herrlich, 3:2 durch einen gewissen Jürgen Klopp, 4:2 Nielsen, 5:2 Wynhoff. Nach 52 Minuten scheint das Spiel entschieden. Doch innerhalb von zwei Minuten kommt Mainz auf 5:4 heran. In der Schlussminute sorgt Stefan Effenberg für die Entscheidung.

Ebenso aufregend gerät das Viertelfinale gegen Schalke, Borussia hat erneut Heimrecht. Kaum ist das Spiel angepfiffen, befördert Michael Klinkert den Ball volley zur Führung ins Tor. Leider ist es das eigene Tor. Doch Gladbach kommt schnell zurück, Peter Nielsen hämmert den Ball zum Ausgleich in den Winkel, Kastenmaier einen Freistoß danach nur gegen die Latte und Klinkert sein Bein gegen das seines Gegenspielers. Für diese relativ klare Notbremse sieht er nur Gelb, die Schalke-Fans werfen Gegenstände auf den Rasen, zünden Feuerwerk. Kurz danach schießt Wynhoff Borussia zur Führung. Die hält immerhin 25 Minuten. Doch Gladbach hat einen Mann für entscheidende Treffer, per Kopf erzielt Heiko Herrlich in der 61. Minute das 3:2. Es ist das letzte Tor des Abends, aber lange nicht die letzte Aktion. Dahlin vergibt zwei Meter vor dem leeren Gehäuse, Kastenmaier schubst Büskens im Strafraum, Schiedsrichter Wiesel ist mal wieder gnädig. Torhüter Lehmann köpft nach einer Ecke nur knapp vorbei. Abpfiff. Halbfinale. Puh. Auch dort schont die Borussia niemandes Nerven. Nach 90 Minuten steht es gegen Kaiserslautern 0:0. Verlängerung. In der 101. Minute passt Hochstätter den Ball auf Herrlich. Weltmeister Andy Brehme kann ihn nicht am Schuss hindern – 1:0. Finale. Alles einsteigen nach Berlin, bitte.

Dort wartet wie schon 1992 ein Zweitligist: der VfL Wolfsburg. Jetzt bloß nicht wieder blamieren, denken sich die Herren Kamps, Kastenmaier, Klinkert, Andersson, Neun, Hochstätter, Pflipsen, Effenberg, Wynhoff, Herrlich und Dahlin. Nach 13 Minuten spielt Kastenmaier einen 50-Meter-Pass auf Dahlin, der nimmt den Ball mit der Brust an und trifft zum 1:0. Es ist kein mitreißendes Finale, eines ohne den großen Glanz. Was auch am Gegner liegt. Wolfsburg hat im gesamten Spiel keine echte Torchance, und als Stefan Effenberg einen Rückpass von Herrlich zum 2:0 verwertet, ist die Partie entschieden. Das 3:0 durch Heiko Herrlich kurz vor Schluss ist nur noch ein Tor für die Chronisten. Als Stefan Effenberg den Pokal in den Berliner Abendhimmel reckt, macht er lieber keine Prophezeiung.

24. GRUND

Weil Stephan Paßlack die deutsche Nationalmannschaft vor einer der größten Blamagen aller Zeiten bewahrte

Es gehört sehr viel Mut und ein gewisses Maß an Masochismus dazu, mit der Zeitmaschine in den Spätsommer 1998 zu reisen. Am 2. September tritt die deutsche Nationalmannschaft auswärts gegen die Nationalmannschaft Maltas an. Es ist das erste Spiel nach dem blamablen 0:3 gegen Kroatien im WM-Viertelfinale. Berti Vogts hat sich dazu entschlossen, trotzdem weiterzumachen und die Nationalmannschaft der Zukunft zu formen. Damit beginnen will er in einer Trainingswoche auf Malta, zwei Länderspiele stehen auf dem

Programm. Für das erste ist ein lockerer Sieg gegen Malta eingeplant, das damals um Platz 130 auf der Weltrangliste rangiert. Das vorige Match hat Malta 0:3 zu Hause gegen Wales verloren. In der Startaufstellung der Bundeself stehen Spieler wie Marko Rehmer, Jörg Heinrich, Thomas Linke, Jens Nowotny, Stefan Beinlich und Olaf Marschall. Außerdem hat Vogts nach vier Jahren Stefan Effenberg als Spielmacher zurückgeholt.

Immerhin geht die deutsche Mannschaft in der sechsten Minute in Führung, weil ein Malteser überaus ungeschickt in einen Eckball von Mario Basler läuft. Doch 20 Minuten später gelingt Malta der Ausgleich. Nicht durch einen Glückstreffer, sondern durch einen professionell vorgetragenen Spielzug. Zur zweiten Halbzeit bringt Vogts Michael Tarnat für Heinrich, Ulf Kirsten für Oliver Bierhoff – und Stephan Paßlack für Linke. Paßlack geht damals in seine dritte Saison für Borussia Mönchengladbach, jene, die in der 2. Liga enden sollte. Es ist sein drittes Länderspiel. Warum Vogts den rechten Außenverteidiger für die Trainingswoche in Malta nominiert hat, ist nicht so wirklich klar. Paßlack ist damals 28, kein Spieler für einen Neuanfang, kein überragender Spieler bei Borussia.

Doch es ist dieser Paßlack, der Vogts das einzige Erfolgserlebnis auf Malta beschert und Deutschland vor einer Blamage gegen einen Fußballzwerg bewahrt. In der 72. Minute legt Tarnat mit dem Kopf vor, Paßlack steht kurz hinter der Strafraumgrenze, dreht sich und schießt den Ball volley in die linke Ecke. So groß ist seine Freude über sein erstes Länderspieltor, dass er beide Hände zum Victory-Zeichen hebt, in die Luft springt und die Faust ballt. Deutschland gewinnt mit 2:1.

Leider ist dies nicht die Initialzündung für einen Neubeginn, sondern der letzte Halt vor dem Absturz in das düsterste Tal, das je eine deutsche Nationalmannschaft gesehen hat. Drei Tage später steht das Team, noch immer in Malta, Rumänien gegenüber. Gerade mal 1.500 Zuschauer wollen sich das ansehen. Paßlack steht in seinem vierten Länderspiel in der Startelf, wird aber nach der ersten Halbzeit durch Jens Nowotny ersetzt. Die Partie endet 1:1, weil Christian Nerlinger kurz vor Schluss noch ausgleicht. Drei Tage später greift der macht- und ideenlose Vogts zum Telefonhörer, ruft DFB-Präsident Egidius Braun an und bietet seinen Rücktritt an. Braun akzeptiert und verpflichtet Erich Ribbeck als Nachfolger. Stephan Paßlack wird nie mehr für die Nationalmannschaft spielen.

25. GRUND

Weil kein anderer Bundesligist weniger Punkte brauchte, um nicht abzusteigen

Es ist eine einfache Regel: Rekorde sind toll, Negativrekorde sind blöd. Bloß gilt das nicht für Borussia Mönchengladbach. Das Team lehrte uns: Ein Negativrekord muss noch lange nicht negativ sein. Mit 31 Punkten hielt Borussia in der Saison 2008/09 die Klasse. Weniger hatte ein Tabellenfünfzehnter noch nie gesammelt. Großen Anteil daran hatten die Trainer Jos Luhukay und Hans Meyer. Der eine holte fast gar keine Punkte, der andere nicht übertrieben viel.

Dabei hatte es ganz anders laufen sollen. Nach dem überlegenen Wiederaufstieg geht Gladbach mit Selbstbewusstsein in die neue Saison. Doch gleich das Auftaktspiel zu Hause verliert Borussia mit 1:3, schon nach 45 Minuten hat der VfB Stuttgart seine drei Treffer erzielt. Gladbach verliert hübsch weiter. Bis auf das 3:2 gegen Werder Bremen am 3. Spieltag gehen die ersten sieben Partien daneben. Am schlimmsten ist nicht das 1:5 gegen Hannover, sondern die 1:2-Heimniederlage gegen den 1. FC Köln. Weil Derbyniederlagen mindestens dreifach zählen, ist das Luhukays Ende. Experten haben es kommen sehen. Gladbach hat nur bescheiden eingekauft, die meisten Neuzugänge landen bald auf der Bank. Die Aufstiegshelden sind zu alt oder ohne Erfahrung in der höchsten deutschen Spielklasse.

Nach Luhukays Rauswurf muss Bundesliga-Erfahrung auf die Trainerbank. Wer wäre dafür geeigneter als Hans Meyer? Im Interview mit der Rheinischen Post sagt er nach seiner Rückkehr: »Ich wollte eigentlich keine Mannschaft mehr übernehmen, die vielleicht Gefahr läuft abzusteigen. Aber Gladbachs Nachfrage war so intensiv und so nachdrücklich.«[4] Ein Instant-Retter wird er nicht. Zwar gewinnt Borussia das erste Spiel unter Meyer mit 1:0 gegen Karlsruhe, aber das ist leider nicht der Auftakt einer Serie. Nach der Hinrunde liegt Gladbach mit elf Punkten auf dem letzten Tabellenplatz. Nur in der ersten Abstiegssaison war das Team noch um einen Punkt schlechter. Meyer sortiert die Aufstiegshelden aus und verpflichtet Bundesliga-Erfahrung: Tomáš Galásek, der kurz vor der Verrentung steht, den Abwehrspieler Paul Stalteri – und einen Typen namens Dante von Standard Lüttich. Folge: Ein 0:2 zum Rückrundenauftakt gegen den VfB Stuttgart und zwei Unentschieden. Doch dann holt Gladbach in vier Spielen drei Siege und scheint auf dem Weg der Besserung. Genau der richtige Zeitpunkt für eine weitere Negativserie. Niederlage, Unentschieden, Niederlage, Niederlage, Unentschieden, Niederlage. Nach 30 Spieltagen ist Borussia 17. mit zwei Punkten Rückstand auf die Relegation und drei Punkten auf den ersten Nichtabstiegsplatz. Doch egal, wie häufig Borussia verliert, die anderen Mannschaften im Tabellenkeller, Bielefeld, Karlsruhe, Cottbus, verlieren ebenfalls.

Die Rettung grenzt trotzdem an ein Wunder. Bis zur letzten Minute steht es zwischen Gladbach und Schalke am 31. Spieltag 0:0, dann erzielt Chancentod Colautti das 1:0, sein einziger Treffer der Saison. Borussia steht zum ersten Mal seit dem 14. Spieltag nicht mehr auf einem Abstiegsplatz. Gegen Konkurrent Cottbus fällt das 1:0 noch später. In der Nachspielzeit wuchtet Dante den Ball mit dem Kopf ins Tor. Zwar blamiert sich Borussia anschließend mit 0:5 gegen Leverkusen, doch die anderen Kellerkinder verlieren ebenfalls gewohnheitsmäßig, Bielefeld sogar mit 0:6. Am letzten Spieltag holt Gladbach einen Punkt gegen Dortmund. Nötig wäre er nicht gewesen. Es ist eine Bilanz des Schreckens, die trotzdem reicht: 31 Punkte, 39:62 Tore, acht Siege. Der katastrophalen Hinrunde folgen solide 20 Punkte in der Rückrunde, die nie und nimmer zur Rettung hätten langen dürfen.

Fortuna Düsseldorf versucht, den Rekord in der Saison 2012/13 mit aller Macht zu knacken. Erst am letzten Spieltag sind 30 Punkte plötzlich doch zu wenig für den Nichtabstieg. Ups.

26. GRUND

Weil Borussia.de nicht die Website von Borussia Dortmund ist

Dies ist eine Geschichte von Zufällen und von Glück. Dies ist aber keine Geschichte von Weitsicht. Mit anderen Worten: Dies ist eine Geschichte vom Internet. Sie beginnt im Oktober 1995.

Damals nimmt Sascha Jansen sein Praktikum in der Marketing-Abteilung von Borussia Mönchengladbach auf. Er ist gerade 26 geworden, und es ist ein Wunder, dass er dieses Praktikum bekommen hat. Eigentlich ist das Verwandten von Spielern oder Funktionären vorbehalten. In den containerartigen Geschäftsräumen am Bökelberg ist einfach nicht genug Platz. Aber weil Jansen eine Zeit lang den Telefonisten gegeben hat, als die Verantwortliche ausfiel, hat er sich dieses Praktikum als Gegenleistung ausgehandelt.

Eines Tages kommt sein Chef Thomas Röttgermann, heute Geschäftsführer beim VfL Wolfsburg, zu ihm. Ein Fan aus der Nähe von Bonn habe per Brief mitgeteilt, dass er eine private Borussia-Internetseite eingerichtet habe. Warum aber habe Borussia denn selbst noch keine? Röttgermann sagt Jansen, er solle sich damit mal beschäftigen, die jungen Leute hätten doch Ahnung vom Internet. Bloß hat Sascha Jansen überhaupt keine Ahnung vom Internet, fängt aber sofort an, sich Ahnung anzueignen. Einen Internetanschluss hat die Geschäftsstelle von Borussia nicht, also surft Jansen andernorts durchs Netz, später legt er sich einen privaten Internetanschluss zu. DSL gibt es nicht, aber Kriech-Internet per Modem. Er findet heraus, dass noch kein einziger Bundesligist eine Website hat, erst bei Real Madrid wird er fündig.

Dann kontaktiert er den Fan, der den Brief geschrieben hat, ein Mann namens Carsten Grotzke. Er ist ein Mitarbeiter beim Deutschen Zentrum für Luft- und Raumfahrt und erklärt sich bereit, den offiziellen Internetauftritt zu programmieren. Als sich noch ein Provider aus Neuss findet, ebenfalls Borussia-Fan, ist das Team komplett.

Von zu Hause aus baut Grotzke die Website zusammen, Jansen besucht ihn, liefert Inhalte, führt Interviews mit Spielern. Anfang 1996 geht www.borussia.de online, vermutlich als erster Bundesligist. Es gibt Rubriken wie Neuigkeiten, Historie, aktuelle Saison und den Kader mit eingescannten Autogrammkarten. Es gibt auch eine Rubrik namens Interaktiver Fanshop, in der allerdings zu lesen ist: »Wir möchten Sie bitten, Ware nicht per E-Mail zu bestellen, da wir nicht per Nachnahme verschicken.« Das einzige, was sich per E-Mail bestellen lässt, ist der Katalog. Die Inhalte aktualisiert Jansen von zu Hause aus. Er hätte alles Mögliche schreiben können. Kontrolliert wird das nicht. Wie denn auch? Nur weil Borussia nun eine eigene Website hat, heißt das nicht, dass die Geschäftsstelle auch einen eigenen Internetzugang braucht.

Später, als Jansen sein Praktikum bei Borussia längst beendet hat, erfährt er, dass sich Borussia Dortmund bis heute ärgert, sich nicht rechtzeitig Borussia.de geschnappt zu haben. Deren Website geht ebenfalls 1996 online, später allerdings, mit der Domain www.borussia-dortmund.de. Selbst bvb.de ist bereits vergeben, an den Bundesverband Informations- und Kommunikations-Systeme. Es dauert Jahre, bis Borussia Dortmund immerhin diese Domain bekommt. Borussia.de hingegen ist auch heute der einzig wahren Borussia vorbehalten.

27. GRUND

Weil Borussia die einzige Krawattenmannschaft des Jahres war

Ekstase ist ein Wort, das nur unzureichend beschreibt, was sich am 27. November 2003 innerhalb der Stadtgrenzen von Mönchengladbach zuträgt. Es ist Donnerstagmittag, und soeben ist die Bombe geplatzt, dass Borussia endlich wieder einen großen Titel gewonnen hat. Wie ein Lauffeuer verbreitet sich die Nachricht von Haustür zu Haustür. Hast du schon gehört? Nee, was denn? Also die Borussia … ich hab's gerade im Internet gelesen. Ist nicht wahr? Doch! Das muss ja gefeiert werden. Lass uns sofort rausgehen. Wohin denn? Na zum Rathaus, wohin sonst?

Nach dem Gewinn des DFB-Pokals hat niemand damit gerechnet, dass Gladbach so rasch wieder einen wichtigen Titel holen wird. Nun ist es plötzlich so weit: Das Deutsche Krawatteninstitut mit Sitz in Krefeld hat Borussia Mönchengladbach als Krawattenmannschaft des Jahres ausgezeichnet. Es spricht von einem überdurchschnittlich stilvollen Auftreten und einem sensibel gepflegten Outfit von Spielern und Offiziellen. Normalerweise werden mit diesem Preis, der seit 1965 vergeben wird, Einzelpersonen bedacht. Willy Brandt hat den Titel schon gewonnen, Roy Black, Günther Jauch, Alwin Schockemöhle und Helmut Schön. Borussia aber ist das erste Team, das den begehrten Preis gewinnt. Zum Zeitpunkt der Bekanntgabe steht die Mannschaft auf dem 16. Tabellenplatz, aber das interessiert niemanden. Wer überdurchschnittlich stilvoll auftritt, muss sich um den Abstiegskampf keine Sorgen machen.

Die Nachricht sorgt dafür, dass sich innerhalb weniger Minuten der Alte Markt und der Rathausplatz füllen wie in den guten alten Zeiten. Von überall her kommen die Menschen, um ihre Borussia zu feiern, Chefs geben ihren Angestellten frei, schon parken die ersten Imbiss- und Bierbuden und bieten ihre Waren feil. Für Experten kommt die Auszeichnung nicht überraschend. Bereits Günter Netzer habe in den 60ern und 70ern Stilwillen erkennen lassen. Gut in Erinnerung ist auch noch eine Anzeige des Teams aus dem Jahr 1970, in dem es in bunten Socken für einen Strumpfhersteller warb, wenn auch die verschränkten Arme keine besondere Freude über den Deal erahnen ließen.

Borussia Mönchengladbach hingegen ist auf die Auszeichnung überhaupt nicht vorbereitet. Es dauert fast eine Stunde, bis die Presseabteilung eine Meldung herausgibt. In dieser wird Sportdirektor Christian Hochstätter mit den Worten zitiert: »Ich habe immer gesagt, wenn wir seriös arbeiten, dann kommen die Erfolge automatisch.« Schnell machen die Online-Medien Holger Fach als Vater des Erfolgs aus. Schließlich hat er auf der Trainerbank stets Anzug und Krawatte getragen, während seine Spieler auf dem Spielfeld aus unerfindlichen Gründen darauf verzichteten. Borussia kündigt in einer zweiten Pressemitteilung an, diese Praxis zu überdenken. »Das sind wir unserem Ruf schuldig«, heißt es dort. Selbstbewusst verbreitet die Pressemitteilung, dass Borussia am Beginn eines neuen Zeitalters stehe. Das Fax-Gerät in der Geschäftsstelle steht nicht mehr still, selbst Bayern München und Borussia Dortmund erkennen den Erfolg an. Bayern-Trainer Ottmar Hitzfeld, selbst ein ausgeprägter Stilist, räumt ein: »Borussia war den anderen Teams in allen Belangen überlegen.«

Am Nachmittag haben sich bereits 150.000 Menschen in der Innenstadt versammelt. Nach Rücksprache mit Oberbürgermeisterin Monika Bartsch entschließt sich Borussia dazu, in einem Autokorso in die Stadt zu fahren und sich am Rathaus den Fans zu zeigen. Gegen 15.00 Uhr ist es so weit. Angeführt von Stilikone Holger Fach und dem ebenso schneidigen Jörg Stiel fährt das Team im feinen Zwirn vom Bökelberg Richtung City, es geht nur langsam voran. Immer wieder ertönen »Holger, Holger«-Rufe. Der Trainer ist gerade seit zwei Monaten im Amt und hat bereits seinen ersten großen Titel gewonnen. Selbst Weisweiler und Lattek haben länger gebraucht. Am Rathaus erreicht die Begeisterung ihren Höhepunkt. Immer wieder recken die Spieler ihre Krawatten in die Höhe. Als Holger Fach verspricht, nun auch den Titel der internationalen Krawattenmannschaft des Jahres gewinnen zu wollen, gehen die letzten Worte im Jubel unter.

28. GRUND

Weil Borussia in der ewigen Tabelle noch immer auf einem Europapokalplatz liegt

Es ist Montag, es ist kurz nach neun und du hast nicht frei. Du sitzt mit deinen Kollegen im Büro, fährst den Rechner hoch und fragst dich, warum in Gottes Namen du all das überhaupt noch machst. Der Kaffee ist wie immer furchtbar. Am Samstag hat Borussia verloren. Mal wieder verloren. Gegen Wolfsburg oder gegen Leverkusen oder den HSV. Borussia ist mit 1:0 in Führung gegangen, wie ein Irrer bist du vor dem Fernseher rumgesprungen. Aber dann lief nichts mehr, und der Torhüter hat auch noch daneben gegriffen. Das 1:4 wäre vermeidbar gewesen. Die Saison ist im Eimer. Du findest den Gedanken absurd, dass sich Borussia noch für den Europapokal qualifizieren wird. Am besten abhaken und am nächsten Wochenende mit deiner Freundin eine Fahrradtour machen.

Du brauchst jetzt eine Aufmunterung, du surfst ziellos durch das Internet. Und irgendwann siehst du sie: die ewige Tabelle der Bundesliga. Die ewige Tabelle der Bundesliga zählt alle Punkte und Tore zusammen, die ein Verein in der 1. Liga auf seinem Konto angesammelt hat und macht daraus eine Rangliste. Du kannst kaum glauben, was du da siehst. Borussia steht auf dem sechsten Rang, quasi ein Europapokal-Platz, übertroffen nur von Bayern München, Werder Bremen, Hamburger SV, VfB Stuttgart und dieser anderen Borussia. Aber diese Vereine haben auch alle mehr Spielzeiten in der Bundesliga hinter sich. Du stellst zufrieden fest, wer alles dahinter liegt. Schalke, Köln, Frankfurt, Leverkusen, Wolfsburg, Hannover, Hoffenheim, Aachen, Freiburg. Leverkusen zum Beispiel müsste knapp 150 Siege holen und Borussia keinen einzigen, um aufzuschließen. 150 Siege! Dafür braucht eine Mannschaft fast zehn Jahre. Klar, die meisten von diesen Vereinen haben deutlich weniger Jahre in der Bundesliga verbracht und die meisten Siege hat Borussia sicher auch nicht in den vergangenen Jahren geholt, sondern eher in einem bestimmten Jahrzehnt namens 70er, aber allein die Jahre der Zugehörigkeit zur Liga 1 sind eine Leistung. Auch da liegt Borussia auf Platz 6.

Du stellst die Tabelle nach anderen Maßstäben zusammen. Durchschnittspunktzahl pro Spiel: Platz 8. Du zuckst nur kurz auf, als du feststellst, dass der 1. FC Köln im Schnitt mehr Punkte geholt hat als Borussia. Das hilft den Domstädtern jetzt aber auch nicht. Wenn die so weiter machen, führen die bald die ewige Tabelle der 2. Bundesliga an. Loser! Bei der Zahl der Siege: schon wieder Platz 6. Torverhältnis: Platz 7. Zahl der Siege: Platz 6. Und dann entdeckst du noch die Rubrik Meisterschaftstitel. Platz 2! Zusammen mit dieser anderen Borussia. Aber Platz 2! Platz 2! Ach diese ewige Tabelle möchtest du dir am liebsten in Stein meißeln.

Du denkst an das nächste Spiel. Gegen Freiburg oder Nürnberg oder Frankfurt. Geil, es sind ja nur noch fünf Tage.

29. GRUND

Weil der Tag kommen wird

Der Blick auf den Wecker verrät .... [hier bitte den aktuellen Trainer von Borussia Mönchengladbach eintragen], dass er noch eine Stunde früher als üblich aufgewacht ist. Weil er weiß, dass er nicht mehr einschlafen wird, nicht an diesem Morgen, steht er auf, schlüpft in seinen Trainingsanzug und geht vor die Tür. Ein paar Minuten später hat er den Bunten Garten erreicht. Die Sonne ist bereits aufgegangen, aber bis auf einen dicken Mann mit seinem Hund ist niemand zu sehen. Es ist zwar der wichtigste Samstag der Stadt seit 1977, trotzdem oder gerade deshalb wollen die Leute ausschlafen. Er geht eine Runde durch den Park, dann holt er drei Zeitungen am Kiosk. Er liest die Schlagzeilen. »Noch 90 Minuten bis zur Meisterschaft«. »Macht Borussia heute ihr Meisterstück?«. »Heute schreibt Ihr Geschichte«. Der Verkäufer klopft ihm auf die Schulter. »Bei der letzten Meisterschaft war ich noch nicht mal geboren«, sagt er.

Auf dem Rückweg fällt dem Trainer wieder jenes Tor am 20. Spieltag ein. In der 89. Minute hatte Borussia das 1:0 gegen Bayern erzielt. Auswärts. Guardiola blieb keine Zeit mehr, um zu reagieren. Erst hatten sich alle bloß über den Sieg gefreut, erst später dämmerte ihnen, dass sie nun Tabellenführer waren. Als sich drei Spieltage später herausgestellt hatte, dass es keine Episode war, sondern ein Zustand von Dauer, war die ganze Stadt, die ganze Region wie unter Strom gesetzt. Dass es nach knapp 40 Jahren wieder einen Deutschen Meister mit dem Namen Borussia Mönchengladbach geben würde, dieser Gedanke aus 1001 Nacht war wie eine Flasche Champagner, die man nach Ewigkeiten verstaubt hinterm Schuhregal im Keller gefunden hat. Dann gingen drei Spiele in Folge verloren, der Vorsprung war dahin. Zum Glück nur eine vorübergehende Schwächephase. Nun muss das Team am letzten Spieltag bloß gegen Mainz 05 gewinnen, dann würde die Stadt sich in die Arme fallen. Und der Trainer sich in eine ruhige Ecke zurückziehen und zufrieden sein Werk betrachten.

Als er sich um kurz nach zwölf ins Auto setzt und zum Stadion fährt, ist die ganze Stadt auf den Beinen. Überall weht die Raute, die Fenster sind geschmückt, die Parkplätze vor den Supermärkten sind voll. Bier ist ausverkauft, meldet das Lokalradio. Der Trainer stoppt sein Auto, um zwei Typen über die Straße zu lassen, die einen bis oben gefüllten Einkaufswagen schieben. Als sie erkennen, wer für sie gehalten hat, jubeln sie ihm zu. Er winkt schüchtern zurück. Gleich an seinem ersten Tag hatte er gemerkt, dass diese Fans eine Leidensfähigkeit auszeichnet, die anderen fehlt. Das Team stand damals auf dem letzten Platz, trotzdem waren 50.000 im Stadion. Die Hoffnung, dass sie je den sechsten Meistertitel erleben würden, hatten sie längst aufgegeben. Für den Trainer ist der erste Platz bloß die logische Folge richtiger Entscheidungen, für sie das größte Wunder, das ihnen je zuteil werden wird. Die einen haben Jahrzehnte gewartet, die anderen immer neidisch auf die Erzählungen von Vater und Opa gehört. Nun haben sie hoffentlich bald selbst etwas zu erzählen.

Der Trainer streicht das »hoffentlich« und parkt den Wagen vor der Geschäftsstelle des Vereins. Er blickt zum Hockeystadion. Wie auf dem Alten Markt werden sich auch hier die Menschen zum Public Viewing versammeln. Die Ränge sind schon zur Hälfte gefüllt. Auf dem Weg nach drinnen kommt ihm Allan Simonsen entgegen. Die letzte Meistermannschaft würde das Spiel von der VIP-Tribüne verfolgen. In den Trikots von damals. Auch Günter Netzer hat sein Kommen angekündigt. »Wenn du mich brauchst, ich bin noch im Training«, sagt Simonsen und grinst. »Ich bring dich, wenn wir 4:0 führen«, sagt der Trainer.

Längst hat er sein Sakko ausgezogen. Er hätte sich auch sein Hemd ausgezogen, aber darunter trägt er das T-Shirt, das er sich leichtsinnigerweise in der Halbzeit hat aufschwatzen lassen und auf dem steht: »Deutscher Meister wird nur der VfL«. Er schwitzt am ganzen Körper und starrt von der Bank aufs Spielfeld, traut sich aber nicht, mit irgendwem Blickkontakt aufzunehmen, weil dieser Blick nur gesagt hätte: Das kann doch nicht wahr sein. Borussia ist schnell mit 2:0 in Führung gegangen. Die Spieler von Mainz 05 waren mit ihren Gedanken schon im Urlaub, für sie ging es ja um nichts mehr. Die Gegenwehr bestand darin, auf dem Platz zu stehen. Dann aber pfiff der Schiedsrichter in der 75. Minute einen Handelfmeter gegen Borussia, der keiner war. Brouwers hatte den Ball nicht mal mit der Hand berührt. Nur noch 2:1. Plötzlich waren sie wieder nervös, kein Pass kam mehr an. Der Ausgleich fiel acht Minuten vor Schluss, ein abgefälschter Freistoß, wie er immer passieren kann. Nur eben nicht in so einem Spiel. Das Stadion erstarrte vor Entsetzen, die Bayern führten mit 6:1 und waren Tabellenführer.

Der Trainer blickt auf die Uhr. Die Nachspielzeit ist fast abgelaufen. Vielleicht noch 30 Sekunden. Der Schiedsrichter pfeift Freistoß für Gladbach. 40 Meter vor dem Tor. Alle laufen in den Strafraum. Auf den Rängen atmet niemand mehr, als Xhaka flankt. Dominguez und Stindl fliegen unter dem Ball durch. Er ist schon fast im Aus, das Spiel ist schon fast aus, der Traum ist schon fast aus, als ganz am Ende das rechte Bein von Martin Stranzl auftaucht und die Kugel über die Linie grätscht. Eine Zehntelsekunde später explodiert das Stadion.

Nach dem Abpfiff will der Trainer nur noch in die Kabine. Er will in Ruhe begreifen, was dort eben geschehen ist. »Bin mal auf Toilette«, sagt er seinem Co-Trainer, doch der hört ihm schon gar nicht mehr zu. Er hat es fast in den Spielertunnel geschafft, als ihm jemand von hinten auf die Schulter klopft. Er dreht sich um. Günter Netzer hat die Hände hinter dem Rücken verschränkt.

»Du hast was vergessen«, sagt Netzer.

»Was denn?«

In diesem Moment zieht Netzer ein Weißbierglas hinter seinem Rücken hervor und kippt ihm den Inhalt über den Kopf.

3. KAPITEL

ES KOMMEN AUCH WIEDER GUTE TAGE

BORUSSIAS SCHATTENSEITEN

30. GRUND

Weil es niemals schlechter laufen kann als in der Saison 1956/57

Wer glaubt, Borussia habe sich nie dramatischer blamiert als in der Spielzeit, die zum ersten Abstieg aus der Bundesliga führte, dem ist bloß die Gnade der späten Geburt widerfahren. Wer bereits in den 50ern Fan jenes Teams war, das noch lange nicht Fohlenelf hieß, kann über 1998/99 nur müde lächeln.

Die Saison 1956/57 geht Gladbach mit Zuversicht an. In der Vorsaison ist ein 11. Platz in der Oberliga West herausgesprungen, für damalige Borussen-Verhältnisse sehr ordentlich. Für die neue Spielzeit ist sogar Weltmeister Toni Turek von Fortuna Düsseldorf verpflichtet worden. Okay, er hat ein Jahr pausiert, aber es ist Toni Turek, 1954, Sieg gegen Ungarn, Weltmeister, Torhüterwahnsinn. Doch das erste Spiel gegen den Duisburger SpV geht mit 0:4 verloren, das erste Gegentor fällt nach zwei Minuten. Borussia ist Tabellenschlusslicht. Na gut, war ein Auswärtsspiel, zu Hause wird es sicher besser laufen. Läuft es nicht. Fortuna Düsseldorf triumphiert mit 5:2, Turek lässt sich trotz einer Muskelzerrung nicht auswechseln. Und so geht es munter weiter. 1:5, 0:3, 0:4, 1:4, 2:4, 0:3, 1:5, 0:7, 1:8, 3:4, 1:5, 2:4. 15 Partien stehen in der Hinrunde an, Borussia verliert die ersten 14. Wo die Borussen auch antreten, überall kassieren sie Dresche. Turek spielt ganze vier Mal, kassiert 17 Gegentreffer, muss dann wegen einer Verletzung aussetzen und beendet schließlich seine Karriere, ohne ein weiteres Mal auf dem Platz gestanden zu haben. Die Frage, wer der erste Absteiger wird, ist bereits früh entschieden. Oder etwa nicht?

Am 15. Spieltag holt Borussia durch ein 1:1 gegen Westfalia Herne den ersten Punkt, ein Herner trifft ins eigene Tor. Auch im nächsten Spiel erkämpft sich das Team einen Punkt, 2:2 gegen den Duisburger SpV. Und dann – eine Sensation, ein Sieg. 3:1 gegen

Düsseldorf! Auswärts! Und weil es so schön war, gewinnt Borussia auch das nächste Spiel gegen Schwarz-Weiß Essen. Beginnt nun die sensationelle Aufholjagd?

Nicht so ganz. 0:3 gegen Alemannia Aachen, 1:3 gegen Schalke 04, 1:5 gegen Preußen Münster. Als Borussia am 24. Spieltag mit 1:7 in Dortmund untergeht, steht das Team als erster Absteiger fest. Das letzte Spiel, 3:3 gegen Herne, sehen sich noch 1.200 Zuschauer an, beim ersten Heimspiel sind es noch 25.000 gewesen. Am Ende der Saison stehen 3 Siege, vier Unentschieden und 23 Niederlagen, 39:112 Tore und 10:50 Punkte. Das ergibt 3,7 Gegentore und 0,3 Punkte pro Spiel. Schlusslicht vom ersten bis zum letzten Spieltag. Der Vorletzte, Schwarz-Weiß Essen, hat zwölf Punkte mehr. Zum Vergleich: In der angeblichen Horrorsaison 1998/99 waren es 2,3 Gegentore und – bei Anwendung der Zweipunkte-Regelung – 0,5 Punkte pro Spiel. Verletzungspech mag ein Grund für die Misere sein, keine Formation läuft zwei Spieltage hintereinander auf, der andere Grund aber ist pures Unvermögen.

In der 2. Liga hält es Borussia nicht lange. Gleich in der Saison darauf steigt Gladbach wieder auf. Bis zum nächsten Abstieg dauert es 41 Jahre.

31. GRUND

Weil Peter Meyer der beste unbekannte Stürmer seiner Generation war

Es ist nicht so, dass Peter »Pitter« Meyer ein Großer hätte werden können. Er war bereits ein Großer. Er war es nur viel zu kurz. Und mit so einem Allerweltsnamen muss man schon etwas länger wirbeln als eine Hinrunde, um der Nachwelt in Erinnerung zu bleiben. Seinem Zeitgenossen Gerd Müller ist das gelungen, Peter Meyer nicht. Weil es eines Tages »Knacks« machte.

Eigentlich ist Meyers Karriere schon fast vorbei, als er 1967 mit Fortuna Düsseldorf aus der Bundesliga absteigt. Bloß achtmal hat der bullige Stürmer getroffen, für einen, der zuvor nach Belieben Tore erzielte, eindeutig zu wenig. Es liegt nur ein Angebot vom MSV Duisburg vor, als Hennes Weisweiler Netzer nach Düsseldorf in Meyers Autowerkstatt schickt, um ihn zur Borussia zu holen. Er soll die Abgewanderten Jupp Heynckes und Bernd Rupp ersetzen. Der 27-Jährige sagt sofort zu. Es ist der Beginn eines fünf Monate währenden Märchens mit einem schlimmen Ende.

Im ersten Spiel der Saison gegen Schalke sind keine acht Minuten gespielt, als Meyer einen Eckball tritt. Nicht in Richtung seiner Mitspieler, sondern mit dem rechten Außenrist direkt ins Tor. Meyer trifft noch zweimal, Gladbach siegt auswärts 4:3. Und Meyer trifft weiter, wie er will. Nach vier Spieltagen sind es bereits neun Tore, eine kurze Flaute von fünf Spielen ohne Erfolg beendet er mit einem Treffer gegen Dortmund, gegen Karlsruhe sind es zwei, gegen Borussia Neunkirchen beim 10:0 vier, gegen den 1. FC Köln wieder zwei. Niemand ahnt, dass es die letzten Tore sind, die Meyer für Borussia erzielen wird. Nach der Hinrunde hat Meyer 19-mal getroffen, Bundesligarekord, nur Gerd Müller wird das je übertreffen. Gladbach liegt auf Platz 2 der Tabelle hinter Nürnberg. Dank Meyer. Dass sein erstes Länderspiel in die Hose geht, kann er verkraften. In der *Schmach von Tirana* im Dezember 1967 spielt Deutschland gegen Albanien nur 0:0 und scheitert in der EM-Qualifikation.

Leider beginnt die Rückrunde nicht ideal, Borussia verliert zu Hause 1:6 gegen Schalke, Meyer bleibt ohne Tor. Dann eben im nächsten Spiel. Bloß dass dazwischen ein Demonstrationsspiel der Borussia im Duisburger Wedaustadion liegt für einen DFB-Trainerlehrgang. Der Boden ist an jenem 9. Januar 1968 gefroren und glatt. Gladbachs Torhüter Volker Danner fällt Meyer auf das rechte Bein, es macht vernehmlich *knacks*, der Knochen sticht durch die Hose. Schien- und Wadenbein sind hinüber. Es ist der Moment, der Meyer alles kostet.

Der Bruch wird genagelt, Meyer und Trainer Weisweiler sind zuversichtlich, was die Genesung betrifft. Doch die zieht sich, auch weil Meyer sobald wie möglich wieder in seiner Werkstatt arbeiten muss. Für die Rückrunde fällt er aus, Gladbach wird ohne Meyer Tabellendritter. Später wird Meyer gegenüber der Badischen Zeitung sagen: »Ohne die Verletzung wären wir Meister geworden.«[5] Auch in der Saison 68/69 gesundet Meyer nicht. War's das? Am 23. August 1969 versucht er es noch einmal. Am 2. Spieltag steht er gegen Bayern München in der Startelf, mehr als anderthalb Jahre nach seinem Beinbruch. Nach der ersten Halbzeit liegt Borussia 0:1 zurück. Viel schlimmer: Meyer lässt sich wegen Schmerzen an der Bruchstelle auswechseln. Borussia gewinnt noch 2:1, den Ausgleich erzielt der Eingewechselte, Meyer hingegen wird für Borussia kein Spiel mehr bestreiten und seine Karriere beim VfL Benrath ausklingen lassen. 19 Bundesligaspiele hat er für Borussia gemacht, 19-mal getroffen, es ist eine Quote für die Ewigkeit.

Vor dem Vergessen hat sie ihn nicht bewahrt. Der einzige Clip, der sich bei YouTube von ihm findet, zeigt einen betrunkenen Fortuna-Fan Mitte der 60er, der grölt: »Peter Meyer, ey, ey, ey, ey.«

32. GRUND

Weil Kalle Del'Haye die Achterbahn des Lebens mitfuhr

Ein Verein, dessen Schicksal das Auf und Ab ist, lebt von Charakteren, die gelernt haben, was für ein Riesenarschloch das Leben sein kann. Karl Del'Haye, den alle nur Kalle riefen, hat eine der traurigsten Geschichten zu erzählen.

Wer nur auf die Titel guckt, die Del'Haye in seinen 23 Jahren als Bundesligaprofi gewonnen hat, könnte schnell auf die Idee kommen, dass der liebe Gott es immer gut mit ihm gemeint hat: Europameister 1980, fünfmal Deutscher Meister, zweimal UEFA-

Pokal-Sieger, zweimal DFB-Pokal-Sieger. Doch einen großen Anteil hatte Del'Haye an kaum einem dieser Titel.

Mit 18 Jahren wechselt Flügelstürmer Del'Haye, Jahrgang 1955, vom Regionalligisten Alemannia Aachen zu Borussia Mönchengladbach. Es dauert, bis er sich durchsetzt. Die ersten beiden Jahre spielt er fast gar nicht, dann wird er zum Ergänzungsspieler. Ende der 70er ist er nicht mehr aus dem Team wegzudenken. Wenn ihn bloß Verletzungen nicht immer wieder stoppen würden. Das Publikum liebt den kleinen, schmächtigen Flügelflitzer mit der blonden Mähne und dem blonden Schnurrbart. Er schießt zwar in seiner Zeit bei Borussia in 87 Liga-Spielen nur 14 Tore, glänzt aber als Vorbereiter. In seiner letzten Saison für Borussia ist er so gut, dass er in die Nationalmannschaft berufen wird und 1980 mit zur EM fährt, wo er allerdings nur einmal eingesetzt wird. Doch Borussia braucht mal wieder Geld. Sponsor Erdgas ist abgesprungen, der Zuschauerschnitt zurückgegangen, der Verein hat sich nicht fürs internationale Geschäft qualifiziert. Und da passiert etwas, das damals neu war, heute aber System hat: Bayern München kauft ihn für die Rekordablöse von knapp 1,3 Millionen DM. Del'Hayes Zweifel zerstreut Manager Uli Hoeneß laut eines SPIEGEL-Berichts mit den Worten. »Wenn du bei uns nicht Stammspieler wirst, dann erschieße ich mich.«[6]

Hoeneß erschießt sich nicht, aber Stammspieler wird Del'Haye auch nicht. Sondern zum Prototypen des Spielers, den die Bayern holen, bloß um andere Vereine zu schwächen und ihn dann auf der Bank versauern zu lassen. Sollten die Münchener tatsächlich mit Del'Haye geplant haben, verwerfen sie diesen Plan schnell.

In der ersten Saison spielt er nur fünfmal von Beginn an. Hoeneß legt ihm nahe, sich einen neuen Verein zu suchen, doch Del'Haye weigert sich. In der zweiten Saison kommt er auf ganze acht Einsätze. Er kennt Ersatzbank und Tribüne mittlerweile besser als das Spielfeld. Dann endlich scheint er es doch noch zu schaffen. In der folgenden Spielzeit wird er Stammspieler. Aber die Konkurrenz wird immer größer. Was soll er ausrichten gegen die Rummenigge-Brüder, Dieter Hoeneß und später Roland Wohlfarth?

In seiner fünften und letzten Saison für die Bayern absolviert er exakt null Bundesliga-Partien, spielt bloß noch dreimal im Pokal der Pokalsieger. Seine letzte Partie für Bayern bestreitet er gegen FC Trakia Plovdiv aus Bulgarien. Del'Haye sieht ein, dass sein Abenteuer bei den Bayern nach 74 Bundesligaspielen vorbei ist. DER SPIEGEL analysiert damals: »Del'Haye blieb in seinen fünf Münchner Dienstjahren nicht nur die fachliche Anerkennung verwehrt, er wurde beim erfolgreichsten deutschen Fußballclub der Nachkriegszeit degradiert und gedemütigt wie kein zweiter.«[7] Der Verein schiebt ihn für 150.000 DM zu Fortuna Düsseldorf ab, dort hält es ihn nur noch zwei Jahre. In seinem letzten Spiel wird er eingewechselt. In der 81. Minute.

Del'Hayes Geschichte wird auf ewig die Geschichte vom Scheitern sein. Bereits 1993 sang Marcus Wiebusch, heute Sänger der Hamburger Indie-Rockband Kettcar, in dem Lied *Erinnert sich jemand an Kalle Del'Haye*:

»Denn manchmal, da geht es statt rauf auch nieder / Und dann findest du dich auf der Ersatzbank wieder. / Und dann auf der Tribüne, von allen vergessen / Frag Kalle Del'Haye, der müsste es wissen.«

33. GRUND

Weil Gladbach der erste Ort war, an dem Lothar Matthäus sich nicht mehr sehen zu lassen brauchte

Lothar Matthäus hat sich in seiner Laufbahn eine beeindruckende Zahl an Gegnern, Feinden und Spöttern zugelegt. Die meisten allerdings erst gegen Ende seiner Karriere und mit Beginn seiner Trainer-Versuche. Nur in Mönchengladbach durfte er bereits seit

Mitte der 80er das Stadtgebiet nicht mehr betreten, ohne um seine körperliche Unversehrtheit zu fürchten. Matthäus war bei den Borussen-Fans schon unbeliebt, als sich der Rest der Nation noch über sein Spiel des Jahrhunderts gegen Jugoslawien in der Vorrunde der WM 1990 freute. In Gladbach müssen sie bei dieser Partie nicht gewusst haben, ob sie jubeln oder Magenkrämpfe bekommen sollen.

Die Geschichte, warum das alles so kam, kommt nicht ohne drei Worte aus: pikant, Abendhimmel, Judas.

Auch in Gladbach haben sie den Franken einst innig geliebt. 1979 wechselt Matthäus mit gerade einmal 18 Jahren von Herzogenaurach zu Borussia und wird schnell zum Stamm- und Nationalspieler. 162 Bundesliga-Spiele macht er für Borussia und schießt 36 Tore. Die Fans wählen ihn vor Beginn der Saison 1983/84 zu ihrem Spieler des Jahres. Und was wird das für eine Saison. Borussia hat tatsächlich Chancen auf die Meisterschaft. Matthäus übernimmt eine zentrale Rolle. Doch es passiert das, was immer passiert, wenn ein Spieler zu gut wird, aber nicht bei den Bayern spielt: Die Bayern kaufen ihn. Die ganze Saison über gibt es Wechselgerüchte um Matthäus. Am 24. März 1984 schlägt Gladbach die Bayern mit 3:0, abends schaltet das ZDF-*Sportstudio* live zu Lothars Geburtstagsparty. Dort sagt er die Worte, die seine Liebesbeziehung zu den Borussia-Fans mit einem Schlag beenden: Ja, ich wechsle zu den Bayern. Für 2,4 Millionen DM, Rekordablöse in der Bundesliga, verlässt er den Niederrhein. Dabei hat Trainer Heynckes um ihn ein neues Team aufbauen wollen, das es wieder mit den Großen aufnehmen kann. Es kommt alles noch viel schlimmer. Am 28. Spieltag verschießt Lothar Matthäus im Spiel gegen Eintracht Frankfurt einen Elfmeter, Gladbach holt nur einen Punkt. Am Ende wird Borussia Tabellendritter, punktgleich mit Meister Stuttgart.

Es kommt alles noch viel viel schlimmer: Im DFB-Pokalfinale 1984 trifft Borussia Mönchengladbach ausgerechnet auf Bayern München. Im Frankfurter Waldstadion steht es nach 90 Minuten und Verlängerung 1:1. Elfmeterschießen! Heynckes verfügt, Matthäus möge den ersten Elfer schießen. Und während das ZDF einblendet, dass »Donald Duck's Geburtstagsparty« erst um 20.50 Uhr beginnt, beginnt eine Party nie: die für Borussia. Denn Lothar M. semmelt den Ball in den Frankfurter Abendhimmel und schleicht vom Platz. Zwar hält Uli Sude einen Ball von Augenthaler, doch weil Abwehrspieler Norbert Ringels nur den Pfosten trifft und Michael Rummenigge ganz entspannt einlocht, gewinnen mal wieder die Bayern.

Alles, was Matthäus je für Borussia geleistet hat, und das ist zugegeben nicht eben wenig, ist seit diesem Abend am Niederrhein ausgelöscht. Auf alle Zeiten ist er in Gladbach nur noch der »Judas«. Denn was die Zeitungen später immer wieder als »pikant« beschreiben werden, dass ausgerechnet der einen Elfer verschießt, der zu den Bayern wechselt, deuten viele als Absicht. Zumindest aber ist es eine Kunst, den Ball so gnadenlos weit übers Tor und gefühlt über die Tribüne zu hämmern.

2012 stehen sich Gladbach und Bayern wieder in einem wichtigen Spiel im DFB-Pokal gegenüber, im Halbfinale. Es kommt zum Elfmeterschießen. Gladbach verliert, weil nicht nur Nordtveit scheitert, sondern auch Dante, der den Ball übers Tor schießt. Dessen Wechselabsichten zu Bayern München sind ein offenes Geheimnis, das kurze Zeit später zur Wahrheit wird. Die Partie findet am 21. März statt. Es ist der 51. Geburtstag von Lothar Matthäus.

34. GRUND

Weil am 9. Mai 1998 alles möglich zu sein schien

In dieser Geschichte steckt alles, was zu einem Leben dazugehört, in diesem Fall meines: Ein Fußballplatz in der Provinz, ein verrückter Typ, der Nussecken verschenkt, Borussia. Am schönsten aber ist sie in dem Moment, als ich vor einem Feld stehe und mit Gräserpollenallergie-vertränten Augen das schönste Mädchen ansehe, das ich je gesehen habe. In diesem Moment sind die Naturgesetze aufgehoben, in diesem Moment ist das Unwahrscheinliche dabei, das Wahrscheinliche zu übertrumpfen. In diesem Moment ist alles in Einklang: Mein Leben, die Welt, der VfL.

Als ich am 9. Mai 1998 aufwache, kurz vor meinem 15. Geburtstag, ist nur eines sicher: Am frühen Abend werde ich zum Sportplatz in meinem Dorf fahren und mit den anderen Jungs unsere Meisterschaft feiern. Es ist eine Sensation, das triumphalste Jahr der C-Jugend, das der SV Uedem je erlebt hat. Ohne besondere Erwartungen sind wir in die Saison eingestiegen, der Trainer war kein ausgewiesener Fachmann. Seine Vorstellung von Training sah so aus: Gleich zu Beginn teilte er uns in zwei Mannschaften ein und ließ uns 90 Minuten lang gegeneinander spielen. Kein Schusstraining, kein Fitnesstraining, kein 5 gegen 2. Einfach nur spielen. Trotzdem oder vielleicht gerade deshalb fegten wir alle Mannschaften vom Platz, die sich uns in den Weg stellten. Den Zweitplatzierten schlugen wir gleich dreimal, weil er nach der zweiten Partie am Grünen Tisch eine Wiederholung erkämpft hatte. Begründung: Der Schiri hatte die eine Halbzeit deutlich länger laufen lassen als die andere. Beinahe hätten wir die Meisterschaft doch noch aus der Hand gegeben. In einem der letzten Saisonspiele fehlte unser Torhüter, einen Ersatztorhüter hatten wir nicht, also musste der Keeper aus der D-Jugend ran. Lange Zeit lagen wir mit einem Tor zurück, dann Pass auf Dalkowski – Ausgleich! Kurze Zeit später gewinnen wir noch.

Nach der Meisterschaftsfeier würde ich nach Hause gehen und mir den *Eurovision Song Contest* ansehen. Der hat mich bisher nie interessiert, weil Deutschland doch immer nur diese peinlichen Ralph-Siegel-Interpreten geschickt hat, in diesem Jahr aber tritt Guildo Horn mit dem Stück *Guildo hat euch lieb* an, geschrieben von Stefan Raab. Endlich mal kein bierernster Beitrag aus Zero-Points-Germany, sondern halbironischer Schlager von einem Typen, der während der Konzerte Nussecken an seine Fans verteilt.

Zuerst aber steht der letzte Spieltag der Fußballbundesliga an. Borussia liegt auf dem 16. Platz und hat drei Punkte Rückstand auf Platz 15, den der Karlsruher SC belegt. Der erste Abstieg der Bundesligageschichte ist ein realistisches Szenario. Dass das Team nicht schon abgestiegen ist, verdankt es einem 5:2 am Spieltag zuvor gegen Hansa Rostock. Eben jene Hansa muss nun unbedingt gegen Karlsruhe gewinnen und wir auswärts gegen den VfL Wolfsburg. Dann wäre alles gut. Ab 15.30 Uhr sitze ich am Radio. Schon nach 13 Minuten schießt Effenberg Borussia in Führung, leider trifft auch der KSC. Doch noch vor der Halbzeit dreht Rostock das Spiel, Wynhoff macht die zweite Bude für Borussia. Um viertel nach fünf ist das Wunder geschafft, Borussia und Karlsruhe tauschen die Plätze. Als ich am Sportplatz angelange, feiere ich nicht nur unsere Meisterschaft, sondern auch Borussias Nichtabstieg.

Irgendwann stehe ich dann in einer kleinen Gruppen gegenüber dem Sportplatz, direkt an einem Feld. Mein Heuschnupfen setzt ein. Doch da ist dieses Mädchen, ich kenne es aus der Schule. Sie ist eine Klasse unter mir und sie ist süß und ich bin in sie verliebt. In einem Moment denke ich, dass sie auf jeden Fall küssen werde. Was für ein Tag: Meister, Borussia nicht abgestiegen, gleich gewinnt Guildo Horn den *Eurovision Song Contest* und vorher küsse ich dieses Mädchen. Der Triumph des Unwahrscheinlichen.

Es dauert nur ein Jahr, bis das Erwartbare wieder an allen Fronten gewonnen hat. Ich küsse das Mädchen nicht. Nicht an diesem Abend und auch später nicht. Irgendwann zieht sie weg, und das war es. Guildo Horn wird an diesem Abend siebter, immerhin, aber auch nicht mehr. Im Jahr darauf reist wieder ein Ralph-Siegel-Interpret zum *Eurovision Song Contest*. In der folgenden Saison wechsle ich in die B-Jugend. Wenn mich meine Erinnerung nicht täuscht, reicht die Zahl der Spieler nicht für eine Mannschaft, ich mache ein Jahr Pause. Und Borussia Mönchengladbach steigt ein Jahr später in die 2. Liga ab.

Alles ist möglich, leider auch Scheiße.

35. GRUND

Weil Abstiegskampf eine existentielle Erfahrung ist

Wer Fan von Borussia Mönchengladbach ist, weiß, dass er keinen Ferrari gekauft hat. Die Borussen sind kein Team mehr, das alle anderen mühelos abhängt, kein Team, mit dem sich andere erst gar nicht anlegen, kein Team, das schon Stärke ausstrahlt, bevor es sich überhaupt in Bewegung gesetzt hat. Wer Fan von Borussia ist, weiß immer erst am Spieltag selbst, was für ein Auto heute in der Garage steht. Selten ist es ein Ferrari, viel häufiger ein Golf, Passat oder Astra. Und es gibt Zeiten, da setzt man sich jedes Wochenende in eine alte Rostlaube.

Abstiegsangst gehörte mehr als 20 Jahre nicht zu den Gefühlen, mit denen ein Borusse umgehen musste, höchstens die Angst, doch nicht Meister zu werden oder mal wieder im Halbfinale gegen Liverpool zu verlieren. Erst am 4. November 1989 stand Gladbach erstmals am Tabellenende, und spätestens seitdem ist jedem Fan und jedem Verantwortlichen klar, dass es jederzeit möglich ist, in den Abstiegskampf zu geraten. Seit Ende der 90er wissen alle, dass man diesen Kampf auch verlieren kann. Borussia ist keine Fahrstuhlmannschaft, aber auch nicht unabsteigbar. Es kann in der einen Saison alles gut laufen, in der nächsten können sie trotzdem die rote Laterne in der Hand halten. Die Platzierungen in der 1. Liga seit dem ersten Wiederaufstieg: 12., 12., 11., 15., 10., 18., 15., 12., 16., 4., 8. Das größte Wunder der an Wundern nicht gerade armen Saison 2011/12 war ja gar nicht der 4. Platz, sondern die Tatsache, dass das Team nicht einen Spieltag mit dem Abstieg zu tun hatte. Sonst aber gehört Abstiegsangst in so ziemlich jeder Saison seit 20 Jahren dazu, vielleicht nicht immer eine ganze Spielzeit, aber zumindest ein paar Spieltage. Borussia schaut nach unten, nicht nach oben. Bevor die 40 Punkte nicht erreicht sind, kann niemand ruhig schlafen.

Abstiegsangst ist kein schönes Gefühl, niemanden freut die Aussicht, im nächsten Jahr in Aue oder Cottbus zu spielen. Aber Abstiegsangst ist ein lohnendes, da aufregendes und aufreibendes Gefühl, weil es gleich so schön existenziell wird. Während die grauen Mäuse von Rang 8 oder 10 sich von Woche zu Woche solide durchspielen und die Spitzenreiter Siege hinnehmen wie den monatlichen Gehaltsscheck, ist im Abstiegskampf jeder Sieg, ja manchmal sogar ein Unentschieden, eine unglaubliche Erfahrung. Das Gefühl des Sieges hält die ganze Woche, es ist der süße Nektar, von dem es nur gelegentlich ein paar Tropfen gibt. Drei Punkte unten sind mehr wert als drei Punkte oben. Gleichzeitig ist eine Niederlage unten nicht so dramatisch wie eine Niederlage oben, sie gehört bei den Kellerkindern zum Alltag, an der Spitze hingegen kann schon eine einzige Niederlage das Ende der Meisterschaftshoffnung bedeuten. Natürlich müssen auch im Abstiegskampf Siege her, aber nicht jede Woche.

Es gibt nichts Geileres, als in diesem Todeskampf am Ende als Sieger hervorzugehen, am besten noch in der allerletzten Sekunde dem Abstieg zu entrinnen. Einmal in den Abgrund schauen und dann doch nicht springen müssen, ist unbezahlbar. Borussia ist das mehrfach gelungen, am dramatischsten in der Saison 2010/11. Das zählt mehr als jede Meisterschaft und jede Qualifikation für einen internationalen Wettbewerb. Wer hätte gedacht, dass mit dieser Rostlaube der Klassenerhalt drin ist?

Dass nach dem Nichtabstieg in letzter Sekunde alle sagen: »Nie mehr so eine Saison«, ist zwar nachvollziehbar, aber nicht ganz richtig. An die Spielzeit, als Gladbach sich in der Relegation gegen Bochum die Klasse sicherte, werden die Fans ihr Leben lang denken. Und das Herz wird vor Stolz überschwellen.

36. GRUND

Weil es auf der Trainerbank nie langweilig wird

Das Wort »Trainerbank« vermittelt einen falschen Eindruck. Es klingt nach Beständigkeit und Sicherheit, aber wenn jemand keine Sicherheit und keine Beständigkeit hat, dann der Trainer, der auf der Bank sitzt. In Gladbach ist die Trainerbank ohnehin eine Drehtür. Jeder darf mal eine Runde mitmachen, dann aber auch bitte wieder gehen.

Das war nicht immer so. In den ersten 22 Jahren ihrer Bundesligazugehörigkeit ist Borussia mit drei Trainern ausgekommen: Hennes Weisweiler (bis 1975), Udo Lattek (1975-1979) und Jupp Heynckes (1979-1987). Keiner von ihnen wurde rausgeworfen. In den 26 Jahren danach hat die Borussia hingegen so viele Trainer verbraucht, dass selbst eingefleischte Fans nicht sofort sagen können, wie viele es waren und vor allem wer. 18-mal setzte der Verein auf neue Übungsleiter. Bis auf Bernd Krauss erreichte niemand auch nur die Amtszeit von Udo Lattek, der deshalb mit vier Jahren noch immer die viertlängste Amtszeit eines Borussen-Trainers in der Bundesliga innehält. Seit Ende der 80er werden Amtszeiten nicht mehr in Jahren, sondern in Monaten gerechnet. Die kürzeste Zeit auf der Trainerbank, abgesehen von Interimslösungen, war Norbert Meier beschieden, vom 1. Dezember 1997 bis 31. März 1998, gerade mal zehn Spiele. Wer mehr als ein Jahr durchhielt, durfte schon etwas auf sich halten.

Dass die Trainerbank zum Schleudersitz geworden ist, zeigt, wie sich die Vereinsführung verändert hat. Die setzte bis Ende der 80er auf Kontinuität, doch als der gewohnte Erfolg ausblieb und klar wurde, dass die 70er endgültig vorbei waren, wich die Beständigkeit der Panik. Heynckes' Nachfolger Wolf Werner war der erste Trainer der Borussia, der sich vorzeitig verabschieden musste. Kein Wunder, Gladbach stand zum ersten Mal in seiner Bundesligageschichte auf dem letzten Tabellenplatz. So ging das munter weiter. Nur drei Trainer haben seit Ende der 80er Eindruck hinterlassen: Bernd Krauss, der Borussia zurück in die europäischen Pokalwettbewerbe führte, Hans Meyer, der Gladbach wieder in die 1. Liga brachte und später einen Abstieg verhinderte, und Lucien Favre, der aus einem Beinahe-Zweitligisten einen Meisterschaftskandidaten formte.

Die übrigen Trainer ... nun ja. Sie alle scheiterten auch an der hohen Last der Vergangenheit. Verein und Fans wollten eben mehr als bloß Abstiegskampf. Sogar Horst Köppel, der Gladbach einst zur besten Platzierung seit dem ersten Abstieg führte, musste gehen, weil Rang zehn nicht reichte. Immerhin sorgten die ständigen Trainerwechsel für Unterhaltung, etwas, das die Fans auf dem Platz viel zu häufig vermissten. Gladbach hat es wirklich mit allen möglichen Trainern versucht. Mit alten Hasen wie Hannes Bongartz (19. Dezember 1996 bis 29. November 1997) und Friedel Rausch (1. April 1998 bis 9. November 1998), mit Trainern, die dem Verein schon früher verbunden waren wie Michael Frontzeck (1. Juni 2009 bis 13. Februar 2011), Jupp Heynckes (zweite Amtszeit vom 23. Mai 2006 bis 31. Januar 2007), Horst Köppel (18. April 2005 bis 14. Mai 2006), Rainer Bonhof (10. November 1998 bis 31. August 1999), Ewald Lienen (1. März 2003 bis 21. September 2003), Trainern mit wenig Erfahrung im Trainergeschäft wie Holger Fach (21. September 2003 bis 27. Oktober 2004) und Trainern von Weltruf. Okay, ein Trainer von Weltruf: Dick Advocaat, ehemals Chef der niederländischen Nationalmannschaft. Der hielt sich gerade mal vom 2. November 2004 bis 18. April 2005. Als klar wurde, dass auch er Borussia nicht mehr garantieren konnte als den Abstiegskampf, war er weg.

Kaum ein Trainerwechsel hat zu plötzlichen Siegesserien geführt, kaum ein Trainer hatte ein Mittel gegen die chronische Auswärtsschwäche und die meisten Trainer kamen bloß, um das Schlamassel, das der Vorgänger hinterlassen hatte, zu beheben und doch noch den Abstieg zu verhindern. Den meisten gelang das, mehr aber auch nicht. Denn dann hieß es wieder: Auf Wiedersehen, schön, dass

Sie für uns gearbeitet haben, aber jetzt reicht's auch. Jetzt, also in dem Moment der Niederschrift, trainiert Dieter Hecking Borussia Mönchengladbach. Auf dem Weg dieses Buches in die Druckerei kann sich dies bereits wieder geändert haben.

37. GRUND

Weil Borussia mich lehrte, Abschiede zu ertragen

An den Tag erinnere ich mich nicht mehr, an den Schmerz hingegen sehr. Wochenlang war es ein Gerücht gewesen, dann eine immer wahrscheinlicher werdende Spekulation und schließlich gab Heiko Herrlich im Sommer 1995 bekannt: Ja, ich wechsle zu Borussia Dortmund. Der junge Lockenkopf, der Gladbach mit seinen 20 Toren auf den fünften Tabellenplatz geschossen hatte, ging für knapp 11 Millionen DM vom Niederrhein ins Ruhrgebiet. Damals war ich 12, ich hatte noch nicht gelernt, mit Verlusten umzugehen und reagierte mit Wut und Tränen. Ich legte das BRAVO-*Sport*-Poster von Heiko Herrlich in die Blechschüssel, mit der meine Mutter sonst die Kartoffeln aus der Garage holte, und hielt ein Feuerzeug ans Papier. Das Poster verbrannte restlos, doch weder Wut noch Trauer waren gelindert. Warum gehst du, Heiko?, fragte ich mich. Mit Gladbach spielst du doch in der kommenden Saison im Europapokal, hast deinen Stammplatz sicher. Was willst du denn in Dortmund?

Es dauerte ein paar Jahre, bis ich erfuhr, dass Gladbach wie die meisten anderen Bundesligavereine das Schicksal zu ertragen hatte, die besten Spieler nach ein bis zwei guten Jahren ziehen zu lassen. Netzer, Bonhof, Matthäus. Nach Herrlich dann Effenberg, Deisler, Jansen. Es warf mich jedes Mal um.

Dann kam der 4. Januar 2012. Die Meldung, dass Marco Reus von Borussia Mönchengladbach zu Borussia Dortmund wechselte, versetzte Sportmedien und Fans in Erregung. Ich aber nahm die Nachricht mit der größtmöglichen Gleichgültigkeit hin, zu der ich in der Lage war. Es ließ mich nicht kalt, aber es erschütterte mich nicht mehr so wie der Herrlich-Transfer. Die Jahre hatten mich gelehrt, dass der Profifußball eben so lief und ich mich damit abzufinden hatte. Die Wut und die Trauer des Fans haben ja bloß damit zu tun, dass er einem Irrtum aufsitzt. Dem Irrtum, dass die Spieler tatsächlich mit ihrem Herzen an dem Verein hängen, so wie es der Fan tut. Dass er wirklich deshalb für den Verein spielt, weil es da eine magische Verbindung gibt. So wie der Fan eine magische Verbindung spürt, die sich einer einfachen Erklärung entzieht. Dabei entscheiden sich Profifußballer stets aus einer Mischung von finanziellen und sportlichen Erwägungen dafür, zu einem bestimmten Verein zu wechseln, und nicht, weil das Herz plötzlich ganz doll schlägt. Selbst wenn der Spieler in Erfolgszeiten verkündet, wie großartig der Verein und die Fans sind, ist das stets nur die Folge davon, dass es finanziell und sportlich bestens läuft. Wenn er eine Chance sieht, sich zu verbessern, dann geht er zu einem anderen Club. Während ein Fan in guten wie in schlechten Zeiten zu seinem Verein steht, ist ein Spieler bloß dort, bis er einen besseren gefunden hat. Das ist keine Liebe, das ist eine Zweckgemeinschaft auf Zeit.

Während also andere der Wechsel von Marco Reus wütend machte, stellte ich mir die Frage: Hätte ich denn anders gehandelt? Für alle Ewigkeiten Niederrhein, das ist keine verlockende Aussicht, *So* toll ist es hier auch nicht. Die Prinzipien, nach denen die Welt funktioniert, sind furchtbar banal.

Ich erfreute mich noch einmal daran, wie Marco Reus, noch für wenige Tage VfL-Borusse, dieses herrliche Tor gegen Griechenland bei der EM schoss, so wie ich das letzte Toffifee aus der Packung genieße, bei der von Anfang an klar ist, dass sie irgendwann leer ist. Dann machte ich in meinem Herzen den Platz frei für den nächsten Reus. Irgendeiner kommt ja immer.

38. GRUND

Weil es dem Verein gelang, am ersten Spieltag erster und am letzten Spieltag letzter zu sein

Es war einer dieser Tage, die Borussias Manager Rolf Rüssmann später »einer dieser Tage« nennen sollte. Vor wenigen Minuten hatte sich das Team im letzten Moment vor dem Gang in die Zweitklassigkeit gerettet. Der 2:0-Sieg gegen Wolfsburg stand am Ende einer ansonsten deprimierenden Saison 1997/98. Leitwolf Stefan Effenberg war bereits zu den Bayern verkauft. Nun hockten die Spieler und Verantwortlichen in der Kabine, zuerst noch voller Freude über den Verbleib in der 1. Liga. Doch diese wich allmählich der Erkenntnis: Ohne den Tiger wird die nächste Saison ein aussichtsloser Kampf um den Klassenerhalt.

Wer jene Idee vorschlug, ist bis heute umstritten. Fest steht nur: Plötzlich war da dieser Plan. Wenn man schon keine Chance hatte, die Liga zu halten, dann wollte man sie wenigstens mit einem einzigartigen Rekord verlassen. Am 1. Spieltag erster sein und am letzten Spieltag letzter. Das war noch keinem Bundesligisten gelungen. Auf einmal erfüllte Vorfreude die Kabine, erzählen die, die dabei gewesen sind. Gesichter strahlten.

Manager Rolf Rüssmann machte sich sofort ans Werk und besorgte die passenden Akteure: Er kaufte Markus Feldhoff als angeblichen Wunderstürmer von Bayer Leverkusen für 2,8 Millionen DM. Markus Feldhoff, Wunderstürmer … haha … Rüssmann bekam sich kaum ein vor Lachen, als er die Verträge klarmachte. Dann holte er einen Mittelfeldspieler namens Matthias Hagner vom VfB Stuttgart, indem er beim Verein nachfragte: Wer ist eure größte Gurke im Mittelfeld? In Bulgarien erwarb er einen Typen namens Vladimir Ivanov, weil das so schön bulgarisch klang. Rüssmann war zufrieden. Das waren allesamt Spieler, die man gar nicht erst bitten musste, miese Leistungen abzuliefern. Weil er aber nun für das erste Spiel noch einen Stürmer brauchte, der wusste, wo das gegnerische Tor stand, aber nicht im Verdacht stand, übertrieben ehrgeizig zu sein, kaufte er den Kölnern ihren Toni Polster ab. Die hatten ihn eigentlich schon zum Abdecker bringen wollen und konnten ihr Glück kaum fassen, dass ihnen noch jemand Geld für den 34-Jährigen zahlte.

Nach dem 1. Spieltag konnte sich Rüssmann entspannt zurücklehnen: Der wichtigste Teil der Mission war geschafft. Durch Tore von Polster, Pettersson und Hagner hatte Gladbach zuhause 3:0 gegen Schalke 04 gewonnen und die Tabellenspitze erobert. Die Fans wähnten sich schon wieder in den goldenen 70ern und freuten sich auf Reisen nach Barcelona, Madrid und Mailand. Allerdings nicht sehr lange. Denn bereits im nächsten Spiel trat Teil 2 des Plans in Kraft und der hieß: Verlieren, wo es nur geht. Die Spieler gehorchten. Es klappte so hervorragend, dass Borussia bereits am 9. Spieltag die rote Laterne an sich nehmen durfte – und nicht mehr hergab. Besonders beeindruckend war das 2:8 gegen Leverkusen auf dem Bökelberg, dem ein 1:7 in Wolfsburg folgte. 15 Gegentore in zwei Spieltagen – der helle Wahnsinn! Danach ging Trainer Friedel Rausch, es kam Rainer Bonhof, der dafür sorgte, dass der Plan nie in Gefahr geriet. Auch Rüssmann ging kurze Zeit später, es konnte ja nichts mehr schiefgehen. Einzig dieser neue Torhüter Robert Enke und der neue Netzer, Sebastian Deisler, wollten partout nicht einsehen, dass sie nicht ihr Bestes, sondern ihr Schlechtestes geben sollten. Deisler war glücklicherweise häufig genug verletzt, Enke gegen die Unfähigkeit seiner Vorderleute chancenlos. Nach dem 32. Spieltag war das Ziel erreicht, der letzte Tabellenplatz dem Team nicht mehr zu nehmen. Am Ende der Saison stand eine beeindruckende Bilanz: 21 Punkte, 41:79 Tore, 4 Siege, 21 Niederlagen, allesamt Minusrekorde des Vereins in der Bundesliga. 16 Punkte Rückstand auf einen Nichtabstiegsplatz, 8 auf den Vorletzten. 0 Auswärtssiege.

Leider weiß bis heute kein Borussia-Fan diese historische Leistung zu würdigen.

39. GRUND

Weil der Verein sich nicht zu schade ist, in der 2. Liga zu spielen

Die Eine-Million-Euro-Frage lautet: In welcher Tabelle liegt Borussia Mönchengladbach eingerahmt zwischen Röchling Völklingen und dem VfR 1910 Bürstadt auf Platz 66? Ähem ... nun ja ... wo liegt überhaupt Bürstadt ... ist Röchling nicht ein Fisch ... Niemand? Die richtige Antwort lautet: in der ewigen Tabelle der 2. Liga. Die Bilanz: 102 Spiele, 193:112 Tore, 182 Punkte.

Dass der Verein dort zwischen zwei völlig unbekannten Dorfvereinen rangiert, hat allerdings weniger mit der Leistung der Fohlen zu tun als mit der Tatsache, dass Borussia dort nur so kurz spielte. Sonst würde wohl kaum Alemannia Aachen diese Tabelle anführen, das Team, das ihn zehn Jahren vermutlich auch die ewige Tabelle der 4. Liga anführen wird. Ganze drei Spielzeiten verbrachte Mönchengladbach in der zweithöchsten Liga des deutschen Fußballs. Schuld daran waren die Abstiege 1999 und 2007. Eine Fahrstuhlmannschaft wie der 1. FC Köln oder VfL Bochum ist Borussia nie geworden und wird es auch nie werden.

Klar, die Abstiege waren keine angenehme Sache. Die Tränen ließen die Niers über die Ufer treten, der Schmerz war selbst in Alkohol nicht zu ertränken. Doch die Jahre in der 2. Liga, man traut es sich kaum zu sagen, waren schön. Nicht nur, weil die Borussia fast jeden Montag kostenfrei im DSF zu bestaunen war. Wer zu den Zu-Spät-Geborenen gehört, die die 70er nur aus Märchenbüchern und Opas Erzählungen kennen, konnte sich gar nicht vorstellen, wie das war, als Borussia eine Liga nach Belieben dominierte. In Liga 2 durften sich die Borussen-Fans endlich fühlen wie Anhänger von Bayern München: Jeder Schuss ein Treffer, jedes Spiel ein Sieg.

Jedes Spiel? Nun ja, fast. In der Saison 1999/00 sah es zunächst so aus, als würde Gladbach den Fortuna-Düsseldorf-Way-of-Life beschreiten und noch weiter nach unten fahren. Nach drei Spieltagen und drei Niederlagen lag Borussia schon wieder auf dem letzten Platz, Trainer Bonhof musste mit einer sensationellen Bilanz von drei Siegen in 26 Erst- und Zweitligaspielen gehen. Der bald Kultfigur genannte neue Trainer Hans Meyer überzeugte nicht nur mit Sarkasmus, sondern auch Siegen. Das erste Spiel unter ihm ging zwar noch verloren, doch dann legte sein Team los und blieb vom 11. bis 29. Spieltag ungeschlagen. Ein ungewohntes Gefühl. Die Namen der Stars sind noch heute Musik in den Ohren. Marcel Ketelaer! Arie van Lent! Bernd Korzynietz! Igor Demo – Fußballgott! Dass es trotzdem nur zu Platz 5 reichte, lag nicht nur daran, dass Gladbach dumm genug war, durch zwei Handelfmeter 2:1 gegen Waldhof Mannheim (9. in der ewigen Tabelle der 2. Liga) zu verlieren. Es machte auch gerade so viel Spaß, warum sich dann gleich wieder in der 1. Liga vermöbeln lassen? In der zweiten Saison war der Aufstieg nicht mehr zu vermeiden. Wer 5:0 gegen Ulm gewinnt und 6:1 gegen Aachen, dem wird es irgendwann zu langweilig. Mit 62 Punkten und 62:31 Toren stürmte Borussia als Tabellenzweiter zurück in die ihr zugedachte Liga.

Noch sagenhafter geriet die dritte Saison in Liga 2. Nach zwei Unentschieden und einem peinlichen 1:4 gegen Mainz spielte sich Gladbach innerhalb von sechs Spieltagen von Platz 13 auf 1. 5:0 gewann Borussia auswärts gegen überforderte Koblenzer. Ja, auswärts! Gegen Offenbach gar 7:1. In der 1. Liga war Borussia in der Fremde bloß angetreten, um mal in anderen Betten zu schlafen und drei Punkte in der Geschäftsstelle des Gegners abzuliefern, in der 2. Liga waren die Fohlen das stärkste Auswärtsteam. Wo auch immer sie antraten, bettelten die Gegner um Gnade, die ihnen die Borussen nur selten gewährten, besonders Rob Friend, der Mann, der bewies, dass auch Kanadier Fußball spielen können. 18-mal traf er. Platz 1 gab das Team von Jos Luhukay nach dem 3. Spieltag die ganze Saison nicht mehr her. Schade nur, dass ein Großteil der Leistungsträger, neben Friend Marcel Ndjeng, Sascha Rösler, Oliver

Neuville, Patrick Paauwe, Tobias Levels, Alexander Voigt, für die 1. Liga nur noch bedingt geeignet waren.

Dort war Borussia wieder Borussia und Bayern München Bayern München.

40. GRUND

Weil Borussia ernsthaft glaubte, die Verpflichtung von Giovane Élber sei eine gute Idee

Man darf seinen Verein nicht nur für seine richtigen Entscheidungen lieben, sondern auch für seine falschen. Nicht trotz. Wegen.

Eine solche trug sich im Januar 2005 zu. Im Herbst 2004 hatte Gladbach Holger Fach entlassen und den früheren Trainer der holländischen Nationalmannschaft, Dick Advocaat, geholt. Das Signal war klar: Wir wollen jetzt mal wieder ein bisschen weiter oben mitspielen. Gerne auch in Europa. Dabei sollte vor allem er helfen: Giovane Élber. Der Name des brasilianischen Stürmers war, einem Phantom gleich, immer wieder in Zusammenhang mit Borussia in der Presse aufgetaucht, und Anfang 2005 verkündete der Verein tatsächlich: Wir haben ihn. Ablösefrei. *Den* Giovane Élber. Der Stürmer, der für jedes Team regelmäßig getroffen hatte, für das er aufgelaufen war. 41 Liga-Tore für Grashoppers Zürich, 41 Tore für den VfB Stuttgart, 92 Tore für Bayern München, 11 für Olympique Lyon, erfolgreichster ausländischer Torschütze in der Geschichte der Bundesliga. Torschützenkönig. Tor des Jahres. Warum sollte er ausgerechnet in Mönchengladbach das Toreschießen einstellen?

Zum Beispiel, weil der 32-Jährige nicht mehr der Élber war, den die Bundesliga kannte und fürchtete. Im Herbst 2004 hatte er sich in Diensten von Lyon Schien- und Wadenbein gebrochen. Die Gesundung erwies sich als schwierig, dann fing Élber auch noch an, öffentlich über seinen Arbeitgeber zu lästern. Wie gut, dass sich ein deutscher Verein fand, der naiv genug war, diesen Problembären zu übernehmen. Nee, kostet euch gar keine Ablöse, geben wir euch so. Jede niederrheinische Oma weiß: Wat nix kost, dat is nix. Advocaat und Sportdirektor Hochstätter wussten es nicht. Auch nicht, dass sie ein paar Monate später nicht mehr für Borussia arbeiten würden. Élber kündigte derweil in der Rheinischen Post an: »Ich glaube, ich werde hier viel Spaß haben.«[8]

Ähem ... fast. In der Rückrunde 2005 war an Einsätze in der Bundesliga nicht zu denken. Élber wurde Dauergast in der Reha, das in Aussicht gestellte Comeback immer wieder verschoben. Die Fans hielt das nicht ab, wie die Bekloppten Trikots mit seinem Namen zu kaufen. Dann stand er tatsächlich auf dem Platz, er spielte quasi Fußball, in einer Mannschaft, er schoss ein Tor. In der Vorbereitung auf die Saison 2005/06 beim 7:0 gegen den Oberligisten FC Ismaning. Fit war er trotzdem noch immer nicht. Wegen Problemen mit dem Fußgelenk hatte er sich eine Schonhaltung antrainiert, die ihn Bundesliga-untauglich machte. Wird schon noch, dachten die Verantwortlichen.

Wurde aber nicht mehr. Sensationelle viermal wurde der mittlerweile 33-Jährige in der Hinrunde eingesetzt und das hieß eingewechselt. Im DFB-Pokal gegen den FC Kutzhof wurde er nach 60 Minuten ausgewechselt. Die Gefahr, dass er bei einer seiner Vorstellungen das Tor traf, bestand nicht. Eher wäre ihm ein drittes Bein gewachsen. Nach einem Einsatz antwortete Trainer Horst Köppel auf die Frage, warum er Élber erst so spät gebracht habe: Vor Uwe Seeler habe doch auch niemand mehr Angst. Autsch. Spätestens da war das Verhältnis zwischen Trainer und Phantom zerrüttet. Élber tat das, was er schon bei Lyon als Dauerverletzter gerne gemacht hatte: gegen seinen Arbeitgeber stänkern. Während er behauptete, er sei absolut fit, sah die medizinische Abteilung das anders. Als er Köppel aufforderte, endlich mal die Wahrheit zu sagen, musste das Phantom gehen. In gegenseitigem Einvernehmen wurde der Vertrag im Dezember 2005 aufgelöst. Élber wechselte zurück in seine Heimat nach Brasilien zu Cruzeiro Belo Horizonte und traf. Natürlich. Sechzehnmal.

Der Einzige, den die zehn Monate des Giovane É. in Gladbach noch immer freuen, ist der Vorstand des hessischen Clubs TuS Breitscheid. Dort ließ sich Élber bei einem Besuch im Sommer 2005 zur Ehrenmitgliedschaft auf Lebenszeit überreden.

41. GRUND

Weil kein Tabellenletzter mit weniger Gegentoren in die 2. Liga abgestiegen ist

Am Abend des 22. September 2006 träumen die Fans von Borussia Mönchengladbach bereits, bevor sie ins Bett gehen. Davon, dass die Zeiten endlich besser werden. Gerade haben Jupp Heynckes' Fohlen das Freitagsspiel des 5. Spieltags mit 1:0 gegen Dortmund gewonnen und stehen deshalb für eine Nacht auf dem ersten Tabellenplatz. Leider reicht es am Ende ganz knapp doch nicht zur Meisterschaft. Borussia steigt als Tabellenletzter zum zweiten Mal in die 2. Liga ab. Mit einem Rekord, auf den das Team ruhig etwas stolzer hätte sein können, weil es kein Negativrekord ist. Vorsicht, was jetzt folgt, ist ein Statistikfestival.

Normalerweise sind Absteiger Schießbuden. Gladbach aber kassiert bloß 44 Tore, nur sieben Teams fangen sich weniger. Noch nie ist ein Verein mit so wenigen Gegentoren als Tabellenletzter abgestiegen. Nur einmal hat ein Absteiger überhaupt weniger Tore kassiert, der 1. FC Kaiserslautern geht 1995/96 mit 37 Gegentoren als 16. in die 2. Liga. In 23 Spielen lässt die Abwehr höchstens einen Treffer zu.

Das Problem ist nicht die Defensive, das Problem ist: Borussia schießt selbst nur 23 Tore. So wenige wie noch nie in ihrer Zeit als Bundesligist. Bisher lag der vereinseigene Minusrekord bei 35.

Überhaupt hat nur ein Erstligist in einer Saison weniger Tore geschossen: Tasmania Berlins 15 Treffer aus der Spielzeit 1965/66 sind allerdings auch schwer zu toppen. In 19 von 34 Partien erzielt Borussia kein einziges Tor, teaminterne Torschützenkönige werden mit jeweils vier Treffern Kahê und Neuville. Vier der sieben Stürmer treffen überhaupt nicht.

Da hilft auch die sicherste Abwehr nicht. Denn meist reicht ein Gegentreffer, um das Spiel zu verlieren. Zehnmal unterliegt Borussia mit 0:1. Ein typisches Match sieht so aus: Gladbach spielt recht gefällig nach vorne, ist dem Gegner optisch überlegen, doch an der Strafraumgrenze befällt die Spieler eine rätselhafte Krankheit: Sie verstolpern den Ball, spielen einen Fehlpass, vergessen, aufs Tor zu schießen. Chancen sind seltener als Ausflugsdampfer auf der Niers. Dann kontert der Gegner einmal konzentriert, und schon steht es 0:1. Ganze sechs Siege dürfen die Borussen feiern, sie gewinnen die ersten vier Heimspiele, danach nur noch ein einziges (3:1 gegen Hertha BSC), und einmal in der Fremde (2:0 gegen Arminia Bielefeld). Weder Heynckes noch sein Nachfolger Luhukay haben eine Idee, wie sich diese Horroroffensive retten ließe. Der zu Saisonbeginn verpflichtete Mittelfeldmotor Federico Insúa findet überhaupt keinen Anschluss. In den letzten neun Spielen gelingen dem Team nur noch zwei Treffer. So steht bereits nach dem 31. Spieltag der Abstieg fest. Schuld ist eine Niederlage gegen den kommenden Deutschen Meister VfB Stuttgart. Das Spiel endet 0:1. Selbstverständlich.

42. GRUND

Weil die Geschichte des Eigentors ohne Borussia neu geschrieben werden müsste

Joachim Stadler hat in seinem Leben als Fußballprofi nicht viele Tore erzielt. Als Abwehrspiele war das auch nicht seine vorrangige Aufgabe. Doch eines hätte zum Tor des Jahres werden können, wenn, ja wenn ...

Es ist der 9. November 1993, ein Dienstagabend. Borussia Mönchengladbach empfängt den 1. FC Kaiserslautern im Achtelfinale des DFB-Pokals. Es ist noch keine Minute gespielt, als Stefan Kuntz von der linken Seite eine Flanke in den Strafraum bringt, doch der Ball rutscht ihm ab. Nur deshalb hat er die richtige Höhe, damit Joachim Stadler ihn aus 14 Metern mit der rechten Hacke über seine Schulter und über Uwe Kamps hinweg ins Tor befördern kann. Blöd ist nur, dass Stadler schon seit zwei Jahren nicht mehr für Kaiserslautern spielt, sondern für Borussia verteidigt. Was aus dem Tor des Jahres leider nur das Eigentor des Jahrzehnts macht. »Er zaubert ein Tor ins falsche Netz, wie ich es in dieser Perfektion nicht mal von Franz Beckenbauer gesehen habe«, kommentiert Heribert Faßbender in der ARD. Gladbach verliert das Spiel mit 2:3 und scheidet aus. Stadler, der bei Trainer Krauss ohnehin keinen guten Stand hat, soll aussortiert werden, doch dafür fehlen dem Trainer die Alternativen. Der Vertrag mit Stadler wird sogar verlängert. In seiner letzten Saison wird sein Trikot mit der Rückennummer 18 zum Verkaufsrenner.

Ungleich schlechter verlief die Karriere eines anderen Eigentor-Schützen. Es ist der 27. Spieltag der Saison 2010/11, Borussia ist Tabellenletzter, hat aber nach einem Sieg gegen Hoffenheim und einem Auswärtspunkt in Bremen wieder Hoffnung im Abstiegskampf. Das Heimspiel gegen Kaiserslautern sollte doch zu gewinnen sein. In der 61. Minute bekommen die Gäste beim Stand von

0:0 einen Eckball zugesprochen. Christian Tiffert bringt die Kugel in die Mitte, sie kommt auf Keeper Logan Bailly zu, der sie einfach fangen oder nach vorne wegfausten könnte. Gerade erst hat Trainer Lucien Favre Bailly wieder zum ersten Torhüter gemacht und Heimeroth auf die Ersatzbank gesetzt. Bailly ist in Gladbach umstritten, hat wegen privater Probleme den Kopf nicht so richtig frei und ist nicht mehr der sichere Rückhalt wie zu Beginn. Was auch immer gerade durch sein Hirn spukt, unerklärlich bleibt es trotzdem, was er dann mit dem Eckball macht. Er springt hoch und faustet den Ball – ins eigene Tor. Gladbach verliert mit 0:1, taumelt dem Abstieg entgegen. Bailly spielt nur noch einmal für Borussia, dann verdrängt ihn Marc-André ter Stegen, der mit Gladbach die Klasse hält. Später wird Bailly wegen Körperverletzung zu einer Bewährungsstrafe verurteilt und verlässt den Verein. Eigentlich kann er froh sein, dass man sich in Gladbach bloß an sein Eigentor erinnert.

43. GRUND

Weil Borussia aber auch von den Eigentoren des Jahrhunderts profitierte

Dass Baillys Eigentor nicht zur Torwartpanne des Jahrhunderts wird, sondern bloß des Jahres, auch daran ist Gladbach beteiligt. Am 6. April 2002 reist Borussia zu Energie Cottbus. Die Cottbuser wollen mit einem Sieg den Klassenerhalt sichern, für Gladbach geht es nur noch um die Goldene Ananas. Bis zur 85. Minute sieht es so aus, als würde der Plan von Energie in Erfüllung gehen, das Team führt mit 3:2. Da gibt Marcel Witeczek einen Schuss von der Strafraumgrenze ab. Weil ein Cottbuser seinen Fuß dazwischen bekommt, wird der Schuss zur Bogenlampe. Torhüter Tomislav Piplica hat alle Zeit der Welt, um sich auf das Fangen des Spielgeräts vorzubereiten. Einfach die Hände hochnehmen, Ball sichern, lange festhalten und dann abschlagen. Bloß nimmt Piplica die Hände nicht hoch. Er bleibt stehen und sieht zu, wie ihm der Ball auf den Kopf prallt und von dort ins Tor. Das Projekt Klassenerhalt muss bis zum nächsten Spieltag warten.

Doch es geht noch alles viel denkwürdiger. Die Partie zwischen Borussia und Hannover im Dezember 2009 wird auf ihre Art zum Jahrhundertmatch. Eine Viertelstunde passiert nichts. Könnte ein langweiliger Nachmittag werden. Dann grätscht Hannovers Torhüter Florian Fromlowitz einen Ball raus, schießt dabei aber Abwehrspieler Karim Haggui an. Die Kugel landet im eigenen Tor. Okay, kann mal passieren. Zur Halbzeit steht es 2:1 für Borussia. In der 58. Minute schlägt Bailly den Ball in die gegnerische Hälfte. Dort hat Hannovers Constant Djakpa alle Zeit der Welt, um den Ball anzunehmen. Wohin jetzt mit der Kugel? Am besten zurück zum Torhüter. Nur hat Djakpa vergessen, vorher mal nachzusehen, wo der gerade steht. So wird der Rückpass aus 20 Metern zum Torschuss, er geht links am verdutzten Keeper vorbei ins Netz. Michael Bradley sorgt zehn Minuten später für das beruhigende 4:1. Aber weil Borussia in der Lage ist, auch beruhigende Führungen noch zu gefährden, steht es zwei Minuten vor Schluss nur noch 4:3. Borussias Fans dürfen mal wieder zittern. Doch an diesem Tag ist auf die Hannoveraner Slapstick-Truppe Verlass. Karim Haggui ist offenbar nicht zufrieden mit seinem ersten Eigentor, er ist ja bloß angeschossen worden. Also grätscht er 25 Meter vorm eigenen Gehäuse in einen Pass von Marco Reus und überwindet Fromlowitz, der immer noch nicht begriffen hat, dass seine Mitspieler heute vorrangig aufs eigene Tor schießen. Das Spiel endet 5:3. Drei Eigentore in einem Spiel, zwei davon mit technischer Raffinesse, sind zuvor noch keinem Bundesligisten gelungen. Joachim Stadler könnte neidisch geworden sein.

44. GRUND

Weil Borussia so gut scheitern kann

Die Popularität von Borussia Mönchengladbach beruht nicht auf ihren Erfolgen. Dann hätten die Bayern mit ihren drei Landesmeisterpokalen in den 70ern den Fohlen schon damals den Rang abgelaufen. Nein, sie beruht zum einen auf ihrer spektakulären Spielweise unter Hennes Weisweiler, zum anderen aber ebenso auf ihren spektakulären Variationen des Scheiterns. Der Büchsenwurf, die regelmäßigen Niederlagen gegen Liverpool, das Elferdrama gegen Everton, das skandalöse Ausscheiden gegen Real Madrid. Borussia hat in den 70ern zwar viel gewonnen, aber auch vieles nicht. Bayern hatte ein Manchester und ein Chelsea, Gladbach erlebte jedes Jahres ein Drama unerträglichen Ausmaßes.

Das auffälligste Scheitern ist jenes im Europapokal der Landesmeister. Zwar wurde Borussia 1975 zu Europas Mannschaft des Jahres gewählt und war in jenem Jahr wohl auch die stärkste Mannschaft des Kontinents, spielte aber nur im UEFA-Pokal. Den Europapokal der Landesmeister hat Borussia nie gewonnen. Nicht immer hatte das sportliche Gründe. Ein Buch, das in den 70ern erschien, hieß deshalb mit einiger Berechtigung *Borussias ungekrönte Fussball-Könige*.

Die Fähigkeit zum dramatischen Scheitern hat Borussia sich bewahrt, wenn auch auf anderem Niveau: Die Finalniederlage im DFB-Pokal gegen Hannover im Elfmeterschießen, das Aus im Halbfinale gegen Union Berlin und Bayern München, ebenfalls im Elfmeterschießen, das Aus im Halbfinale gegen Alemannia Aachen nach einem klaren, aber nicht gepfiffenen Handspiel im Strafraum. Das unglückliche Aus gegen Dynamo Kiew trotz klarer Überlegenheit in der Qualifikation zur Champions League. Gladbachs Scheitern war meist spektakulärer, als es die Erfolge waren, und deshalb braucht der Fan bis heute eine Fähigkeit zu leiden, die weit über ein zumutbares Maß hinausgeht. Selbstverständlich gibt es Vereine, deren Fans viel weniger zu feiern haben, aber denen fehlt die Fallhöhe. Für sie ist ständiges Verlieren Teil der Identität, für Gladbach ist es das Scheitern. Ein großer Unterschied.

Weil sich Borussia nie auf Europas Fußballthron gesetzt hat und es auf absehbare Zeit und auch danach nicht mehr tun wird, ist das Team bis heute Underdog geblieben. Borussia gehörte nie zu denen da oben, sondern pflegte die Bodenständigkeit. Und zu Underdogs halten Fans doch viel lieber, als zu seinem Verein, der sich alles kaufen kann und deshalb auch alles kauft. Bayern hat man die Titel häufig missgönnt, Gladbach nicht. Weil der Erfolg nicht mit Geld, sondern mit Gespür zu tun hatte. Wenn Netzer geht, wenn Reus geht, dann finden wir eben den nächsten Netzer und den nächsten Reus.

Mag sich die sportliche Führung des Vereins auch eine strahlende Borussia wünschen, die mit Titeln in die Schlagzeilen kommt – das Scheitern, die Narben, sie sind es, die den Ruf dieses Teams begründen. Alles andere ist Bonus.

4. KAPITEL

WAS WÄREN WIR OHNE EUCH

UNVERGESSENE, VERGESSENE UND HEIMLICHE STARS

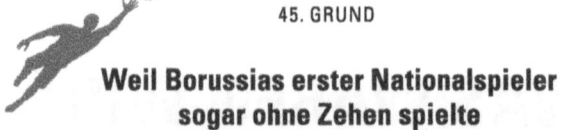

45. GRUND

Weil Borussias erster Nationalspieler sogar ohne Zehen spielte

Heinz Ditgens ist ein Mann, über den sich viel erzählen ließe. Falls mehr Leute notiert hätten, was er zu erzählen hatte. Nur stammt Borussias erster Nationalspieler aus einer Zeit, als zwar über Spiele, nicht aber über Spieler berichtet wurde. Als Fußballer Teil der normalen Gesellschaft waren und nicht in einer eigenen Welt lebten. Deshalb lässt sich heute über jeden Ersatzspieler der 2. Liga mehr zusammentragen als über Ditgens. Das, was bekannt ist, reicht trotzdem aus, um zu ahnen, dass es ein Leben voller Höhen und Tiefen war. Auch wegen der Sache mit seinen Zehen.

Ditgens, geboren 1914 in Mönchengladbach, wächst in einer Familie mit Fußballvorbildern auf. Sein Vater Hermann ist Gründungsmitglied von Borussia, sein Onkel Stephan ist Kapitän des Teams gewesen. Keine Frage, bei welchem Verein der kleine Heinz landet. Der Verteidiger durchläuft alle Jugendmannschaften von Borussia und spielt ab 1933 für die Erste. Dort absolviert er bald eines seiner besten Spiele. In der Liga gewinnt Borussia auswärts 2:0 gegen Fortuna Düsseldorf, den amtierenden Deutschen Meister. Ditgens schießt beide Tore.

Da hat Sepp Herberger, damals Trainer beim Westdeutschen Spiel-Verband, den beidfüßigen und kopfballstarken Ditgens längst im Blick. Als Reichstrainer Otto Nerz 1936 den Kader für seine Olympiamannschaft zusammenstellt, ist Herberger sein Assistent, Ditgens darf vorspielen, überzeugt und fährt mit nach Berlin. Ditgens Berufung ist ungewöhnlich, Borussia spielt damals nur in der Bezirksliga, die zweithöchste Klasse im deutschen Fußball. In der ersten Runde macht er beim 9:0 gegen Luxemburg sein erstes Länderspiel. Doch die nächste Partie gegen Norwegen gerät zum Debakel. Unter den Augen von Adolf Hitler verliert Deutschland

0:2 und scheidet aus. 1938 macht Ditgens sein drittes und letztes Länderspiel, dann stehen alle Zeichen auf Krieg.

Ditgens' Wehrdienst verschlägt ihn nach Niedersachsen, wo er für die Kasernenmannschaft Bückeburger Jäger spielt. Erst 1940 führt ihn die Statistik wieder als Spieler von Borussia. Er ist nie Mitglied der NSDAP und sagt später in dem Buch *Tore, Tränen, Triumphe*: »Ich habe nie etwas für Nazis übrig gehabt.«[9] In den Krieg zieht er trotzdem, wenn auch nicht als Soldat, sondern als Mitarbeiter in der Verwaltung und den Stabsstellen. Als die Schlacht um Stalingrad in vollem Gange ist, holt er sich schwere Erfrierungen. Das rettet ihm vermutlich das Leben, denn vor der Kapitulation ist er bereits außer Landes. Im Februar 1943 werden ihm die erfrorenen Zehen amputiert. Das Kriegsende erlebt er in Mönchengladbach, wo er Angestellter in der Stadtverwaltung wird.

Doch auch ohne Zehen lässt er sich nicht vom Fußballspielen abhalten. Ein Schuhmacher aus Freiburg fertigt für ihn Schuhe mit Stahleinlagen an. So verteidigt er noch gelegentlich bis 1948 für seine Borussia. Als weitere Blessuren hinzukommen, hört er auf. Nur um kurz darauf noch eine Heldentat zu vollbringen. Zusammen mit Paul Pohl führt er Borussia als Trainer in die Oberliga West, die damals höchste Spielklasse. Bis zu seinem Tod 1998 ist er Mitglied des Ehrenrats von Borussia. Danach wird ein paar Meter vom Bökelberg entfernt eine Straße nach ihm benannt. In Borussias Jahrhundertelf schafft er es nicht. Heinz Ditgens ist eine Legende, aber Gladbachs unbekannteste.

46. GRUND

Weil ein Tankstellenwart Borussias erster Star war

Wer die Stars der Borussen-Historie aufzählt, der beginnt im Normalfall erst in der zweiten Hälfte der 60er. Mit Netzer, Heynckes und diesen Leuten. Die Jahrzehnte davor haben etwas von grauer Vorzeit. Gab es damals überhaupt Stars bei Borussia? Zugegeben, viele gab es nicht. Genauergenommen nur einen. Sein Name: Albert Brülls. Der beste Gladbacher, der nie in der Bundesliga gespielt hat.

1955 taucht der 18-Jährige, der das Fußballspielen mit einem mit Heu gefüllten Kniestrumpf gelernt hat, erstmals in der 1. Mannschaft von Borussia auf. In der C-Jugend ist er von seinem Heimatverein aus dem nahegelegenen Anrath zur Borussia gewechselt. Gleich in seiner ersten Partie für Borussias Erste gegen Preußen Dellbrück schießt er ein Tor. Schnell wird klar: Dieser Junge kann es als Angreifer weit bringen. Egal, wo er dort spielt. Am besten aber halblinks oder halbrechts, denn er kann auch aus der Ferne schießen und hat das Auge für besser postierte Mitspieler.

Als Gladbach von der Oberliga in die 2. Liga absteigt, schießt er sie im Alleingang mit 23 Toren in 29 Spielen 1957/58 zurück nach oben. Sein Talent wird auch außerhalb des Niederrheins erkannt. Im Oktober 1959 bestreitet er sein erstes Länderspiel für Deutschland gegen die Schweiz und schießt selbstverständlich ein Tor. Die Presse überschüttet ihn mit Lob. Borussias zweiter Nationalspieler wird im Team von Sepp Herberger eine feste Kraft. 1960 ist er der Anführer der Mannschaft, die Borussia zum DFB-Pokalsieg führt, im Finale gegen Karlsruhe schießt er das entscheidende 3:2. Er ist der erste Borusse, über den die Gladbacher Zeitungen ausführliche Artikel schreiben. Brülls nimmt das hin, bleibt aber bodenständig. Der Personenkult ist ihm fremd, aber nicht zu vermeiden. Die Borussen müssen sich daran gewöhnen, dass sie nun einen Star haben. Einmal hält sich tagelang das Gerücht, dass Brülls bei einem Autounfall zwischen Düsseldorf und Gladbach verunglückt sei. Erst als er zum Spiel gegen Fortuna quicklebendig im Rheinstadion aufläuft, zerstreuen sich die Befürchtungen.

Doch es gibt ein Problem: Brülls ist viel zu gut für Borussia, so wie es heute Ibrahimović für die schwedische Nationalmannschaft ist. In der Oberliga spielt Gladbach keine Rolle. Borussia fehlt das

Geld, um ihn angemessen zu bezahlen. 160 DM Grundgehalt erhält er monatlich, später werden es 320 DM. Aber auch das reicht nicht aus. Im Sommer 1960 eröffnet er eine Tankstelle, zehn Minuten Fußmarsch vom Bökelberg entfernt, Herbergers Assistent Helmut Schön kommt zur Eröffnung. Training, Nationalmannschaft, Borussia und Tankstelle lassen Brülls kaum Zeit fürs Privatleben.

Im Sommer 1962 fährt er als erster Borusse zu einer Fußball-WM, das Team scheidet im Viertelfinale aus. Kaum zurückgekehrt kommt es, wie es kommen musste: Brülls gibt bekannt, dass er zum italienischen Erstligisten FC Modena wechselt. Dort brauchen die Spieler nicht noch nebenbei zu arbeiten, weil sie mit dem Fußball genug verdienen. Helmut Grashoff bekommt die Ablösesumme, Lira im Wert von 250.000 DM, in einem Koffer überreicht. Nach 182 Liga-Spielen und 58 Toren zieht Brülls als einer der ersten Italien-Legionäre über die Alpen in ein neues Leben, drei Jahre vorm Aufstieg der Borussia in die Bundesliga. Er spielt dort ein paar erfolgreiche Jahre, nimmt an der WM 1966 teil. Weil er aber Helmut Schön öffentlich kritisiert, als der ihn im Finale von Wembley nicht einsetzt, ist das Kapitel Nationalmannschaft danach für ihn beendet. Zehn Jahre später beendet er seine Karriere in Neuss und zieht sich zurück. Am 28. März 2004 stirbt Brülls zwei Tage nach seinem 67. Geburtstag.

Borussia Mönchengladbach hat nicht vergessen, was der Verein ihm zu verdanken hat. In der Nähe des neuen Stadions ist eine Straße nach ihm benannt, sein Grab auf dem Hauptfriedhof gehört zu den elf Anlaufpunkten in der Stadt, die zur Deutschen Fußballroute gehören. Der einzige Star der Prä-Fohlen-Ära liegt in Abschnitt B, Feld 37, Grab 5.

47. GRUND

Weil ein Dreigestirn 30 Jahre Borussia regierte

Kontinuität ist eine Eigenschaft, die Borussia wie allen Bundesligisten abhanden gekommen ist. Spieler wechseln, Trainer wechseln, Manager wechseln. Bleibt einer von ihnen mal länger als fünf Jahre, ist gleich von einer Ära die Rede. In der Vergangenheit kamen die Leute zur Borussia, um zu bleiben. Nicht bloß, um Zwischenstation zu machen. Niemand verkörpert diese Zeit besser als das Trio, das den Verein fast 30 Jahre lang führte: Helmut Beyer, Helmut Grashoff und Alfred Gerhards.

Es ist das Jahr 1962. Borussia Mönchengladbach ist ein bedeutungsloses Team in der Oberliga West, steht vor der Pleite und ist schlecht organisiert. Der Erste und Zweite Vorsitzende sind zurückgetreten, also entschließt sich der Dritte, der stets tadellos gekleidete Textilfabrikant Helmut Beyer: Ich mach's. Sein Ziel: Borussia ordentlich umkrempeln. Noch bevor der neue Präsident sein Amt übernimmt, bittet er seinen Skatfreund Helmut Grashoff „den zweiten Vorsitzenden zu machen. Grashoff ist im Gegensatz zu Beyer kein Niederrheiner, sondern Norddeutscher, ein Wollkaufmann, der seit zehn Jahren in Gladbach wohnt und es gerade zum Karnevalsprinzen gebracht hat. Grashoff entgegnet Beyer, dass er keine Ahnung von Fußball habe, aber Beyer lässt nicht locker, und schließlich sagt Grashoff zu. »Wir treffen uns einmal in der Woche für ein Stündchen und besprechen alles. Mehr ist das nicht«, soll Beyer gesagt haben. Als allerdings ein paar Jahre später der ehrenamtliche Geschäftsführer der Borussia stirbt, übernimmt Grashoff auch dieses Amt und wird der erste hauptamtliche Manager der Bundesliga. Ein Stündchen pro Woche reicht da schon lange nicht mehr. Der Dritte im Bunde wird Mannschaftsarzt Alfred Gerhards. Pro forma übernimmt er das Amt des Schatzmeisters, versteht laut eigener Aussage aber wenig davon, zumal das Finanzielle sowieso

Grashoffs Aufgabe ist. Vielmehr ist er ein guter Kumpel für die Spieler, der ihnen so manchen Frust ausredet.

Zusammen bilden sie ein kleines, aber schlagkräftiges Präsidium, verbunden durch tiefe Freundschaft. Wichtige Entscheidungen fällen sie gemeinsam und sie fällen sie gut. Alle großen Titel der Borussia, abgesehen von zwei DFB-Pokal-Siegen, fallen in ihre Zeit. Während Beyer sich aus dem Tagesgeschäft raushält und Gerhards ebenfalls im Hintergrund arbeitet, wirkt Grashoff, der Mann mit der Pfeife, öffentlicher und gibt den nüchternen Kaufmann, der schnell ein Prinzip bei Borussia einführt: Nie mehr ausgeben als einnehmen. Seine erste Amtshandlung als Zweiter Vorsitzender ist es, Albert Brülls nach Italien zu verkaufen, damit Borussia überleben kann. Es ist ein Vorgeschmack darauf, was der Borussia in den nächsten Jahrzehnten blüht, weil das Stadion zu klein ist, um mit den Einnahmen anderer Bundesligisten mitzuhalten: Borussia holt junge Spieler für wenig bis kein Geld, baut sie zu Stars auf und verkauft sie dann weiter. Das zieht Grashoff eisern durch, wenn auch nicht unbedingt zur Freude der Fans. Das sorgt aber auch dafür, dass die Fohlen nie zur Gaulelf werden und sich stets durch neue Talente verjüngen.

Zum Bruch kommt es erst 1989. Als Trainer Wolf Werner Borussia souverän Richtung Tabellenkeller führt, wollen Beyer und Grashoff trotzdem an ihm festhalten, die gute alte Kontinuität eben, Gerhards hingegen sagt, eine Trainer-Entlassung dürfe nicht länger ein Tabu sein. Werner muss schließlich gehen, bald geht auch das Dreigestirn auseinander. Grashoff hört als erster auf. Als Beyer dessen Nachfolger als Manager, Rolf Rüssmann, feuert, regt sich Kritik. Beyer tritt 1992 zurück, wenig später geht auch Gerhards, der sich mit der aktuellen Vereinspolitik nicht mehr identifiziert. Der neue Präsident Karl-Heinz Drygalsky stellt Rüssmann wieder ein.

Helmut Grashoff stirbt 1997, Alfred Gerhards im Jahr 2000. Nach beiden werden Straßen im Nordpark benannt. 2011 verstirbt Helmut Beyer. Er wird nicht ohne eigene Straße davonkommen.

48. GRUND

Weil Uwe Kamps vier Elfmeter hielt

Der Mensch ist es gewohnt, dass sich kein Tag vom anderen unterscheidet. Doch es gibt auch jene Tage, nach denen nichts mehr ist, wie es war. Für Uwe Kamps war dies der 7. April 1992. Es war der Abend, an dem die Hände des Torhüters überall waren.

Uwe Kamps, Jahrgang 1964, 1,80 Meter groß, gehört zu den Spielern, die ihren Verein nur mit den Füßen voran verlassen werden. 390 Erstligaspiele und 67 Zweitligaspiele hat er für Borussia Mönchengladbach bestritten, so viele wie kein anderer. Seit 1982 gehört er zum Verein, bis 2004 als Torhüter, seitdem als Torwarttrainer. 14 Spielzeiten lang war er Stammkeeper. Er hat mit seinem Verein alles erlebt: Abstiege, Aufstiege, Tränen und Triumphe, Stuttgarter Kickers und Arsenal London. Und diesen Dienstag im April 1992.

Borussia spielt im Halbfinale des DFB-Pokals gegen Bayer Leverkusen auf dem Bökelberg. Bis zur 119. Minute liegt Borussia mit 2:1 in Führung, dann erzielt Andreas Thom den Ausgleich. Mit diesem psychologischen Vorteil geht die Werkself ins Elfmeterschießen vor der Nordkurve. Der 27-jährige Kamps trägt wieder eines seiner schrillen Outfits, Trikot und kurze Hose in den Farben Lila und Gelb. Schon vor Beginn des Elfmeterschießens rufen die Fans »Uwe, Uwe«.

An jedem anderen Abend wäre der gegnerische Torhüter Rüdiger Vollborn Star des Abends gewesen. Er hält den Elfmeter von Horst Steffen, Jörg Neun schießt am Tor vorbei. Aber Uwe Kamps hält ... Ach du meine Güte! Jorginho schießt vom Schützen aus gesehen flach rechts in die Ecke – Uwe Kamps wehrt den Ball ab. Heiko Herrlich schießt ebenfalls nach rechts, halbhoch – Kamps pariert. Dem ZDF-Kommentator fällt nichts Besseres ein, als zu sagen, dass Uwe Kamps »einst ein Hallodri, Schwarm der Gladbacher Damenwelt« gewesen sei. Ioan Lupescu schießt sehr unplatziert in die Mitte – Kamps hat auch diesen Ball. Dann nimmt Martin Kree, bekannt für seine linke Klebe, einen langen Anlauf. Er muss jetzt treffen, sonst ist Leverkusen ausgeschieden. Kree knallt die Kugel halbhoch in die linke Ecke – Kamps wehrt den Schuss mit beiden Händen nach vorne ab. Borussia steht im Pokalfinale.

Kamps ist das gelungen, was bisher nur Helmuth Duckadam von Steaua Bukarest 1986 im Finale der Landesmeister gegen den FC Barcelona gelungen ist: vier Strafstöße in einem Elfmeterschießen zu halten. VIER. Hat Kamps die anderen drei parierten Elfmeter fast schon sachlich zur Kenntnis genommen, rennt er nach dem vierten los, wirft sich nach wenigen Metern auf den Hosenboden, bevor ihn Spieler und Betreuer unter sich begraben. »Hoffentlich erdrücken sie ihn nicht, zerquetschen sie ihn nicht«, sagt der Kommentator des ZDF. Seine Handschuhe werden ihm im Getümmel geklaut, aber was macht das schon an so einem Abend?

Bis heute kann Uwe Kamps die gegnerischen Schützen aufzählen. Im Interview mit der *Rheinischen Post* 2012 sagte er, dass er manchmal auf diese vier gehaltenen Elfmeter reduziert werde.[10] Uwe, es gibt Schlimmeres, als ein Held zu sein.

49. GRUND

Weil der Tiger den berühmtesten Hinterkopf der Liga hatte

Wenn alle Welt bereut, ein Stefan Effenberg bereut nichts. »Würden Sie heute manches anders machen?«, fragt ihn die *Rheinische Post* im Jahr 2005 anlässlich seines Abschiedsspiels. Effenberg sagt: »Ich stehe zu allem.«[11]

Dabei gäbe es so einiges, für das sich andere später geschämt hätten. Zum Beispiel für diese, nennen wir es mal *Frisur*, die sich Effenberg 1994 auf seinen Hinterkopf machen lässt. Mit Thomas Gottschalk hat er in dessen Late-Night-Show gewettet, dass weder

Bayern noch Leverkusen noch Bremen Meister werden. Verliert er, will er sich einen Tigerkopf auf den Hinterkopf frisieren lassen wie die junge Dame, die Gottschalk samt Haardesigner Colin Watkins zu Gast hat. Gottschalk willigt ein, und natürlich wird Bayern Meister. Effenberg ist fällig. Wieder kommt er in Gottschalks Sendung und lässt sich das Raubtier aufpinseln. Seine Gattin Martina, ebenfalls ein Anhänger fragwürdiger Frisuren, ist begeistert.

Zu diesem Zeitpunkt ist Effenberg gerade zu Borussia Mönchengladbach zurückgekehrt. Eine Sensation. An der Effe unfreiwillig beteiligt ist. Im Vorrundenspiel der WM 1994 gegen Südkorea wird er ausgewechselt. Als die Fans ihn auspfeifen, streckt er ihnen seinen Mittelfinger entgegen. Bundestrainer Berti Vogts und DFB-Präsident Egidius Braun finden das überhaupt nicht lustig und schließen Effenberg aus der Nationalmannschaft aus. Er ist der Buhmann der Nation. Auch sein damaliger Verein AC Florenz hat kein großes Interesse mehr, mit dem unbequemen Profi zusammenzuarbeiten, und lässt das auch verbreiten.

Gladbachs Manager Rolf Rüssmann sieht die einmalige Chance, einen so großen Spieler an den Bökelberg zu locken, und holt Effenberg für eine Leihgebühr von 1,5 Millionen DM zur finanziell angeschlagenen Borussia. Er ist genau der Lenker, den Borussia noch braucht, der Mittelfeldregisseur, den Borussia seit Netzer nicht mehr hatte. Schon Ende der 80er hatte Effenberg am Bökelberg seinen Wert bewiesen und großen Anteil daran, dass Borussia nicht abstieg. Doch schon damals zeigte er, dass er immer für eine Eskapade gut ist. Einmal machte er eine Spritztour mit dem Geländewagen von Masseur Charly Stock, ein anderes Mal war ihm im Hotelzimmer so langweilig, dass er mit einer Luftpistole die Einrichtung kaputtschoss. Mit der Rückkehr von Effenberg an den Bökelberg kehrt auch der Boulevard zurück. Die Tigerfrisur ist Effenbergs erster Coup.

Bald lässt er sportliche Großtaten folgen. Kaum hat er sich die Raubkatze auf den Hinterkopf frisieren lassen, gewinnt Borussia gegen Bochum mit 7:1, Effenberg macht zwei Tore und wird fortan nur noch »der Tiger« genannt. Selbst seine Kapitänsbinde ziert das Tier. Gleich in seiner ersten Saison führt Effenberg Borussia nach fast zehn Jahren zurück in den Europapokal. Noch viel wichtiger: zum Gewinn des DFB-Pokals. In der zweiten Saison wird Gladbach sogar vierter.

Doch da ist auch dieser andere Effe. Der, der am Ende seiner Karriere mit 114 Gelben Karten auf Platz 1 der ewigen Gelbsünder-Rangliste der Bundesliga steht. Der, der auch mal lustlos über den Platz trottet, erst Recht, als Trainer Bernd Krauss entlassen wird. Mit Nachfolger Bongartz versteht er sich nicht so wirklich. Dass er pro Jahr fünf Millionen DM verdient, schürt den Neid im Team. Doch noch einmal beweist Effenberg, wie wichtig er für die Mannschaft ist. Als sie 1998 schon fast abgestiegen ist, führt er sie auf den rettenden 15. Platz, am letzten Spieltag macht er das wichtige 1:0 gegen Wolfsburg und wechselt als Held zu Bayern München. Im Gegensatz zu Matthäus nimmt ihm diesen Wechsel niemand übel. Es hat schon seinen Grund, warum er sein Abschiedsspiel 2005 in Gladbach und nicht in München austrägt.

Seine Verbundenheit mit dem Verein führt allerdings auch zu einer Dummheit. Er stellt sich 2011 als Kopf der Initiative Borussia zur Verfügung, die eine Satzungsänderung fordert und den aktuellen Vorstand loswerden will. Doch so sehr die Mitglieder Effenberg als Sportler schätzen, als Funktionär wollen sie ihn nicht. Keine zehn Prozent stimmen bei der Jahreshauptversammlung für die Revolution. Zwei Drittel hätten es sein müssen. Zum einzigen Mal in seinem Leben verlässt Effenberg Mönchengladbach als Verlierer.

50. GRUND

Weil Bernd Krauss den deutschen Fußball modernisierte

Der Moment, als Bernd Krauss Rolf Rüssmann verkündet, den Libero abzuschaffen und die Viererabwehrkette einzuführen, muss der Moment gewesen sein, als der Manager denkt: Ach du scheiße, jetzt ist er verrückt geworden. Der Libero ist 1994 schließlich noch immer ein deutsches Nationalheiligtum, so unumstößlich wie das Amen in der Kirche. Den Libero abzuschaffen, das ist Frevel. Franz Beckenbauer war der größte Libero aller Zeiten und er konnte ja wohl kaum auf einer Position gespielt haben, die ein Irrtum war.

Wenn wenigstens ein alter Trainerfuchs auf die Idee gekommen wäre, aber nein, es ist Bernd Krauss, der als erster Trainer der Bundesliga dauerhaft die Viererkette einführt. Vor nicht mal zwei Jahren ist er bei Borussia vom Assistenz- zum Cheftrainer aufgestiegen. Will der doch glatt den deutschen Fußball revolutionieren. Sechs Jahre, bevor Deutschland bei der EM merkt, dass das mit dem Libero vielleicht doch keine so gute Idee mehr ist. Die Zeitungen wissen deshalb schon, wer als erster Trainer der Saison 1994/95 fliegt – Bernd Krauss. Dabei hat der doch bloß erkannt, dass Borussia bei Rückstand schon länger mit Viererabwehrkette spielt. Weil der Libero aus der Fünfer-Verteidigung ins Mittelfeld geht und die verbliebenen Abwehrspieler auf einer Höhe stehen.

Die vier Auserwählten heißen Patrik Andersson, Michael Klinkert, Jörg Neun und Thomas Kastenmaier. Die ersten beiden spielen als Innenverteidiger, Neun und Kastenmaier schalten sich über außen auch in die Offensive ein. Der wichtigste Mann der Fantastischen Vier ist der Schwede Andersson. Er kennt die Viererabwehrkette schon aus der Nationalmannschaft und hilft dabei, sie auch in Gladbach zu organisieren. Zu Beginn aber hakt es gewaltig. Gladbach spielt 1:1 gegen Schalke, 2:2 gegen Karlsruhe und verliert 0:3 gegen Bayern München. Krauss' Abwehrkette soll Schuld sein. Doch am 6. Spieltag beginnt mit dem 7:1 gegen Bochum eine Serie von sechs Siegen und zwei Unentschieden. Die Borussen sind von der grauen Maus zur Spitzenmannschaft geworden. Am Ende landet das Team auf Platz 5, die beste Platzierung seit acht Jahren. Die Abwehr lässt nur 41 Gegentore zu. Der beste Wert seit 1977, dem Jahr der letzten Meisterschaft. Im Jahr zuvor waren es noch 59 gewesen. DER SPIEGEL schreibt voller Anerkennung: »Als einziger Bundesliga-Trainer traut er sich, auf die antiquierte Position des Liberos zu verzichten und mit vier Abwehrspielern auf einer Linie zu spielen – jenes taktische Mysterium namens Viererkette, in dem sich zuletzt Bayern München so verhedderte.«[12]

Im November 1997 kommt Bernd Krauss' Nach-Nachfolger Norbert Meier gleich bei Amtsantritt auf die Idee, die Viererabwehrkette wieder abzuschaffen. Keine vier Monate später ist er den Trainerjob wieder los.

 51. GRUND

Weil Arie van Lent Borussia mit einem Paukenschlag in der Bundesliga zurückmeldete

Es hat wehgetan. Es hat am Selbstverständnis gekratzt. Überhaupt fühlten sich diese zwei Jahre ganz falsch an. Und dann macht dieser Holländer alles wieder gut.

Es ist das Gegenteil von einem Duell auf Augenhöhe, als die Mannschaften von Borussia Mönchengladbach und Bayern München am 28. Juli 2001 den Rasen des Bökelbergstadions betreten. 1. Spieltag. Borussia ist nach dem Unfall in der 2. Liga zurück im deutschen Fußballoberhaus und stellt sich auf ein Jahr Abstiegskampf ein, Bayern München ist aktueller Deutscher Meister und Gewinner der Champions League. Konkurrenten sind diese Teams schon lange nicht mehr. Wer die drei Punkte mitnimmt, ist klar.

Doch die Münchener treten überheblich und leichtsinnig auf, Borussia hält engagiert dagegen. Dann passiert in der 23. Minute etwas, das Borussia mit einem Schlag ihre ganze Würde zurückgibt: Marcel Witeczek spielt einen weiten Pass auf Arie van Lent. Der enteilt seinem Gegenspieler und schießt aus immer spitzer werdendem Winkel mit dem linken Fuß so knapp wie möglich an Oliver Kahn vorbei ins Tor. Ein Signal an die Liga: Borussia ist zurück und sie ist kein Kanonenfutter. Bayern gelingt es in den verbleibenden 67 Minuten nicht mehr, den Ausgleich zu erzielen. Die Tabelle des 1. Spieltags weist die Niederrheiner als Aspiranten auf die internationalen Plätze aus, die Münchener als Abstiegskandidaten. Niemand ahnt zu diesem Zeitpunkt, dass Arie van Lent ein noch viel historischeres Tor erzielen würde. Aber jeder weiß spätestens zu diesem Zeitpunkt: Diesen Arie van Lent haben wir verdammt noch mal unterschätzt.

Es ist keine Liebe auf den ersten Blick, als der Niederländer 1999 für 2,5 Millionen Mark zu Borussia wechselt. Da ist er fast 29 Jahre. Okay, er hat es mal für Werder Bremen fertig gebracht, erst ein Eigentor zu erzielen und dann drei Treffer für die eigene Mannschaft. Der Gegner hieß immerhin 1. FC Köln. Durchgesetzt hat er sich in Bremen aber nie. Für Greuther Fürth hat er in der vergangenen Saison 16 Tore geschossen, aber wer ist schon Fürth? Gleich in der ersten Zweitligasaison der Fohlen beweist er seinen Wert. Er erzielt das erste Zweitligator der Borussia und macht noch 18 weitere. Das sind Dimensionen, wie sie zuletzt Heiko Herrlich erreicht hat. Und dann rackert er auch noch wie ein Abwehrspieler. In der Saison darauf trägt er mit seinen 14 Treffern zum Aufstieg bei.

Aber kann Arie auch Bundesliga? Kann er, wie sein Tor gegen Bayern beweist. Zwölf Tore drückt er dem Gegner im ersten Jahr über die Linie. Als er eine Flaute hat, leiht ihm jemand die alten Treter aus der 2. Liga aus, der Mann hat sie ersteigert. Arie macht gleich einen Hattrick gegen Kölle. Danach hat Borussia nichts mehr mit dem Abstieg zu tun. Er ist in seiner Zeit der einzige beständige Torjäger der Mannschaft, weil das junge Gemüse sich nicht bewährt. Auch als er durch einen Kreuzbandriss ein halbes Jahr ausfällt, kämpft er sich zurück und hängt noch eine Saison dran. Um wieder Geschichte zu schreiben.

Letzter Spieltag der Saison 2003/04. Letztes Bundesligaspiel am Bökelberg. Letztes Spiel von Arie van Lent für Borussia. Gladbach tritt gegen die schwer abstiegsgefährdeten 1860er an, die unbedingt einen Sieg brauchen und nach 21 Minuten in Führung gehen. Doch verlieren wollen die Borussen an so einem Tag nicht, an dem auf den Rängen allen das Pippi in den Augen steht. Svěrkoš und Demo sorgen für die Führung. Dann die 74. Minute: Ivo Ulich schießt einen Freistoß von rechts, van Lent hält den Kopf hin, Tor. Es ist sein letzter von 54 Bundesligatreffern für Borussia, es ist der letzte Bundesligatreffer, den der Bökelberg erlebt.

In der Saison darauf macht van Lent Platz für den nächsten alten Sack, der sich trotz der Vorbehalte durchsetzt: Oliver Neuville.

52. GRUND

Weil ein Finne Borussia vor dem Abstieg rettete

Wer sich für immer in das Herz eines Borussen-Fans spielen möchte, der muss nicht nur Einsatz, sondern auch viel Zeit investieren. Wer ein paar gute Spiele macht und dann gleich wieder den Verein wechselt, hat höchstens gute Aussichten, für immer vergessen oder verschmäht zu werden. Bei Mikael Forssell war das anders. Bei Mikael Forssell war so einiges anders. Denn er rettete Borussia vor dem Abstieg und er brauchte dafür nur drei Monate.

Nach der Hinrunde der Saison 2002/03 steht die Borussia mal wieder dort, wo sie seit den 90ern zu stehen gewohnt ist: in der unteren Hälfte der Tabelle. Platz 15 mit Tendenz nach unten. Die Stürmer treffen nicht oder sind verletzt, auswärts ist mal wieder nichts zu holen, Trainer Hans Meyer weiß nicht mehr weiter. Der zweite Abstieg aus der Bundesliga droht. In dieser Situation holt Christian Hochstätter keinen erfahrenen Stürmer, sondern einen 21-jährigen Finnen, blond und schmächtig. Einen Finnen! Für eine halbe Million Euro leiht Borussia ihn für die Rückrunde vom FC Chelsea aus, er hat wegen einer Knieverletzung zehn Monate pausiert. Aber er ist das größte Stürmertalent des finnischen Fußballs, hat in einem WM-Qualifikationsspiel gegen Deutschland zwei Tore erzielt. Nur weil er so lange verletzt gewesen ist, kann sich Borussia das überhaupt leisten. Trotzdem: Das könnte auch schön danebengehen.

Es geht aber so was von überhaupt nicht daneben.

Gleich in seinem ersten Spiel gegen Kaiserslautern macht Forssell das 1:0, doch der Schiedsrichter meint, ein Abseits erkannt zu haben. Gladbach verliert erst mal fast beständig weiter, rutscht auf einen Abstiegsplatz, Trainer Meyer geht, Trainer Lienen kommt. Und Forssell beginnt zu treffen.

Per Kopf macht er das einzige Tor beim 1:0 gegen Meister und Tabellenzweiten Dortmund, Borussia verlässt die Abstiegsränge. Und Forssell macht so weiter. Ein Tor gegen Hamburg, ein Tor gegen Nürnberg, ein Tor gegen Bochum, ein Tor gegen Rostock und Hannover. Immer wenn Forssell trifft, holt Gladbach mindestens einen Punkt. Vor dem letzten Spieltag braucht Gladbach noch einen Zähler, um sicher dem Abstieg zu entgehen. Forssell legt das 1:0 gegen Bremen auf und macht das letzte Tor zum 4:1 selbst. In der letzten Minute. Vor der Nordkurve. Er läuft zu den Fans, geht auf die Knie, wirft ihnen Handküsse zu. In 16 Spielen schießt Forssell sieben Tore und bereitet drei vor. Damit wird er neben Igor Demo erfolgreichster Schütze der Borussen. Die anderen Stürmer? Na ja.

»Es ist schon toll, mit so einem Weltklasse-Mann zusammen zu spielen, so einen werden wir hier so schnell nicht wieder sehen«, sagt Max Eberl nach dem letzten Spiel in der *Rheinischen Post*. Forssell sagt: »Mal sehen, was passiert. Es gibt immer Hoffnung.«[13] Die gibt es leider nicht, auch wenn es sich alle Borussen so sehr wünschen. Zwar wird schon während der Saison darüber spekuliert, wie sich Forssell halten ließe, aber dafür fehlt Borussia das Geld. Der blonde Retter, dem wegen ständiger Verletzungen die ganz große Karriere versagt bleiben wird, kehrt zurück nach England, geht zu Birmingham, bis er 2008 wieder Bundesliga spielt. Nicht für Borussia, sondern für Hannover. Auch dort schießt er sieben Tore. In drei Jahren.

53. GRUND

Weil niemand mehr zum Zitatenschatz der Bundesliga beigetragen hat als Hans Meyer

Hans, haste mal gerade ein paar Sprüche auf Lager? – Meinetwegen.
- »Bemerkenswert finde ich die Tatsache, dass 3.000 unserer Fans in St. Pauli waren. Und davon waren höchstens 2.000 wegen der Reeperbahn da.«[14]
- »Im Fußball baut man Dir schnell ein Denkmal, aber genauso schnell pinkelt man es an.«
- »Mich liebt keiner, da können Sie meine Frau fragen.«

Als Borussia Mönchengladbach im September 1999 verkündete, einen Kerl namens Hans Meyer als Trainer zu verpflichten, hätte der Verein auch sagen können, dass er einen kasachischen E-Jugend-Coach geholt hätte. Zwar hatte er als Trainer von Carl Zeiss Jena ein Europapokalfinale erreicht und Twente Enschede in den UEFA-Pokal geführt, aber die DDR und die Niederlande waren nicht das Zentrum der Fußballwelt. Und dieser Hans Meyer sollte Borussia nach drei Niederlagen in den ersten drei Spielen wieder in Liga 1 führen? Guter Witz. Nee, guter Trainer. Denn innerhalb weniger Monate machte Hans Meyer aus einer Ansammlung mutloser Rumpelfußballer ein spielstarkes Team, das in der ersten Saison den Aufstieg knapp verpasste, in der zweiten aber souverän

Platz 2 erreichte. Ganz nebenbei füllte der Meister des trockenen Humors und Vorführer der Boulevardpresse mit seinen Sprüchen den Zitatenschatz der Bundesliga wie kein zweiter.

Hans, wie wäre es mit einer weiteren kleinen Kostprobe? – Muss das sein? – Bitte, bitte. – Na gut.

- Nach meiner Vertragsverlängerung: »Wir mussten das Training abbrechen, weil einige Spieler vor Freude in Tränen ausgebrochen sind.«
- Nachdem sich Max Eberl das Nasenbein gebrochen hatte: »Er sieht jetzt auf jeden Fall interessanter aus.«
- »Ich bin ja von Haus aus Kommunist, die sind immer arm.«

Nachdem er Borussia 2003 vorzeitig verlassen hatte, rettete er Hertha BSC und den 1. FC Nürnberg und holte mit diesem chronisch erfolglosen Team sogar den DFB-Pokal. Als Borussia im Winter 2008 im größten Abstiegsschlamassel steckte, kehrte er noch mal zurück, warf die größten Gurken raus und sorgte mit unansehnlichem Defensivfußball für die Rettung. Danach hatte er endgültig genug vom Trainerdasein und ging in Rente. Seit 2011 ist er Präsidiumsmitglied bei Borussia.

Hans, der Text ist jetzt zu Ende. Wäre der richtige Zeitpunkt für ein paar weitere Kracher. – Du schon wieder. – Keiner kann es besser. – Na schön, ein letztes Mal.

- Ich, nachdem Borussia Bayern 1:0 geschlagen hatte: »Ich gehe jetzt nach Hause und mache ein Fläschchen von diesem Sechs-Markt-Sekt auf. Wir sind nämlich arme Leute und kaufen bei Aldi.«
- »Als ich mit knapp 28 Jahren Trainer in Jena geworden bin, hat das eingeschlagen wie eine Bombe. Das war, als ob ein 18-jähriger Schiedsrichter wird und dann noch aus der Leichtathletik kommt.«
- Nach meinem Trainer-Debüt bei Borussia: »Ist das so warm hier drin, oder ist das schon Angstschweiß?«

Vielen Dank, Hans. Für alles.

54. GRUND

Weil ein Borusse das erste Kapitel des Sommermärchens schrieb

Hatte Franz Beckenbauer dafür mit letzter Tinte die WM nach Deutschland geholt? 90 Minuten war die Nationalmannschaft an jenem 14. Juni 2006 auf das polnische Tor zugerannt. Nach dem 4:2 im Auftaktspiel gegen Costa Rica drohte in der zweiten Vorrundenpartie ein 0:0. Deutschland, eine Kurzgeschichte statt Deutschland, ein Sommermärchen.

Dann aber spielt Thorstens Frings einen Pass zu Bernd Schneider auf die rechte Seite. Der hebt den Ball über 25 Meter direkt in den Lauf des Sprintwunders David Odonkor, der die einzige Tat vollbringt, für die ihn der Herrgott überhaupt geschaffen hat: das Spielgerät fünf Meter vor der Torauslinie direkt in die Strafraummitte zu spielen. Dort rutscht Oliver Neuville mit dem gestreckten rechten Bein in den Ball und jagt ihn ins Netz. Es steht 1:0 für Deutschland, die Fans im ehemaligen Westfalenstadion rasten aus, die Bundesrepublik rastet aus. Mit dem 1:0 beginnt das Sommermärchen. Es endet erst, als ein Italiener namens Fabio Grosso im Halbfinale eine grausame Wende hineinschreibt. Dass das deutsche Team überhaupt so weit gekommen ist, dazu hat Neuville auch im Viertelfinale beigetragen, als er im Elfmeterschießen gegen Argentinien als erster antritt und trifft.

Oliver Neuville ist erst der dritte Borusse, der für Deutschland bei einer WM ein Tor erzielt, nach Albert Brülls (1962) und Rainer Bonhof (1974). Als er gegen Polen trifft, trägt er seit zwei Jahren des Trikot der Borussen, und es sind nicht gerade wenige, die die ablösefreie Verpflichtung 2004 kritisch beäugt haben. Oliver Neuville? Wirklich? Der Stürmer, der bei Leverkusen keine Rolle mehr gespielt hat? Dieses 1,71 Meter kleine Männchen, für das jedes Trikot zu groß ist und das man vermutlich bei jedem Windstoß in

Venlo einsammeln muss? Doch im Gegensatz zu dem ihm körperlich nicht unähnlichen Allan Simmonsen braucht Neuville keine Anlaufzeit.

Gleich am 3. Spieltag trifft er zum ersten Mal, Auftakt einer Serie. Gegen Kaiserslautern trifft er zweimal, nun gut, einmal nimmt er dabei vielleicht die Hand zur Hilfe. Der Schiedsrichter sieht es nicht, Neuville spricht von einem Reflex, auf keinen Fall Absicht, der DFB sperrt ihn nachträglich für zwei Spiele. In die Herzen der Borussen-Fans spielt er sich endgültig, als er nach dem Abstieg 2007 bleibt und mit seinen 15 Toren als Kapitän dazu beiträgt, dass es gleich wieder nach oben geht. Nach dem 3. Spieltag hat Gladbach noch kein Spiel gewonnen, Oliver Neuville ist bloß eingewechselt worden. Gegen Osnabrück spielt er von Beginn an, macht zwei Tore und die Siegesserie beginnt. In der Bundesliga wird er allerdings zum Einwechselspieler und macht nur noch ein einziges Tor. In 153 Spielen trifft er 42-mal für Borussia. 2010, mit 37 Jahren, ist Schluss in Gladbach. Er spielt noch ein halbes Jahr für Bielefeld und beendet seine Karriere.

Noch heute lebt er in Gladbach. Wer im Norden der Stadt wohnt, wird ihn ziemlich schnell treffen. Im Supermarkt, auf der Straße oder wenn er mit seinem Hund durch die Felder spaziert. Er wirkt dann so gar nicht wie jemand, der Deutschland in einen Rauschzustand versetzte.

55. GRUND

Weil Borussias Brasilianer besser verteidigen als Tore schießen

Die Verantwortlichen in der Vereinsführung müssen an diesem Tag sehr stolz gewesen sein. Eigentlich hatte der Brasilianer Alexandre da Silva, im offensiven Mittelfeld unter dem Namen Chiquinho unterwegs, 1997 schon seinen Wechsel aus der Heimat zu Borussia Dortmund vereinbart. Doch dann ging er zur wahren Borussia. Nur wenige Wochen später dürfte den Verantwortlichen die stolzgeschwellte Brust wieder eingefallen sein. Innerhalb weniger Spieltage wurde der 23-jährige Chiquinho vom Hoffnungsträger zum Bankdrücker. Als er nach drei Jahren Richtung Oberhausen abgeschoben wurde, lautete die Bilanz: 36 Spiele, 5 Tore. Seine große Zeit kam viel später. 2010 verpflichtete ihn der niederrheinische Bezirksligist ASV Süchteln eigentlich bloß als Co-Trainer. Doch bald stand der 36-Jährige wieder auf dem Platz, schoss in der ersten Saison 21 Tore und sorgte mit 27 Toren als Spielertrainer in der nächsten Spielzeit dafür, dass das Team in die Landesliga aufstieg.

Brasilianer sind fürs Toreschießen zuständig, so lautet eine einfache Regel. Bloß in Gladbach hat sie nie wirklich gegolten. Das lernte Borussia nicht nur durch Chiquinho und Giovane Élber, sondern auch durch einen Mann namens Kahê. Dessen Bilanz als Stürmer nach zwei Jahren: 53 Spiele, 6 Tore. In der ersten Saison traf er exakt zweimal und brachte weniger Gefahr fürs gegnerische Tor als der Zeugwart. Doch dann passierte etwas, womit niemand mehr gerechnet hatte: Zu Beginn der Saison 2006/07 erzielte Kahê in drei Spielen vier Treffer, vor allem das einzige Tor beim Sieg gegen Borussia Dortmund, das Borussia für eine Nacht zum Tabellenführer machte. Daraufhin fragte ihn die Rheinische Post, wie denn seine Ambitionen seien, mal in Brasiliens Nationalmannschaft zu spielen. »Das würde mir schon sehr gefallen. Wenn ich in der Bundesliga weiter so gut treffe, bekomme ich vielleicht ja mal eine Einladung.«[15] Der Plan scheiterte knapp. Kahê erzielte kein einziges Tor mehr für Borussia. Er ackerte zwar brav, verstolperte aber so ziemlich jeden Ball. Am Saisonende stieg Borussia ab, Kahé wurde aussortiert.

Viel größeren Erfolg hatten die brasilianischen Verteidiger in Mönchengladbach. Noch mit Schrecken erinnern sich die gegnerischen Stürmer an Marcelo Pletsch, der gar nicht wie ein Brasilianer aussah, weil seine Großeltern aus Deutschland kamen. Zwischen 1999 und 2005 machte der Innenverteidiger 142 Ligaspiele für Mönchengladbach, obwohl Hans Meyer bekundet hatte, ihm das Fußballspielen nicht mehr beibringen zu können. Es war auch weniger seine Technik als die Mischung aus Härte und Zuverlässigkeit, die Pletsch jahrelang in der Stammformation hielt. Den Bremer Markus Daun grätschte er mal so um, dass der ein halbes Jahr lang kein Fußball mehr spielen konnte. Auch sein Abgang bei Borussia war nichts für Feinschmecker. Nachdem Dick Advocaat ihn aussortiert hatte, zog er über die Vereinsführung her. Der fristlosen Kündigung folgten Termine beim Arbeitsgericht.

Borussias erfolgreichster Brasilianer aber war eine Frisur namens Dante. Dreieinhalb Spielzeiten lief er in Gladbach auf, half zweimal dabei, den Abstieg zu verhindern und die Abwehr so zu stabilisieren, dass unter Favre der vierte Platz gelang. Auch wenn der Innenverteidiger dabei auffallend lässig spielte und wenig Rücksicht auf die Nerven der Borussen-Anhänger nahm. Für einen Patzer, sprich Fehlpass, war er immer gut, aber überragend im Zweikampf und beim Kopfball. Was auch den Bayern auffiel, die ihn schließlich wegkauften. Als er ging, ging auch Gladbachs torhungrigster Brasilianer. Denn ausgerechnet der Verteidiger hatte das Kunststück fertiggebracht, mehr Tore als Chiquinho und Kahê zu schießen. Es waren acht.

Schaffen Sie mehr, Herr Raffael?

56. GRUND

Weil sogar Borussias Abwehrspieler Torjäger sind

Es sind noch 15 Sekunden, bis Hans-Günter Bruns das schönste Tor schießt, das nie geschossen wurde. Borussia spielt am 1. Oktober 1983 im Olympiastadion gegen die Bayern. Beim Stand von 0:0

erkämpft sich Bruns den Ball an der Außenlinie des eigenen Strafraums, schafft es am ersten Gegenspieler vorbei, auch am zweiten, der dritte stolpert, im Mittelfeld ist niemand, er durchquert es mit großen Schritten, 30 Meter vor dem Tor Doppelpass mit Frank Mill, dann ist er im Strafraum und zieht aus elf Metern ab. Der Ball prallt gegen den linken Innenpfosten, rollt die Torlinie entlang, prallt gegen den rechten Innenpfosten und von dort zurück ins Feld, wo ihn Torhüter Jean-Marie Pfaff aufnimmt. Das Spiel endet 4:0 für Bayern.

Glücklicherweise hatte Bruns nicht immer so ein Pech. Der Mann, der als einer der besten Liberos in die Borussen-Historie einging, erzielte in 331 Bundesligaspielen für Borussia 61 Tore. Platz 8 in der ewigen Rangliste. Er ist eines von vielen Gladbacher Gegenbeispielen dafür, dass Verteidiger nur verteidigen können.

Ein paar Tore weniger, aber eine bessere Quote hatte Wilfried Hannes, einer der torgefährlichsten Abwehrspieler der Bundesligageschichte. 261-mal lief er für Borussia in der Bundesliga auf, 58-mal traf der frühere Offensivspieler, der zum Verteidiger umgeschult wurde und schließlich einen souveränen Libero gab. Und das, obwohl er seit seiner Kindheit auf dem rechten Auge blind war. In der Saison 1980/81 war er sogar der erfolgreichste Spieler der Borussen. Seine 16 Treffer bedeuteten Platz 8 im Kampf um die Torjägerkanone. Nie mehr würde ein Verteidiger in der Bundesliga so viele Tore in einer Saison erzielen. Allerdings waren darunter auch acht Strafstöße. Ansonsten machte er seine Tore vorzugsweise mit dem Kopf.

Auf immerhin 40 Tore in 182 Spielen brachte es Thomas Kastenmaier in den 90ern. Zweimal gelangen ihm in einer Saison neun Treffer. Was erstens daran lag, dass er die Position des rechten Außenverteidigers sehr offensiv interpretierte und zweitens einen waffenscheinpflichtigen Schuss besaß, den er besonders bei Freistößen einsetzte. Lief er an, erzitterten ganze Abwehrreihen vor Angst um Leib und Leben. Auch sonst war dieser Kastenmaier nicht ganz von dieser Welt. Während einer Unterbrechung im Spiel gegen den VfB Leipzig setzte er sich auf den Klappstuhl eines Ordners. Als es weiter ging, klappte er den Stuhl zusammen, schritt zur Eckfahne und trat den Ball genau auf den Kopf von Michael Klinkert, der das 2:0 erzielte.

In den vergangenen Jahren waren die Gladbacher Verteidiger nicht mehr ganz so torhungrig. Und doch hielt ein Abwehrspieler die Tradition aufrecht. In der Saison 2009/10 machte der kopfballstarke Roel Brouwers acht Tore. Damit führte er zusammen mit Marco Reus die teaminterne Torschützenliste an. Sogar für den WM-Kader der niederländischen Nationalmannschaft war er im Gespräch.

Doch es gibt auch einen Verteidiger, dessen Erfolglosigkeit vor dem gegnerischen Tor legendär ist. Max Eberl bestritt insgesamt 215 Spiele in der 1. und 2. Liga, 137 für Mönchengladbach. Ein Tor erzielte er nie. Einmal durfte er für Borussia einen Elfmeter schießen, um diesen Makel zu korrigieren. Der Ball landete am Pfosten.

57. GRUND

Weil Filip Daems beinahe jeden Elfmeter verwandelte

Es war ganz einfach: Da stand ein Torhüter im Tor, da legte sich ein Filip Daems den Ball auf den Elfmeterpunkt. Dann lief er an und haute den Ball in die Maschen. Nicht häufig. Nicht meistens. Immer. 18-mal trat der Belgier an, 18-mal traf er. Zwölfmal in der Bundesliga, fünfmal im DFB-Pokal und einmal im Europapokal. Keinem anderen Borussen mit einer blütenreinen Weste gelang das so häufig. Bis zu jenem 30. März im Jahr 2014.

Die Karriere des linken Außenverteidigers Filip Daems als Elfmeterschütze beginnt an einem Samstagnachmittag im April 2009, und es ist kein schöner Beginn. Gladbach liegt in Frankfurt 0:2 zurück und erhält in der 65. Minute einen Elfmeter. Bradley verschießt. Zehn Minuten später ist der zweite Strafstoß fällig. Bradley verzichtet auf einen weiteren Versuch, Kapitän Daems übernimmt die Verantwortung. Er ist zu diesem Zeitpunkt bereits vier Jahre in Gladbach. Er verwandelt. Borussia verliert trotzdem 1:4. Auch die nächsten Elfer in der Bundesliga bringt er sicher unter, ohne dass sie Borussia viel Ertrag bringen, höchstens mal einen Punkt. Was auch daran liegen könnte, dass Daems sie auswärts schießt, und dort ist Gladbach viele Jahre ... nun ja, lassen wir das.

Kaum aber verwandelt er zu Hause, bringen die Elfmeter drei Zähler. Er erzielt das 1:0 gegen Hoffenheim in der Saison 2010/11, das Spiel endet 2:0. Er macht das 4:1 gegen den 1. FC Köln in derselben Saison. In der sensationellen Saison 2011/12 trifft er zum 1:0 gegen Stuttgart (Endstand 1:1), er macht das 2:1 gegen Wolfsburg (Endstand 4:1) und er macht das einzige Tor beim Sieg gegen Nürnberg. Nur ein einziges Mal, in der 2. Liga, trifft er aus dem Spiel heraus.

Seinen berühmtesten Elfmeter verwandelt er im DFB-Pokal-Viertelfinale 2012 gegen Hertha BSC, als Igor de Camargo beim Stand von 0:0 ... nun ja, lassen wir auch das. Daems interessiert die Aufregung nicht, er trägt bei eisigen Temperaturen ein kurzärmeliges Trikot, er zupft sich noch mal an der Nase, läuft an und verwandelt. Gladbach zieht ins Halbfinale ein.

Auch wer sich die anderen Elfertore noch mal anschaut, sieht einen Filip Daems, der vor dem Schuss alles um sich herum ausblendet und den Ball so platziert schießt, dass es Torhütern nur selten gelingt, ihn noch zu berühren. Im Gegensatz zu den meisten anderen Spielern bejubelt er seine Treffer eher zurückhaltend. Das passt zu ihm, der so lange für Borussia spielt wie kein anderer Spieler im aktuellen Kader. Daems ist ein zuverlässiger, ruhiger Verteidiger. Die Show überlässt er anderen. Wenn irgendjemand sich nicht den Unterarm tätowieren lässt, dann er.

Doch irgendwann endet jede Serie. Sogar die des Belgiers. Am 30. März 2014 verschoss er gegen den HSV, traf aber immerhin im Nachschuss zum 1:1. Drei Wochen später gegen Freiburg trat er beim Stand von 1:1 wieder an und vergab erneut. Einen Nachschuss gab es nicht. Borussia verlor mit 2:4. Danach lief Daems in der Bundesliga nie mehr für Borussia auf.

58. GRUND

Weil ein Schweizer das Wunder schaffte

Wir waren unten. Ganz unten. Wenn es darunter noch einen Keller gegeben hätte, wir hätten auch ihn betreten und ein Loch in den Fußboden geschlagen. Am 22. Spieltag der Saison 2010/11 hatten wir nach einer 1:0-Führung noch 1:3 in St. Pauli verloren und lagen abgeschlagen auf dem letzten Platz. Sieben Punkte Rückstand zur Relegation. Der dritte Abstieg in Liga 2 nur noch theoretisch zu vermeiden. So wie es theoretisch möglich ist, durch den Atlantik zu schwimmen.

Und dann kam er, die Lichtgestalt aus der Schweiz, der Mann mit dem sympathischsten Akzent aller Zeiten: Lucien Favre. Eigentlich nur geholt, um die Saison anständig zu Ende zu spielen und dann in der 2. Liga neu anzufangen. Mal wieder. Aber es lief ganz anders.

Die Erinnerung verklärt einiges. Die Erinnerung sagt: Danach verloren wir kein Spiel mehr. Aber ganz so war es nicht. Aber fast. Auch unter Favre standen wir einige Mal kurz vor dem Knockout. Das 0:1 gegen Kaiserslautern mit dem herrlichen Eigentor von Logan Bailly. Das 0:1 gegen Mainz kurz vor Schluss. Schürrle!

Aber der Rest war so, wie es unsere Erinnerung nahelegt. Gleich im ersten Spiel gegen Schalke war alles anders. Dieser Favre hatte irgendeine Idee gehabt, auf die vor ihm noch niemand gekommen war. Der Gast ging zwar nach zwei Minuten mit 1:0 in Führung, aber Gladbach schien das nicht zu beeindrucken. Das Tor war ein

Treffer ohne Wirkung. Das Team zuckte nicht mal. Reus glich aus, Idrissou traf noch in der ersten Halbzeit zum Sieg. Endlich gelang ein Sieg gegen diese verdammten Hoffenheimer. Köln hatte die Chance, uns in die 2. Liga zu schießen, doch wir triumphierten mit 5:1. Favre gelang das mit dem beinahe identischen Spielermaterial, bloß dass Jantschke Levels ersetzte und ter Stegen Bailly für immer aus dem Tor drängte. Gegen Dortmund, das auf dem Weg zur Meisterschaft war, ging sein Stern auf, als er das 1:0 bis zum Ende festhielt. Hannover, drauf und dran, in die Champions League einzuziehen, verlor nach drei Monaten mal wieder daheim, Reus traf zum 1:0. Unsere Abwehr, einst Schießbude der Liga, war kaum noch zu überwinden. Plötzlich reichte uns ein Tor, um zu gewinnen. Vorher brauchten wir eher so sechs.

Am Ende holten wir nicht die ein, die zum Zeitpunkt des Trainerwechsels noch am knappsten vor uns lagen, nicht Stuttgart, Köln oder Kaiserslautern, sondern Frankfurt und St. Pauli, die schon gerettet schienen und dann Rückrunden von einem anderen Stern spielten. In der Relegation gegen Bochum machte sich de Camargo mit seinem Tor im Hinspiel in der letzten Sekunde der Nachspielzeit unsterblich. Der Borussia-Park war in seinen Grundfesten erschüttert. Das Rückspiel war quasi nur noch Formsache. Gerettet!

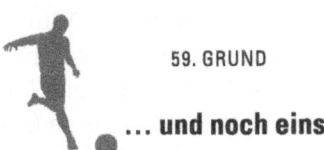

59. GRUND

… und noch eins

Und als Favre dieses Wunder gelungen war, machte er sich daran, ein noch viel größeres Wunder zu schaffen: Gladbach für mehrere Monate zu einem Meisterschaftskandidaten zu machen und nach Europa zu führen. Dass die Saison Großes bereithalten würde, zeigte der Auftaktsieg in München. Die Bayern wollten nach dem Debakel in der Vorsaison unbedingt Meister werden, und dann kamen diese dem Abstieg so gerade noch entronnenen Borussen und siegten nach 16 Jahren mal wieder und überhaupt erst zum zweiten Mal in München. Weil Neuer im Zusammenspiel mit Boateng patzte und de Camargo hellwach war. Wir ahnten noch nicht, dass wir die Bayern im Rückspiel mit 3:1 demütigen würden.

Das 1:0 war nur das Vorspiel für eine unglaubliche Saison. Angeführt von der Jahrhundertbegabung Marco Reus, abgesichert durch eine Abwehr, die gnadenloser war als israelische Grenzsoldaten, verwandelte sich Borussia in den FC Barcelona. Wir standen auf den Rängen und rieben uns unentwegt die Augen: War das unsere Borussia? Wo waren denn die Rumpelfußballer hin, die keinen Pass über drei Meter spielen konnten? Ist das da wirklich Mike Hanke? Wenn unser Team auf dem Platz stand, sprach der Gegner nicht mehr über die Höhe des Sieges, sondern wie lange sich gegen diese irre Offensive ein 0:0 halten ließ. Am 3. Spieltag lagen wir sogar auf Platz 1. Am 13. Spieltag fegten wir Werder Bremen mit 5:0 aus dem Stadion. Eine Lehrstunde für Bremen, eine Lehrstunde für uns Fans. Un-glaub-lich.

Doch es ging noch besser. Die Spielkunst von Borussia Barcelona gipfelte im Rückrundenspiel gegen Schalke 04, als Gladbach in der ersten halben Stunde drei überirdische Tore erzielte und in der zweiten Halbzeit einfach nichts mehr zuließ. Dieser Schuss aus der Drehung von Reus aus viel zu spitzem Winkel, dann spielt Hanke erst Doppelpass mit Herrmann und dann mit Arango und schlenzt den Ball ins Tor. Zum Abschluss Arangos Freistoß ins Tor. Ein Genuss wie Crème brûlée. Vergessen wir einfach, dass Gladbach danach schlingerte und im Halbfinale des DFB-Pokals nach Elfmeterschießen gegen Bayern München ausschied. Vergessen wir auch, dass Reus, Dante und Neustädter am Ende den Verein verließen, weil es anderswo eben doch weiterhin mehr Geld zu verdienen gab. Die Abschlusstabelle führte Borussia auf Platz 4 und gab ihr die Möglichkeit, sich für die Champions League zu qualifizieren. Lucien Favre hatte kaum ein Jahr gebraucht, um aus

Analphabeten Literaturnobelpreisträger zu machen. Wie er das hinbekam, wissen wir, wenn wir ehrlich sind, bis heute nicht, aber muss man immer alles verstehen? Wir wussten nur: Wo wir waren, war nicht mehr unten.

60. GRUND

Weil Arangoal nur aus 44 Metern ins Tor traf

Strengen wir unsere Fantasie an. Stellen wir uns mit viel Einbildungskraft folgende Situation vor: Ein Torhüter stürmt aus seinem Strafraum und schießt im Rutschen den Ball weit weg. Neben der linken Seitenlinie steht aber ein Spieler des Gegners, er schlenzt den Ball in einer Bogenlampe wieder zurück Richtung Tor, dabei rutscht er aus, landet auf dem Hosenboden und sieht wie alle anderen dem Ball hinterher, der mehrere Stunden unterwegs ist, möglicherweise verlässt er auch die Erdumlaufbahn. Dann aber, nachdem alle ausreichend auf den Ball konzentriert sind, senkt er sich nach einem Flug von 44 Metern vor dem Tor, rechtzeitig, bevor er über die Latte segelt, und landet hinter der Linie.

Wer so viel Fantasie nicht aufbringt, kann sich dieses Tor auch bei YouTube ansehen, denn am 9. Dezember 2012 ließ Juan Arango es im Spiel gegen Mainz 05 Wirklichkeit werden. So wie der Venezolaner bis zu seinem Abschied 2014 so ziemlich jede feuchte Fußballfan-Fantasie Wirklichkeit werden ließ mit seinem linken Zauberfuß. Der Mittelfeldspieler von Borussia Mönchengladbach erzielte Tore nicht, um zu siegen, sondern um zu zeigen, dass die Gesetze der Physik für ihn nicht gelten. »Kann Ihr rechter Fuß überhaupt schießen?«, fragte ihn die *taz* mal. Er antwortete: »Das versuche ich erst gar nicht.«[16]

Nach dem Weggang von Marco Reus am Ende der Saison 2011/12 hatten die Fans große Angst vor der Leere in der folgenden Spielzeit. Doch diese Leere füllte ein Mann, der in den vorangegangen Spielzeiten immer ein wenig im Schatten von Marco Reus gestanden hatte: Juan Fernando Arango Sáenz oder einfach nur Arango. Oder auch: Arangoal. Und das hatte einen Grund: Die leichten Bälle sind für ihn schwer, die schweren Bälle leicht. Er ist niemand, der im gegnerischen Fünf-Meter-Raum den Fuß hinhält oder einen Abstauber versenkt. Das ist so, als würde man Jonathan Franzen bitten, einen Groschenroman zu schreiben. Seine Körpersprache schrammt immer haarscharf am Desinteresse vorbei. Nennen wir es einfach Gelassenheit. Er hebt die Füße gerade so hoch, dass er nicht stolpert. Der Alltag liegt ihm nicht. Große Kunst oder großer Mist. Dazwischen gibt es nichts.

Am 1. Spieltag der Saison 2012/13 lässt er es noch harmlos angehen. Ein beinahe unspektakulärer Freistoß gegen Hoffenheim aus 17 Metern landet im Tor. Aber dann. Gegen Eintracht Frankfurt hämmert er den Ball mit Linksdrall aus 30 Metern unter die Latte. Nominiert für das Tor des Monats Oktober. Im Spiel gegen Hannover steht es 2:2. Gladbach erhält einen Freistoß. Der Ball liegt zwei Meter von der vorderen linken Strafraumecke entfernt. Kein normaler Mensch würde von dort direkt aufs Tor schießen, Hannover stellt nur eine Ein-Mann-Mauer auf. Arango ist kein normaler Mensch. Er schlenzt den Ball links am Spieler vorbei in die Ecke. Ebenfalls nominiert für das Tor des Monats Oktober. Im Spiel gegen Wolfsburg spielt Nordtveit einen hohen Ball über das halbe Feld in die linke Strafraumhälfte hinein, Arango nimmt den Ball volley und knallt ihn in die rechte Ecke. Nominiert für das Tor des Monats November. Und dann dieses Tor gegen Mainz. Tor des Monats Dezember. Zum Tor des Jahres 2012 wird es bloß nicht, weil Zlatan Ibrahimović dieses ebenso die Fantasie sprengende Fallrückziehertor gegen England erzielt.

Alle Spiele, in denen Arango in der Hinrunde traf, gewann Borussia. Man hatte das Gefühl, dass es Absicht war, denn weil seine Tore Spiele entschieden, sicherte ihm das den angemessenen

Jubel und die Bewunderung der Fans. Die schrieben ihm vor lauter Dankbarkeit das *Arango Unser*. Es endet laut *RP Online* mit den Worten: »Und führe uns nicht in Liga zwei, sondern erlöse uns von den Bayern, denn Dein ist die Raute und die 18 und die Herrlichkeit, in Ewigkeit, Amen.«[17]

61. GRUND

Weil Charly Stock sich seit mehr als 50 Jahren für Borussia engagiert

Es gab Spieler, die lange bei Borussia blieben. Es gab Trainer, die lange auf der Trainerbank saßen, und es gab Präsidenten, die Jahrzehnte die Geschicke des Vereins leiteten. Und doch ist es ein Masseur, der für sich beanspruchen darf: So lange wie ich hat es keiner mit der Borussia ausgehalten. Charly Stock, eines von nur drei Ehrenmitgliedern des Vereins, hält es noch immer aus. Mit über 80 Jahren.

Eigentlich hätte die Geschichte mit Charly Stock gar nicht so laufen dürfen. Denn eigentlich hätten sich Charly Stock und die Borussia nie begegnen dürfen. Es ist das Jahr 1962, die Bundesliga gibt es noch nicht, und Charly Stock macht seine Ausbildung als Masseur in einem Hotel im schwäbischen Bad Wörishofen. Da legt sich eines Tages ein Mann mit dem Namen Lorenz Hochheim auf die Massagebank. Er sagt, er sei der Schatzmeister von Borussia Mönchengladbach. Stock hat keine Ahnung, wovon der Kerl spricht. Für Fußball interessiert er sich überhaupt nicht, er wird nie in seinem Leben gegen einen Ball treten. Er kennt weder die Stadt Mönchengladbach noch den Fußballverein, der damals in der zweithöchsten Spielklasse herumdümpelt. Als Hochheim ihn fragt, was er nach seiner Ausbildung machen wolle, weiß Stock keine Antwort. Also fragt ihn Hochheim, schwer begeistert von der Massage, bei seinem dritten Besuch: Warum kommst du nicht nach Gladbach? Es gebe dort nicht so viele Masseure, er könne sich ganz leicht selbstständig machen und außerdem die Waden der Borussen-Fußballer massieren.

Stock sagt zu und tritt am 1. September 1962 seinen Dienst für die Borussia an, wird auch gleich am ersten Tag Vereinsmitglied und schnell zum Fan. Bald wird Borussia sein Hauptkunde, denn: Das Team steigt auf und wird neben Bayern zum erfolgreichsten Club Deutschlands. Alles wird professioneller, Stock macht beim DFB eine Fortbildung zum Physiotherapeuten und erlebt all die Siege und Tragödien der Borussia mit. Als Netzer 1973 im Pokalfinale gegen Köln trifft, so erzählt es Stock 40 Jahre später, klopft der Masseur Weisweiler aufs Knie und sagt fast schon stolz: »Der Lange macht das Tor.«

Doch er massiert nicht nur Waden, er ist es auch, der als Erster zu einem Spieler rennt, wenn der sich vor Schmerzen auf dem Platz windet. In seinem Koffer hat er immer alles dabei. Auch Ammoniakstäbchen, um benebelte Spieler wieder ins Bewusstsein zurückzuholen. Einmal stößt Heynckes mit dem gegnerischen Torhüter zusammen und bleibt liegen. Als Heynckes wieder die Augen öffnet, fragt er Stock: »Und – war der Ball drin?« Stock wird der Mann, dem die Spieler vertrauen. Sie mögen es, dass er ihnen keine Ratschläge erteilt. »Warum hätte ich dummes Zeug labern sollen, ich habe doch keine Ahnung von Fußball«, sagt er heute. Er hört ihnen einfach zu, erträgt auch den agitierenden Ewald Lienen oder tröstet jene, die Kummer haben. Stock hält bei allem dicht, rennt nicht zum Trainer. So wird er das, was man eine gute Seele des Vereins nennt. Wenn die Spieler was haben, rufen sie ihn auch gerne nach Feierabend an.

Am 12. Mai 1990 erlebt er sein letztes Spiel als Physiotherapeut, ein 0:0 gegen Bayer Uerdingen. Die elf Jahre bis zur Rente verbringt er als Sicherheits- und Dopingbeauftragter der Borussia und als Leiter des Borusseninternats. Auch danach lässt ihn der Verein nicht los. Er bleibt ihm als Traditionspfleger treu und als Betreuer der Weisweiler Elf. Er ist es, der die gepflasterte Borussen-Raute vorm VIP-Bereich am Bökelbergstadion davor bewahrt, auf immer abgerissen zu werden, als das Stadion dem Erdboden gleichgemacht wird. An der Eickener Straße 88, dort, wo Anfang des 20. Jahrhunderts Borussias erste Geschäftsstelle war, lässt er die Raute wieder hinpflastern. Darunter vergräbt er eine Kassette mit Andenken, unter anderem den Jubiläumsband zum 100-jährigen Bestehen des Vereins und eine Kapsel mit Bökelberg-Sand.

Die Raute in seinem Herzen allerdings ist noch um einiges größer.

62. GRUND

Weil der Bökelberg in unseren Herzen niemals abgerissen wird

Wenn ein Bauwerk nur die Summe seiner einzelnen Teile wäre, hätte das Bökelbergstadion zu den unspektakulärsten Bauwerken seiner Zeit gehört. Ohne die Historie und ohne die Verklärung wäre Gladbachs frühere Heimspielstätte bloß das gewesen: ein Stadion, das ständig den Ansprüchen nicht genügte und deshalb zu Recht, aber viel zu spät abgerissen wurde. Zum Glück denken Fußballfans nicht so. Deshalb ist der Bökelberg eines der legendärsten Stadien der Bundesligahistorie. Als Borussia dort am 22. Mai 2004 ihr letztes Heimspiel gegen 1860 München austrägt, singen die Fans in den Minuten vor dem Abpfiff *Bye bye, Bökelberg*.

Die Geschichte des Bökelbergstadions ist eine Geschichte des Unzureichenden. In den ersten Jahren der Vereinsgeschichte sind die Borussen von Rasenplatz zu Rasenplatz gewandert, ohne einen eigenen zu besitzen. Damit ist 1914 Schluss. Die Mitglieder kaufen eine ausgeschachtete Kiesgrube im Stadtteil Eicken und bauen sich ihr eigenes Stadion an der Bökelstraße, das 1919 eröffnet wird. Offizieller Name ist »Westdeutsches Stadion«, doch die Fans nennen es bloß »de Kull« (die Kuhle). Den Namen »Bökelbergstadion« wird erst Ende der 50er der Journalist Wilhelm August Hurtmanns prägen, der auch den Begriff »Fohlenelf« erfindet. Schon bald zeigt sich, was das Schicksal des Stadions sein wird: zu klein zu sein. In den 20ern entstehen in der Region größere Stadien, das Müngersdorfer Stadion, das Rheinstadion, Rote Erde, Glückauf-Kampfbahn. Sie alle fassen mehr Zuschauer, als es der Bökelberg je tun wird, der es am Ende auf 34.500 bringt. Besonders die Zahl der (teuren) Sitzplätze wird immer viel zu gering sein.

Nach dem Zweiten Weltkrieg dient de Kull der britischen Armee als Panzerwerkstatt, tiefe Furchen durchziehen den Rasen. Heinz Ditgens überzeugt die Briten, das Stadion wieder für Fußball zur Verfügung zu stellen. Allerdings ist es völlig veraltet, in die Lehmhänge sind bloß Stufen gestochen, bei Regen schlittern die Leute die Ränge hinab. Erst 1960 wird wieder investiert, die Stufen werden betoniert. Zu diesem Zeitpunkt ist die Stadt bereits Besitzer des Stadions, Borussia hat es wegen Verschuldung verkaufen und im Anschluss mieten müssen. Nach dem ersten DFB-Pokalsieg gibt die Stadt weitere 500.000 DM. Die Hilfe ist nicht ganz uneigennützig. Borussia liebäugelt mit dem Grenzlandstadion im damals noch eigenständigen Rheydt. Gladbach will die Borussia als Werbeträger nicht an den Nachbarn verlieren. Auch nach dem Aufstieg fasst Borussia wieder das Grenzlandstadion ins Auge, das im Gegensatz zum Bökelberg nicht in einem Wohngebiet liegt und sich viel besser ausbauen lässt, doch die Stadt überzeugt Borussia vom Bleiben, überdacht die Westtribüne und errichtet eine Flutlichtanlage.

Für die Olympischen Spiele 1972 erhält Bayern München das Olympiastadion, zur WM 1974 werden in Deutschland weitere Stadien aus- bzw. neugebaut, unter anderem das Westfalenstadion (heute Signal Iduna Park) und das Parkstadion. Gladbach allerdings wird kein WM-Standort und bekommt kein neues Stadion. Während ein ausverkauftes Olympiastadion Bayern München Mitte der

70er 1,2 Millionen DM bringt, sind es in Gladbach bloß 250.000. Trotzdem werden die Borussen mit einem der kleinsten Bundesligastadien fünfmal Meister. Für viele Europapokalspiele geht Borussia ins Rheinstadion. Ist sie mit den Bayern finanziell zuvor auf Augenhöhe gewesen, ziehen die Münchener nun davon. Erst wirtschaftlich, später auch sportlich. Borussia muss sparen und sparen, die besten Spieler verkaufen, weil die großen Gehälter nicht drin sind. Der Stadt fehlt das Geld für einen weiteren Ausbau. Erst als durch den Abzug der britischen Soldaten ein großes Gebiet im Westen der Stadt frei wird, entschließt sich der Verein zum Bau eines neuen Stadions.

Doch keine Entbehrung ohne Nutzen. Die Atmosphäre auf dem Bökelberg, einem reinen Fußballstadion, ist besser als in den riesigen Bauten in München, Berlin oder Stuttgart mit ihren Laufbahnen, die die Fans von den Spielern trennen. Bis 1987 verliert Borussia, angetrieben von der Nordkurve, keines seiner Europapokal-Heimspiele auf dem Bökelberg. Die Fans erleben dort den Pfostenbruch, den Büchsenwurf, ein 11:0 gegen Schalke, das 4:3 gegen den HSV und damit die erste Meisterschaft, das 5:4 gegen Bremen im DFB-Pokal-Halbfinale 1984. Sie erleben dort alles.

Nach dem Abriss 2006 wird aus dem Bökelberg ein Wohngebiet. Doch die Satellitenansicht bei Google Maps zeigt den Mythos auch 2013 noch in vollem Glanz. Und in der Borussenhymne *Elf vom Niederrhein* singen die Fans weiterhin: »Samstagmittags geht es los, ins Stadion zum Bökelberg«.

5. KAPITEL

DIE SCHEISSE VOM DOM

DER FC UND ANDERE SPEZIELLE GEGNER

63. GRUND

Weil Borussia den Untergang von Tasmania Berlin einleitete

Drei Aufsteiger traten in der Saison 1965/66 ihren Dienst in der Bundesliga an. Alle drei sollten Geschichte schreiben: Bayern München, Borussia Mönchengladbach und Tasmania 1900 Berlin. Während die ersten beiden Mannschaften sich ihre größten Erfolge für spätere Zeiten aufhoben, stellte Tasmania Berlin bereits in ihrem ersten und letzten Bundesligajahr einen Rekord nach dem nächsten auf. Bloß waren es allesamt Negativrekorde. Borussia hatte daran einen großen Anteil.

Das erste Saisonspiel gewinnt Tasmania tatsächlich mit 2:0 gegen Karlsruhe. 81.500 sind ins Olympiastadion gekommen. Noch ahnt keiner, wie schlecht Tasmania wirklich ist. Das sieht nach dem 2. Spieltag schon anders aus. Tasmania fährt an den Bökelberg zum Aufsteigerduell. Borussia hat in ihrem ersten Spiel ein 1:1 gegen Borussia Neunkirchen geholt. 33.000 Zuschauer, darunter Spielerlegende Alfredo di Stéfano, sehen eine von Anfang an überlegene Borussia. Doch 40 Minuten lang hält Torhüter Heinz Rohloff alles, was es zu halten gibt. Dann spielt Günter Netzer einen Steilpass über 30 Meter auf Jupp Heynckes. Der läuft noch 20 Meter und trifft zur Führung. In der zweiten Halbzeit aber hilft den Berlinern weder ihr Torhüter noch die übertriebene Härte, mit der sie in die Zweikämpfe gehen. 2:0 Rupp nach Vorlage Heynckes. 3:0 Netzer nach einem Solo bis zur Strafraumgrenze. 4:0 Heynckes durch Kopfball. 5:0 Günter Netzer durch einen Freistoß aus 20 Metern. Abpfiff. Tasmania hat im Spiel ganze zwei Chancen gehabt. Eine Lehrstunde. Es ist die erste von 28 Tasmania-Niederlagen, es ist das erste von 31 sieglosen Spielen in Folge, es sind die ersten 5 von 108 Gegentoren. Allesamt negative Bundesliga-Bestmarken, die bis heute Bestand haben.

Als die beiden Teams im Januar 1966 zum Rückspiel im Olympiastadion antreten, ist Tasmania Berlin abgeschlagen Tabellenletzter und hat die vergangenen zehn Spiele verloren, auch das ist ein neuer Rekord, der erst 1984 eingestellt wird. Schon vor dem Anpfiff setzt Tasmania eine weitere Bestmarke: Nur 827 zahlende Zuschauer wollen das Spiel sehen. Zusammen mit den Vereinsmitgliedern und den Leuten, die es wie auch immer ohne Karte auf die Ränge schaffen, kommen bloß knapp 2.000 Menschen ins Olympiastadion. Das liegt allerdings auch am Wetter.

Es ist tiefer Winter, in der Nacht hat es geschneit, knöcheltief liegt der Schnee auf dem Rasen. Das kommt den Berlinern ganz gelegen gegen die für ihre Schnelligkeit bekannten Gladbacher. Jedenfalls ist es mit Sicherheit kein Zufall, dass sie den Platz nicht vom Schnee befreien. Auch die Bitte Weisweilers stimmt sie nicht um. Die Hoffnung der Borussen, dass der Schiedsrichter das Spiel gar nicht erst anpfeift, zerschlägt sich ebenfalls. Es ist erst seine zweite Bundesliga-Partie, auf die möchte er nur ungern verzichten. Deshalb kommt es an jenem Samstagnachmittag zu einem unwürdigen Gekicke im Tiefschnee. Zwar ist Borussia deutlich überlegen, aber Abwehrbeine und Wetterverhältnisse verhindern jedes Tor. Einmal trifft Rupp den Innenpfosten, auch Netzer erwischt nur Holz, ein anderes Mal hat Egon Milder den Keeper mit seinem Schuss bereits überwunden, doch der Ball bleibt Zentimeter vorm Tor im Schnee liegen.

Die Partie endet 0:0, die Niederlagenserie ist beendet, und Borussia darf sich auf die Brust heften, zu den fünf ausgewählten Teams zu gehören, die gegen Tasmania Punkte abgegeben haben. Am Ende der Saison liegen zwischen Borussia und Tasmania zwar nur vier Teams, aber 21 Punkte. Die Berliner steigen ab, für Gladbach hat das Abenteuer Bundesliga erst begonnen.

64. GRUND

Weil es so viel Spaß macht, den FC zu hassen

Wie jede extreme Emotion erscheint dem Außenstehenden auch die Rivalität zwischen Borussia Mönchengladbach und dem 1. FC Köln völlig abseitig. Für die Betroffenen aber ist sie zu hundert Prozent nachvollziehbar. Ist doch völlig logisch, dass ich Köln hasse – warum? Warum, warum, warum? Na ist eben so. War schon immer so. Man müsste schon Argumente dagegen finden. Für einen Borussen-Fan gibt es einfach nichts Herrlicheres, als das Kölner Team mit einer Niederlage zurück zu ihrem ollen Dom zu schicken beziehungsweise ihm auf feindlichem Gebiet ein Tor nach dem anderen reinzuwürgen. Nirgendwo spielt die Borussia lieber auswärts in der Bundesliga. 22-mal gewann sie dort und verlor bloß 12-mal. Die Bedeutung des Derbys ist so groß, dass eine Niederlage eine gute Saison verdirbt, ein Sieg eine schlechte rettet. Im Grunde besteht die Saison aus 32 Spielen in der Meisterschaft und 2 gegen den FC Köln. Das treibt die Fans noch mehr um als die Spieler, denn Spieler wechseln die Vereine, Fans nicht. Als die beiden Teams sich 2008 in Köln in der 2. Liga gegenüberstanden, tauchte im Kölner Fanblock plötzlich die ein paar Tage vorher verschwundene Zaunfahne der Gladbacher Fangruppe Ultras auf. Die Borussenfans reagierten mit Raketen und Rauchbomben, das Spiel stand vor dem Abbruch. Nach dieser Schmach zogen die Ultras die einzig mögliche Konsequenz: Sie lösten sich auf.

Aber wie konnte es so weit kommen? Warum ist nicht Düsseldorf gegen Köln oder Leverkusen gegen Gladbach *das* rheinische Derby? Warum ist Borussia gegen FC neben 1860 gegen Bayern und Schalke gegen Dortmund das wichtigste Derby der Bundesliga?

Die Rivalität begann früh. Wenn wir mal die Möglichkeit ausschließen, dass es der Herrgott den Gladbachern und Kölnern in die Gene gelegt hat, sich gegenseitig zu hassen, nahm dieses Gefühl spätestens 1912 seinen Anfang. 1912 stand die Borussia zum ersten Mal im Finale der Westdeutschen Meisterschaft und verlor mit 2:4 gegen den Kölner BC 01. Aus dem ging durch den Zusammenschluss mit dem SpVgg Sülz 07 1948 der 1. FC Köln hervor. 1920 trafen die beiden Teams wieder im Finale aufeinander, diesmal siegte Gladbach mit 3:1. Auch nicht zum versöhnlichen Umgang trug das Duell 1953 bei. Im Meisterschaftsspiel der Oberliga West standen sich die beiden Mannschaften vor Fernsehkameras gegenüber, die erste Liveübertragung eines Ligaspiels im Westen, der Favorit Köln schlug den Liga-Neuling Gladbach mit 6:0 im Müngersdorfer Stadion.

Doch das Derby, wie wir es heute kennen und lieben, entstand mit einem Mann, der auf beiden Seiten wirkte: Hennes Weisweiler. Bevor er aus Gladbach die Fohlenelf machte, trainierte er den 1. FC Köln, später nach seiner Rückkehr aus Barcelona noch einmal, Geißbock Hennes ist nach ihm benannt. Als er Trainer in Gladbach war, arbeitete er auch als Dozent an der Kölner Sporthochschule, ja, man muss so weit gehen, ihn als Kölsche Jung zu bezeichnen. Da hatte er überhaupt keine Lust, mit Borussia gegen den Titelkonkurrenten zu verlieren und sich bei der Arbeit eine Woche lang aufziehen zu lassen. Viel lieber war es ihm, mit hochgerecktem Haupt durch die Flure zu stolzieren. So kam es meistens auch. Das 2:1 im DFB-Pokal-Finale 1973 ist quasi die Mutter aller rheinischen Derbys, die größte Stunde des Triumphes für die Gladbacher, die Urkatastrophe für die Kölner. Die durften immerhin 1978 Meister werden, unter Weisweiler, weil die Fohlen gegen Dortmund nur 12:0 und nicht 15:0 gewannen.

Doch so sehr der Borussenfan den FC hasst, so sehr braucht er ihn auch. Als Punktelieferant, als Feindbild und als Sinnstifter. Eine Saison ohne Derby ist wie Köln ohne Dom und Netzer ohne Haare. Als Köln 1998 erstmals in seiner Bundesliga-Geschichte abstieg, folgte Borussia eine Saison später. Wie ein alter Mann, dessen Frau kurz zuvor gestorben ist.

65. GRUND

Weil es sogar im Feindesland eine Borussen-Kneipe gibt

Fans des 1. FC Köln müssen nun ganz stark sein. Nicht jeder Mensch, besonders wenn er zurechnungsfähig ist, verwandelt sich automatisch in einen FC-Anhänger, nur weil er im Stadtgebiet aufwächst oder dort hingezogen ist. Einige dieser Menschen, die zurechnungsfähigsten von allen, werden nicht nur nicht FC-Fan, sondern Anhänger von Borussia Mönchengladbach. Ja, liebe Kölner, das tut euch besonders weh, aber es gibt Tatsachen, die lassen sich nicht ignorieren: Es gibt Borussia-Fans in der Domstadt.

Doch wer in Köln zu seiner Borussia stehen will, der hat es schwer. Ständig muss er seine Liebe leugnen (»Für welchen Verein ich halte? Ach … ähem … ich interessiere mich gar nicht für Fußball«), das offene Tragen des Trikots ist undenkbar. Der Kölner ist zwar in allen möglichen Dingen tolerant, in Sachen Fußball aber völlig verbohrt.

Zum Glück gibt es den Stiefel. Die Kneipe liegt an der Zülpicher Straße, dort, wo die Studenten feiern gehen, und sieht von außen aus wie eine gewöhnliche Studentenkneipe. Von innen sieht sie aus wie eine ganz normale abgeranzte Studentenkneipe mit bemalten Toiletten und Aufklebern, an denen Archäologen ihre Freude hätten. Aber Moment mal – warum hängt denn da eine Borussia-Fahne an der Wand und was machen überhaupt die ganzen Gladbach-Fans hier mit Trikot und Schal? Na, weil Samstag ist, 15.30 Uhr, und sich die Borussen-Diaspora trifft, um das Spiel zu sehen. Während knapp 50 Meter weiter die studentischen FC-Fans im Heimspiel zusammenkommen, jubelt hier niemand über Zweitliga-Gekicke, sondern über Tore von Arango und Luuk de Jong.

Schuld daran ist Volker Piefenbrink. Der wuchs ein paar Kilometer von Mönchengladbach entfernt auf, die Vereinsfrage entschied sich deshalb früh. Wie so viele Niederrheiner hatte er keine andere

Wahl, als zum Studieren die Heimat zu verlassen und nach Köln zu ziehen. Dort blieb er hängen und übernahm Ende der 90er den Stiefel, eine alte Punk-Kneipe. Zu Beginn waren die Übertragungen der Borussia-Spiele sein Privatvergnügen, mehr als ein paar Borussen verirrten sich samstagnachmittags nie in den Stiefel. Doch dann hatte das Internet seine große Stunde, vor knapp zehn Jahren explodierte die Besucherzahl dank der zahlreichen Fanforen, die auf den Schutzraum für Borussen aufmerksam machten. Es wurde voller und voller, vor allem bei Auswärtsspielen, denn viele Stiefel-Besucher haben für Heimspiele eine Dauerkarte. Bei den wichtigsten Spielen standen die Leute bis auf die Straße. 2005 gründete sich gar der Fanclub Stiefel-Borussen.

Mittlerweile hat der Stiefel einen anderen Betreiber, kein Borussia-Fan, man muss befürchten, dass er Anhänger vom FC ist. Auf jeden Fall war er klug genug, den Borussen ihre Oase zu lassen. Man verdient ja auch nicht schlecht mit den durstigen Fußballfans. Sie trinken sogar Kölsch.

66. GRUND

Weil nicht der FC, sondern Borussia das letzte Europapokalspiel im Müngersdorfer Stadion bestritten hat

Als der weißrussische Schiedsrichter Vadim Zhuk am 16. September 1992 abpfeift, lassen sich die Spieler des 1. FC Köln zufrieden feiern. Gerade haben sie das Hinspiel in der 1. Runde des UEFA-Pokals mit 2:0 gegen Celtic Glasgow gewonnen. Es müsste schon mit dem Teufel zugehen, wenn die Fans ihrem FC nicht auch in Runde 2 im Müngersdorfer Stadion zujubeln dürften. Es geht aber mit dem Teufel zu, Köln verliert das Rückspiel gegen Celtic 0:3 und fliegt raus. Es ist der bisher letzte Auftritt des Vereins im Europapokal. Zwar treten die Kölner noch einige Male im so genannten

UI-Cup an, aber das ist nur eine Qualifikationsturnier für den UEFA-Pokal und kein Europapokal im eigentlichen Sinne.

Stattdessen fällt einem anderen Verein die Ehre zu, das letzte Europapokalspiel im Müngersdorfer Stadion bestritten zu haben, bevor es 2004 als RheinEnergieStadion neugeboren wird und Alemannia Aachen dort ein paar internationale Partien austrägt. Dieser Verein heißt selbstverständlich Borussia Mönchengladbach.

Wir befinden uns im Jahr 1996. Borussia hat sich für den UEFA-Pokal qualifiziert und tritt in der ersten Runde gegen Arsenal London an. Ein Gegner, der Zuschauer anlocken könnte. Das Bökelbergstadion ist ohnehin nicht besonders groß, doch wegen der nicht gerade Stehplatz-freundlichen neuen UEFA-Richtlinien dürfte Borussia für das Rückspiel daheim nur 15.000 Karten verkaufen. Eigentlich wäre das Rheinstadion in Düsseldorf der erste Ausweichkandidat, stattdessen aber entscheidet sich die Vereinsführung für das Müngersdorfer Stadion des Erzrivalen Köln. Über die Gründe schreibt die *Rheinische Post*: Düsseldorf verlange pro Spiel 100.000 DM, Köln hingegen gebe sich mit einigen Ehrenkarten zufrieden.[18] An die Atmosphäre am Bökelberg reicht aber auch dieses Stadion nicht heran, weil wie im Rheinstadion eine Laufbahn zwischen Tribüne und Platz liegt.

So richtig voll wird es beim Rückspiel gegen Arsenal nicht. 60.000 Zuschauer passen rein, doch es kommen bloß 30.000, auch weil das Spiel am frühen Abend stattfindet. Das Hinspiel hat Borussia überraschend mit 3:2 gewonnen. Im Rückspiel droht dem Team nach 50 Minuten das Schlimmste. Gerade ist Arsenal mit 2:1 in Führung gegangen. Ein Tor noch und Borussia wäre raus. Doch Effenberg und Juskowiak drehen das Spiel, Borussia zieht in die nächste Runde ein. Warum also nicht in der nächsten Runde wieder zu Hause in Köln spielen?

Diesmal hat Borussia für die erste Partie Heimrecht. Der Gegner am 15. Oktober 1996 heißt AS Monaco. Im Tor steht Fabien Barthez, im Mittelfeld spielt Emmanuel Petit, das junge Sturmtalent Thierry Henry sitzt nur auf der Bank. Alle drei dürfen sich am Saisonende französischer Meister nennen und werden zwei Jahre später mit Frankreich Weltmeister. Das Stadion ist noch leerer als gegen Arsenal. Nur 25.000 wollen sich die Borussia ansehen, die in der Bundesliga gerade in der Krise steckt, weil die Stürmer nicht treffen. Ganze Blöcke sind zuschauerfrei. Wer nicht kommt, kann froh sein. Zweimal geht Monaco in Führung, zweimal gleicht Borussia aus. Doch in der 77. Minute überläuft Henry die schlafende Borussen-Abwehr und schiebt an Kamps vorbei ins Tor, in der Schlussminute besorgt Victor Ikpeba den Endstand. 2:4. Das Müngersdorfer Stadion erlebt seinen letzten Treffer in einem Europapokalspiel. Der 1:0-Sieg der Borussia im Rückspiel reicht nicht fürs Weiterkommen.

Das nächste Heimspiel im Pokal trägt Borussia lieber wieder im eigenen Stadion aus. Nach einer überschaubaren Wartezeit von 16 Jahren. Der FC wartet noch immer.

67. GRUND

Weil Fortuna Düsseldorf auch keine Lösung ist

Zwischen der Stadt Mönchengladbach und der Stadt Düsseldorf liegen bloß 25 Kilometer auf der A52 und trotzdem Welten. Ein Nordkoreaner, der nach Südkorea reist, könnte keinen größeren Kulturschock erleben. Mönchengladbach: 260.000 Einwohner, linksrheinisch, hoch verschuldet, provinziell. Düsseldorf: 600.000 Einwohner, (überwiegend) rechtsrheinisch, schuldenfrei, Landeshauptstadt von NRW, Die Toten Hosen, Kunstakademie, Kö und so fort.

Und da haben wir über den größten Unterschied noch gar nicht gesprochen: den Fußballverein. Wobei Fußballverein in Bezug auf Fortuna Düsseldorf schon zu viel gesagt wäre. Sprechen wir einfach von Ballsportmannschaft, denn unbestritten üben die Fortunen eine noch näher zu bezeichnende Form des Ballsports aus. Was Gladbach als Stadt nicht zu bieten hat, bietet Borussia als Verein. Was Düsseldorf als Stadt voraus hat, büßt sie im Fußball mehr als ein.

Die, nennen wir es mal, Erfolge der Fortuna nehmen sich recht bescheiden aus. 1933 wurde Fortuna zum ersten und letzten Mal deutscher Meister, 1979 und 1980 gewann das Team den DFB-Pokal. Das war's. Fortuna stieg regelmäßig aus der 1. Liga ab und kam lange Zeit nicht mehr zurück. Nach dem Abstieg 1997 stürzte das Team bis in die 4. Liga ab und brauchte 15 Jahre für die Rückkehr in die Eliteklasse. Die letzte Teilnahme an einem europäischen Wettbewerb liegt mehr als 30 Jahre zurück.

Es wundert deshalb nicht, dass die Gladbacher Fans sich nicht mal dazu herablassen, beim Aufeinandertreffen beider Teams von einem Derby zu sprechen. Das rheinische Derby ist noch immer das Duell Gladbach gegen Köln. Das hat Tradition. Bei aller Abneigung gegen den FC haben Borussen-Fans doch stets so etwas wie Respekt vor den Geißböcken gehabt, schließlich war ihnen sportlich eine gewisse Bedeutung nicht abzusprechen. Fortuna hingegen gurkt, wenn überhaupt in der 1. Liga vertreten, stets im Abstiegskampf herum. Borussen-Fans haben keine Abneigung gegen Fortuna, sie hassen den Verein nicht. Er ist ihnen schlicht egal.

Um den Düsseldorfern zu zeigen, wie richtiger Fußball funktioniert, haben die Borussen im Rheinstadion allerdings regelmäßig wichtige Partien ausgetragen. Entwicklungshilfe in der Dritten Fußballwelt. Zugegeben, ein bisschen Boshaftigkeit im Sinne von »Guckt mal, was wir können und ihr nicht« war auch dabei. Bereits 1960 holten die Borussen ihren ersten großen Titel, den DFB-Pokal, im Rheinstadion. Das DFB-Pokalfinale gegen Köln 1973 fand ebenfalls in Düsseldorf statt. Das Hinspiel des UEFA-Pokal-Finales gegen Enschede 1975 trugen die Borussen dort aus, ebenso das Rückspiel im Finale 1979 gegen Roter Stern Belgrad.

Auch für das 12:0 gegen Dortmund begaben sich die Borussen auf die andere Rheinseite. Auf Dauer haben die Düsseldorfer diese Demütigungen nicht ertragen und das Rheinstadion 2002 abgerissen.

68. GRUND

Weil Borussia das erste Live-Spiel der Bundesliga gewann

Am 11. Dezember 1984 verkündet die Fernsehseite der Tageszeitungen für 20.00 Uhr eine Sensation. Borussia Mönchengladbach spielt gegen Bayern München, und das Tolle: Die Partie wird in voller Länge in der ARD gezeigt. Das hat es vorher noch nie gegeben, ein ganzes Bundesligaspiel live im Fernsehen. Europokal oder WM ja, aber nicht Fußballbundesliga. Und damals heißt es auch noch nicht *live*. Die *Rheinische Post* spricht davon, dass das Spiel »bundesweit original übertragen wird«.[19] Es werden noch fast sieben Jahren vergehen, bis Premiere darauf ein Geschäftsmodell gründet.

Schuld an der Liveübertragung ist polnischer Nebel. Einen Monat zuvor hat Borussia Mönchengladbach das Rückspiel im UEFA-Pokal gegen Widzew Łódź verloren und ist aus dem Wettbewerb ausgeschieden. Dann verzögert sich auch noch die Rückreise. 40 Stunden sitzt die Mannschaft wegen Nebel fest, bei so einem Wetter hebt kein Flugzeug ab. Der Verein bittet erfolgreich darum, das nächste Meisterschaftsspiel gegen Bayern München zu verschieben. Es wird auf den 11. Dezember gelegt, ein Dienstag. Da kommt WDR-Sportchef Heribert Faßbender auf die Idee, dass die ARD dieses Spiel live zeigen könne. Er überzeugt den DFB und die beiden Vereine. Die Abstimmung in der Programmkonferenz endet 5:4 für Fußball gegen das Politmagazin *Monitor*. Kosten für die ARD: laut SPIEGEL schlappe 135.000 DM.[20] Sendebeginn ist 20.00 Uhr, Ende 21.45 Uhr. Wofür die Zeit mit Vorberichterstattung oder Analyse verschwenden?

Es ist genau die richtige Partie für ein Live-Debüt. Bayern ist seit dem 1. Spieltag Tabellenführer. Ein weiterer Sieg, und das Team wäre dem Rest der Liga enteilt, hätte vier Punkte Vorsprung auf Werder Bremen, gar acht auf Mönchengladbach. Die ganze Bundesliga sieht also an jenem Abend zum Bökelberg. Den richtigen Pfeffer erhält die Partie aber durch einen Spieler: Lothar Matthäus. Es ist sein erstes Match in Gladbach, nachdem er den Verein verlassen und zuvor noch den Elfmeter gegen die Bayern in die Luft gejagt hat. Vor der Partie ist er nicht untätig gewesen in Sachen Kriegstreiberei. Das passiere auch nur den Gladbachern, sagt er, als das Spiel im November wegen Nebel verschoben wird. Woraufhin Borussias Manager Grashoff verkündet, dass Matthaus in Gladbachs Clubräumen unerwünscht sei. Woraufhin wiederum Bayern-Manager Hoeneß Grashoff Volksverhetzung vorwirft. Das Wechseltheater um Matthäus hat noch niemand vergessen. Dass er nicht der beliebteste Spieler in Gladbach ist, merken die Fernsehzuschauer sehr schnell. Er wird bei jedem Ballkontakt ausgepfiffen und mit »Judas raus«-Rufen bedacht.

Fußball wird an dem Abend auch gespielt. Und wie. Nach vorsichtigem Beginn nimmt die Partie an Fahrt auf. In der 21. Minute gewinnt der nicht für seine Körpergröße bekannte Frank Mill nach einer Ecke das Kopfballduell gegen Klaus Augenthaler und erzielt das 1:0. Faßbender kommentiert: »Es passiert das, was sich die ganze Bundesliga außer Bayern gewünscht hat«. Doch bereits drei Minuten später gleichen die Bayern aus. Weitere drei Minuten später landet der Ball nach einer Ecke bei Uli Borowka, der zieht aus knapp 20 Metern ab. Vom linken Innenpfosten prallt der Ball ins Tor, Gladbach führt wieder – und legt sechs Minuten später nach. Gestocher im Strafraum, Rahn wird angeschossen, der Ball geht am Torhüter vorbei, Frontzeck braucht ihn nur noch zu berühren. In der zweiten Halbzeit dominiert Bayern, doch Stürmer Roland Wohlfarth hat nicht seinen besten Tag und vergibt mehrere Hundertprozentige. Dieter Hoeneß gelingt in der 87. Minute nur noch der Anschlusstreffer. Borussia gewinnt gegen die mächtigen Münchener, und Fußballdeutschland ist Augenzeuge.

Meister werden die Bayern am Ende trotzdem, Gladbach verliert das nächste Spiel mit 4:1 gegen Schalke. Mit dem Unterschied, dass dabei nicht Millionen Menschen zusehen.

69. GRUND

Weil Borussia nach 30 Jahren doch in München gewann

Der 14. Oktober 1995 ist nicht dazu auserkoren, ein historischer Tag zu werden. Borussia Mönchengladbach tritt im Olympiastadion gegen Bayern München an und erhofft sich gar nichts. Wie denn auch? Bayern ist nach acht Spieltagen Tabellenführer und gespickt mit Stars: Oliver Kahn, Thomas Helmer, Mehmet Scholl, Jürgen Klinsmann, auf der Bank sitzen Trainer Otto Rehhagel und Stürmer Jean-Pierre Papin. Gladbach hingegen ist stark ersatzgeschwächt. Martin Dahlin und Peter Nielsen sind verletzt, Christian Hochstätter fällt kurz vor Spielbeginn aus. Weil Trainer Bernd Krauss kein gelernter Stürmer mehr zur Verfügung steht, sollen sich die Ex-Bayern Stefan Effenberg und Michael Sternkopf das Toreschießen teilen beziehungsweise den Versuch, überhaupt mal eines zu erzielen.

Denn da ist diese unglaublich deprimierende Serie. So nämlich sind die 30 Bundesligaspiele in München zwischen Bayern und Gladbach ausgegangen: 5:2, 4:3, 3:1, 0:0, 1:0, 2:2, 2:0, 3:0, 4:3, 1:1, 4:0, 2:2, 1:1, 3:1, 3:1, 4:0, 1:1, 3:1, 4:0, 4:0, 6:0, 3:1, 1:0, 3:0, 2:0, 4:1, 3:0, 2:2, 3:1, 3:0. 23 Niederlagen und sieben Unentschieden, das ist die Gladbacher Ausbeute. Und nun soll diese Rumpfelf die Millionentruppe schlagen? Haha. Die Fans, allesamt knallharte Masochisten, können es auf den Rängen kaum abwarten, wie ihr Verein mal wieder mit einer Niederlage abfährt. Eigentlich sind die Borussen nur angereist, um sich den Bus mit Weißbier, Weißwurst und Brezeln vollpacken zu lassen. Diese Spezialitäten haben ihnen die Bayern zugesagt, weil die Münchener durch den DFB-Pokalsieg der Borussen einige Monate zuvor noch am UEFA-Pokal teilnehmen durften. Stefan Effenberg verspricht 50 Liegestütze, falls es doch was mit dem Sieg wird.

Es geht gleich wieder typisch los, Bayern stürmt, Gladbach steht tief und hofft auf Konter. Doch nach 20 Minuten läuft Michael Sternkopf über den halben Platz, grätscht den Ball zu Effenberg durch und der schießt den Ball aus 18 Metern in den rechten Winkel zur Führung. Das hat noch nichts zu bedeuten, ganz sicher würde im Gegenzug der Ausgleich fallen. Aber der Ausgleich fällt nicht. Bereits in diesem Spiel deutet sich an, was Bayern die ganze Saison begleiten würde: Die Stars bilden kein Team, und Otto Rehhagel hat sowieso schon mal gar nichts zu melden. Als es nach 81 Minuten noch immer 1:0 steht, schießt Peter Wynhoff dem armen Andreas Herzog den Ball an der Strafraumgrenze in die Füße, und der überwindet Oliver Kahn mit einem sehenswerten Eigentor. Die Gladbacher Fans können es kaum fassen, hier wird Geschichte geschrieben. Würde die Leidenszeit nach 30 Jahren tatsächlich ... in der 90. Minute trifft der eingewechselte Jean-Pierre Papin per Kopf zum 1:2. War ja klar, nun wird es wohl doch nichts. Böse Erinnerungen werden wach an die beiden Partien, in denen Gladbach in der letzten Minute noch den Ausgleich in München kassiert hat. 1975 machte Gerd Müller durch einen Foulelfmeter den Sieg zunichte, 1977 Hans-Jürgen Wittkamp durch ein Eigentor. Aber an jenem 14. Oktober 1995 passiert – nichts mehr. Gladbach siegt mit 2:1, Effenberg und Co. machen ihre Liegestütze vor den Fans und fahren mit dem Spezialitätenbus nach Hause. Bayern verliert auch das Rückspiel gegen Borussia, Meister wird Dortmund, Bayern zweiter, Schalke dritter und Gladbach vierter.

Erst in der Saison 2011/12 gewinnt Borussia wieder in München und gewinnt auch daheim. Meister wird Dortmund, Bayern zweiter, Schalke dritter und Gladbach vierter.

70. GRUND

Weil Borussia nur unter denkwürdigen Umständen zweimal gegen Real Madrid rausflog

Wären die Aufeinandertreffen zwischen Borussia und Real Madrid ein Roman, dann bloß ein kurzer mit vier Kapiteln. Doch dieser Roman gehört zu den dramatischsten Werken, die der Fußball je hervorgebracht hat. Er beginnt mit großer Hoffnung, erzählt dann von Wut und einer Sternstunde und endet im Tal der Tränen.

Kapitel 1: Am 5. März 1976 trifft Borussia im Viertelfinale des Landesmeisterpokals auf Real Madrid. Hinspiel im Düsseldorfer Rheinstadion. Günter Netzer und Paul Breitner spielen auf der Gegenseite. Vor 69.000 Zuschauern bringt Jensen Borussia bereits nach zwei Minuten in Führung, in der 27. macht Wittkamp mit dem Hinterkopf das 2:0. Die Zeichen stehen auf Triumph gegen den Tabellenführer der spanischen Liga. Doch kurz vor der Halbzeit flankt Madrid den Ball in den Strafraum, Kleff rennt aus dem Tor anstatt stehen zu bleiben, Martinez ist vor ihm am Ball und köpft den Anschlusstreffer. In der 61. Minute gelingt Pirri sogar der Ausgleich, als er aus knapp 30 Metern unbedrängt ins Tor schießt.

Kapitel 2: Vor dem Rückspiel ist Borussia klarer Außenseiter, da sie mindestens ein Tor schießen muss. Das gelingt ihr bereits nach 27 Minuten. Mitten in den Optimismus der Madrilenen hinein köpft Heynckes das 1:0. Die Zuversicht kehrt erst wieder zurück, als die Spanier zu Beginn der zweiten Halbzeit ausgleichen. Nach einem Freistoß, der eigentlich ein Eckball war. Doch der niederländische Schiedsrichter Leonardus van der Kroft beweist bald, dass er noch zu viel abenteuerlicheren Entscheidungen fähig ist. 67. Minute: Jensen umkurvt einen Verteidiger und macht das 2:1. Doch van der Kroft hat ein Abseits gesehen. Eine exklusive Meinung, denn Linienrichter Hoppenbrouwer hat nichts gegen das Tor einzuwenden. Das interessiert van der Kroft herzlich wenig, es bleibt beim 1:1. Borussia stürmt weiter. In der 82. Minute flankt Stielike, ein Gladbacher und ein Spanier verpassen den Ball, Wittkamp kommt von hinten angerauscht und macht das 2:1. Doch auf dem Weg zurück in die eigene Hälfte hat nun Hoppenbrouwer Einwände. Handspiel! Auch dieser Treffer zählt nicht, obwohl niemand weiß, von welchem Handspiel er eigentlich spricht. Das Spiel endet 1:1, Borussia scheidet aus.

Kapitel 3: Neun Jahre später. 27. November 1985. Im Achtelfinal-Hinspiel des UEFA-Pokals trifft das Team wieder auf Real, Tabellenführer der spanischen Liga. 35 Minuten lang findet Borussia kein Mittel gegen die tiefstehende spanische Abwehr. Dann schießt Rahn, der Torhüter wehrt ab, Criens erwischt den Ball, bringt ihn knapp vor dem Toraus zurück ins Spiel, Mill steht goldrichtig – 1:0. Es ist der Auftakt zur letzten internationalen Sternstunde der Borussia. Das 2:0 legen sich die Madrilenen selbst ins Tor, das 3:0 erzielt Hans-Jörg Criens, das 4:0 legt Criens für Rahn vor. Das fünfte Tor macht Ewald Lienen in der 82. Minute. Dass Gordillo das zwischenzeitliche 4:1 erzielt hat, stört niemanden so wirklich. 65.000 Zuschauer im Rheinstadion reiben sich die Augen.

Kapitel 4: Rückspiel. Der Hexenkessel Bernabéu-Stadion schüchtert die Borussen von Anfang an ein. Vier Tore muss Madrid mindestens schießen, nach 18 Minuten steht es bereits 2:0. Immerhin gelingt es den Borussen, bis zur 76. Minute das nächste Tor zu verhindern, dann trifft ein Mann namens Santilliana zum 3:0 per Volleyschuss. 93.000 Zuschauer im Stadion schreien noch mal alles aus sich heraus. Madrid braucht noch ein Tor. Es läuft die 89. Minute, Borussia hat es fast geschafft. Weiter Einwurf der Spanier in den Strafraum, Schuss aufs Tor, Sude wehrt ab, Hannes bekommt den Ball, haut ihn aber nicht weg, aus dem Hintergrund rauscht wieder dieser Santilliana heran, stochert sich durch und macht das 4:0. Borussia ist ausgeschieden.

Happy Ends werden überschätzt.

71. GRUND

Weil Borussia-Anhänger sich sogar mit englischen Fans verstehen

Es gibt viele ungeschriebene Gesetze im Fußball, eines der wichtigsten lautet: Deutsche und englische Mannschaften haben sich zu hassen und die Fans sich gegenseitig die Köpfe einzuschlagen. Freundschaft ist nicht möglich nach dem Zweiten Weltkrieg und Wembley-Tor. Bloß Borussia Mönchengladbach kümmert das wenig: Der Verein und mehr noch die Fans pflegen seit Jahrzehnten eine besondere Beziehung zum FC Liverpool.

Ausgerechnet Liverpool. Denn eigentlich legt die Vergangenheit nahe, dass es mit Liverpool alles geben kann, aber mit Sicherheit keine Freundschaft. Schließlich sind die Männer von der Anfield Road für einige der bittersten Stunden der Borussia im Europapokal verantwortlich. Im Mai 1973 treffen die Teams zum ersten Mal aufeinander, im Finale des UEFA-Pokals. Das Hinspiel in Liverpool wird wegen starken Regens abgebrochen und am nächsten Tag erneut angepfiffen. Keegan drückt den Borussen zwei Bälle rein und verschießt noch einen Elfer, am Ende siegt Liverpool mit 3:0. Im Rückspiel reichen Heynckes' zwei Tore nicht aus. Das nächste Spiel ist noch wichtiger. 1977 sind beide Teams gerade wieder Meister ihrer Liga geworden und stehen sich im Finale des Europapokals der Landesmeister in Rom gegenüber. Borussia ist chancenlos. Die Führung kann Allan Simonsen noch ausgleichen. Dann trifft Liverpool erneut. Als Vogts Keegan im Strafraum zu Fall bringt, fällt noch das 3:1. Gladbach verliert das erste und einzige Landesmeisterfinale seiner Geschichte. Ein Jahr später ist Gelegenheit zur Revanche. Die sich Borussia entgehen lässt. Diesmal ist es das Halbfinale im Europapokal der Landesmeister. 2:1 gewinnt die Borussia das Hinspiel in Düsseldorf, das Rückspiel geht selbstverständlich mit 0:3 daneben, Gladbach ist mal wieder raus.

Doch diese Niederlagen sind nicht der Beginn einer Feindschaft, sondern einer denkwürdigen Freundschaft. Schon nach dem Finale der Landesmeister laden die Liverpooler die Borussen ein, mit ihnen zu feiern. Aus Sympathie wird 15 Jahre später so etwas wie Freundschaft, vor allem zwischen den Anhängern. Als 1989 im Hillsborough Stadium 96 Liverpool-Fans sterben, organisieren Borussen-Fans und Manager Grashoff eine Spendenaktion. 1991 reist eine Delegation vom Niederrhein nach Liverpool und überreicht dem Verein bei einer Veranstaltung einen Scheck über 21.000 DM für die Angehörigen der Opfer. Die Anwesenden sind so gerührt, dass der ganze Saal *You'll never walk alone* anstimmt, die Vereinshymne des FC Liverpool. Seitdem fährt jedes Jahr eine Gruppe Borussia-Fans nach Liverpool, um sich ein Ligaspiel anzusehen. Zu ihren Ehren wird in der Halbzeit *Die Elf vom Niederrhein* im Stadion gespielt. Seit 2007 reisen auch Liverpool-Fans zu Spielen der Borussia. 2009 dürfen sie vor der Partie gegen Schalke 04 eine Ehrenrunde mit ihrer Freundschafts-Flagge drehen. Jenes Spiel, das Gladbach in letzter Minute mit 1:0 gewinnt. Zum 110-jährigen Bestehen 2010 spielt Borussia zur Saisoneröffnung selbstverständlich gegen den FC Liverpool.

Mittlerweile ist der Name Liverpool sogar Bestandteil des Mönchengladbacher Stadtplans. Nach anderen großen Gegnern wie Inter Mailand, Roter Stern Belgrad und Twente Enschede sind rund um den Nordpark bloß Straßen benannt worden. Von der Aachener Straße hingegen biegt man kurz vor dem Stadion auf die Liverpooler Allee ab.

6. KAPITEL

TYPISCH BORUSSIA
KURIOSES AUS DEM FOHLENSTALL

72. GRUND

Weil Tante Titti für einen Borussen immer ein Zimmer frei hatte

Vielleicht wäre ohne das Haus an der Karstraße in Mönchengladbach alles anders gelaufen. Vielleicht wären Borussias Jungprofis dann disziplinlose Burschen gewesen oder zumindest todmüde beim Training aufgetaucht. Aber auf jeden Fall hätte Torhüter Uli Sude sonst niemals gemerkt, dass er nicht den Mut hat, einem Vogel den Kopf umzudrehen.

Dies ist die Geschichte einer Frau, die alle nur Tante Titti nannten, obwohl sie in Wirklichkeit Mathilde Bückmann hieß. Zu Beginn der 60er Jahre wurde Tante Titti zur Witwe, ihr Mann, ein Fabrikant, verstarb viel zu früh. Nun wohnte die kinderlose Frau ganz alleine in dem riesigen Haus an der Karstraße. So hatte sie sich ihren Lebensabend nicht vorgestellt. Was also machte eine Dame Anfang 60 aus Gladbach mit einem viel zu großen Haus? Richtig, sie traf eine Abmachung mit der Borussia, die ungefähr so lautete: Schickt mir eure Neuzugänge von außerhalb. Ich bringe sie günstig unter und passe auf, dass sie keinen Blödsinn anstellen.

So wurde das Haus zum ersten Fußballinternat Deutschlands, noch bevor es überhaupt Fußballinternate gab, und blieb es fast bis zu Bückmanns Tod Ende der 80er. Andere Vereine brachten ihre neuen Spieler im Hotel unter, die familiäre Borussia machte es mal wieder anders. Rainer Bonhof, Wolfgang Kleff, Allan Simonsen, Uwe Rahn, Uli Stielike, Armin Veh, Uli Sude, Stefan Effenberg – sie alle belegten dort Monate oder Jahre eines der karg eingerichteten Zimmer. Bett, Kleiderschrank, Waschbecken, Tisch – eine Luxusherberge war es nicht, aber es reichte für die Bedürfnisse der Fußballer.

Auch Rudi Gores zog Ende der 70er anderthalb Jahre in die Casa Bückmann, 150 DM zahlte er pro Monat für Kost und Logis. Seine Mitbewohner hießen Armin Veh und Uli Sude. Wenn Gores heute von Tante Titti erzählt, dann mit Respekt. Eine stets adrett gekleidete Dame sei sie gewesen, eine Frau, die ein offenes Ohr für ihre Schützlinge hatte, die hervorragende Hausmannskost zum Abendessen kochte, die mit den Bewohnern Eis essen ging, wenn es mal schlecht lief, aber auch eine Frau, die ein strenges Regiment führte. »Um 21.00 Uhr war Sperrstunde«, sagt Gores. Kam jemand später, wusste der Trainer am nächsten Tag Bescheid. Denn stets hatte Tante Titti das Wohl ihrer Borussia vor Augen, sie war Fan, bei jedem Heimspiel im Stadion. Andere Frauen sah Tante Titti sehr ungern in ihrem Haus. »Sagen wir es mal so: Sie war nicht unbedingt eine Anhängerin von Spielerfrauen«, erzählt Gores. Die lenkten ihre Jungs bloß ab.

Wie groß der Respekt vor Tante Titti war, zeigt die Geschichte mit dem Kanarienvogel: Eines Tages war Tante Titti außer Haus. Plötzlich kam die Putzfrau völlig aufgelöst zu Rudi Gores und Uli Sude gelaufen. Um den Vogelkäfig zu reinigen, hatte sie das untere Fach herausgezogen, dabei aber das Bein des Tieres eingeklemmt. Gores und Sude sahen sich den blutenden Vogel an und wussten: Der ist hinüber. Die Putzfrau fürchtete, ihren Job zu verlieren, wenn die Sache rauskam. Die Jungfußballer übernahmen das und knobelten aus, wer dem Vogel Sterbehilfe leistete. Sude verlor, doch dann verließ ihn der Mut. Gores sprang für ihn ein, nachdem er Sude das Versprechen abgerungen hatte, ihm dafür ein Steak auszugeben. Im Anschluss begruben sie das Tier im Garten. Als Tante Titti nach Hause kam, erzählten sie ihr, dass der Vogel tot im Käfig gelegen habe, und kauften ihr wenig später einen neuen. Die Wahrheit kam nie ans Licht. Bis jetzt.

73. GRUND

Weil das Denkmal für Borussias größte Helden überhaupt nicht heldenhaft ist

Kunst kommt nicht von Können. Kunst kommt von Wollen. Deshalb lautet die Frage: Was will uns der Künstler Bonifatius Stirnberg damit sagen? Also *damit*. Diesem ... nun ja ... Denkmal, das an Borussias Helden erinnert.

Eicken ist ein Stadtteil im Nordosten Mönchengladbachs und die Heimat der Borussia. Hier wurde der Verein vor über 110 Jahren gegründet, hier stand das Bökelbergstadion. Und hier steht seit 1981 ein Bronzedenkmal, das an Borussias Größte erinnert. Die Stadtsparkasse hat es gestiftet und möglicherweise nicht zufällig gegenüber einer Filiale platziert. Auf der anderen Straßenseite steht die Gaststätte Alt Eicken, jahrzehntelang Borussias Vereinslokal. Um eine Halbkugel, auf der ein Ball liegt, sind drei knapp einen Meter hohe Figuren platziert. Sie sind am Steißbein mit aus dem Boden herausragenden Stangen befestigt, so dass sie in der Luft zu schweben scheinen. Sie tragen Fußballkleidung, sämtliche Glieder sind durch Gelenke verbunden, man kann deshalb allen möglichen Quatsch mit ihnen anstellen.

Und wer sollen diese Figuren sein? Berichten zufolge Günter Netzer, Berti Vogts und Hacki Wimmer, allesamt Mitglieder in Borussias Jahrhundertelf. Vogts ist immerhin noch an der Nase und seiner Frisur zu erkennen, Netzer bloß an der Mähne und Wimmer mit viel Fantasie an seinem gekräuselten Haar. Doch weil sich sowohl in den Zahnlücken als auch an den Augenrändern weiße Farbe abgesetzt hat, erinnert er an ein fies grinsenden Skelett aus der Geisterbahn. »Gleich fress ich dich! Hahahahahaha....« Netzer hingegen schaut eher so drein, als würde er sich vor genau jenem Wimmer erschrecken, und Berti Vogts sieht einfach nur traurig aus, wenn man seinen Kopf nach unten wendet. Man könnte glatt auf die Idee kommen, hier sollten drei Helden verspottet und nicht verehrt werden. Zumal das Denkmal so wenig Respekt einflößt, dass Unbekannte Günter Netzer im November 2011 den linken Arm abrissen. Ein halbes Jahr dauerte es, bis er wieder repariert war.

Vielleicht hat der Künstler es aber ganz anders gemeint. Vielleicht zeigt dieses Denkmal: Auch Borussias Helden sind bloß Menschen. Man kann sie anfassen, man kann ihnen die Gelenke verrenken, sie sehen nicht auf den Betrachter herab und sie haben Schwächen wie du und ich. Sie haben Farbe zwischen den Zähnen, eine große Nase und Angst. Borussia hat keine strahlenden Helden, weil Mönchengladbach auch keine strahlende Stadt ist. Jeder deutet die Kunst, wie sie ihm gefällt.

Nicht schön zu interpretieren ist allerdings das Denkmal 100 Meter weiter. 2010 ließ die spendable Borussia dort einen zehn Tonnen schweren Granit-Fußball per Kran auf einen Sockel plumpsen. 1,80 Meter beträgt der Durchmesser, weil das auch Netzers Körpergröße ist. Um den Sockel herum sind in Eisen der Vereinsname und die Triumphe inklusive der Jahreszahlen eingraviert. Platz für weitere Titel haben sie nicht gelassen.

74. GRUND

Weil Ewald Lienen für die Friedensliste kandidierte

Am 20. März 2003 wird aus dem gemäßigten Trainer Ewald Lienen wieder ein Rebell. Gerade haben die USA den Dritten Golfkrieg begonnen, Ewald Lienen aber soll sich in der Pressekonferenz zum anstehenden Spiel seiner Borussia gegen den Hamburger SV äußern. »Ich habe nicht einen Zentimeter Lust, über Fußball zu sprechen«, sagte er und verurteilt die Bombardierung des Iraks: »Das ist ein Rückfall ins Mittelalter und absolut menschenverachtend.« Sogar zu Protesten ruft er auf: »Alle Deutschen sollten die Arbeit niederlegen.« Am Ende legt niemand seine Arbeit nieder, Borussia spielt gegen den HSV und gewinnt 2:0.

Es hat in der Bundesligageschichte viele Profis gegeben, die wegen ihrer Tore oder ihrer Frisur aufgefallen sind, aber es gibt nur sehr wenige, die mit ihrer politischen Haltung auf sich aufmerksam gemacht haben. Die meisten reden einfach nicht darüber. Ewald Lienen war da anders. Sehr anders. 1977 kommt der Dribbler zur Borussia und bald schon stellt der Verein fest, dass Lienen nicht nur auf dem Platz links außen steht. Er trägt lange Haare, ein Lenin-Bärtchen, verstößt gerne gegen die Kleiderordnung, diskutiert mit dem Trainer über den Sinn von Übungen, kritisiert den Transfermarkt, isst Müsli, als Fußballer sich noch kaum mit dem Thema Ernährung beschäftigen, studiert Sozialpädagogik und gibt keine Autogramme, weil er sich nicht für wichtig hält. Eigentlich will er gar kein Profifußballer sein und rechtfertigt die gut bezahlte Ausübung seines Berufes nur damit, dass er seinen Bekanntheitsgrad nutzen kann, um die Welt zu verändern. Lienen ist irgendetwas zwischen Öko und Kommunist, so genau weiß er das vermutlich selbst nicht.

1981 hat er bereits genug vom Profifußball und will sich wieder stärker seinem Studium widmen. Doch weil eine Maklerin mit seinem Barvermögen durchbrennt, muss er doch weiterspielen. Nach zwei Jahren Bielefeld kehrt er zur Borussia zurück und hat sich kein bisschen verändert. Er schließt sich der Bewegung »Sportler für den Frieden an«. Als er das Tor des Monats schießt und er dafür in die *Sportschau* kommen soll, weist ihn der WDR-Redakteur an, nicht schon wieder diesen Pullover anzuziehen mit dem Spruch »Sportler gegen Atomraketen – Sportler für den Frieden« wie bei seinem letzten Auftritt. Lienen ist stinksauer über diese Anweisung, am Ende darf er einen Button tragen.

Wer so viel Sendungsbewusstsein hat, will irgendwann selbst in die Politik. 1985 lässt Lienen sich bei den NRW-Landtagswahlen für die Friedensliste aufstellen, einem Bündnis linker Parteien, das der Deutschen Kommunistischen Partei nahesteht. DER SPIEGEL zitiert Lienen mit den Worten: »Die Bundesliga lenkt mit ihrer Präsentation in den Medien die Menschen von den wirklichen Problemen ab. Da kommt Rudi Völlers Grippe eine größere Bedeutung zu als Hochrüstung und Massenarbeitslosigkeit.« Sein Verein ist zwar nicht unbedingt begeistert, trotzdem sagt Trainer Jupp Heynckes im SPIEGEL: »Wenn ein Cowboy und Schauspieler Präsident der Vereinigten Staaten sein kann, dann kann ein politisch so engagierter Mann wie Ewald Lienen ja wohl für den Landtag kandidieren.«[21] Zumal ja auch nie die Gefahr besteht, dass er den Einzug in den Landtag schafft. Die Friedensliste holt zwar die fünftmeisten Stimmen, das sind aber bloß 0,65 Prozent. Also spielt Lienen weiter Fußball, bleibt aber politisch und gründet 1987 mit Benno Möhlmann und Frank Pagelsdorf die Vereinigung der Vertragsfußballspieler, die bis heute existiert.

Die Jahre als Trainer allerdings haben ihn gemäßigt. Schon vor zehn Jahren ließ er in einem Interview mit der ZEIT durchblicken, dass er sich mit dem Profifußball arrangiert hat. »Wer sich den ganzen Tag mit Fußball beschäftigen will, der soll es tun. Ich tue es auch. Wir können ja nicht nur den ganzen Tag das Bruttosozialprodukt steigern oder Friedensdemonstrationen machen.«[22]

75. GRUND

Weil Heppos Frauen die besten sind ●

Der Mann, dessen Vater Geschichte geschrieben hat, sitzt an seinem Schreibtisch und raucht. Und raucht. Und raucht. Unter seinem Hemd zeichnet sich der Stolz eines engagierten Biertrinkers ab. Er trägt Bart. Spricht er, dann mit dem Bass einer Metal-Band. Wenn sich ein Regisseur einen Bordellbesitzer ausdenken würde, käme Fred Baltes dabei heraus. Das wird ihn nicht stören, denn Baltes,

Jahrgang 1967, ist Bordellbesitzer. Er hat den Betrieb von seinem Vater Herbert übernommen, der vor fast 15 Jahren gestorben ist. Er darf sogar ausbilden. Im kaufmännischen Bereich.

Was das mit Borussia zu tun hat? Fred Baltes gehört nicht irgendein Bordell, sondern das Harem in Arsbeck, einem Stadtteil von Wegberg in der Nachbarschaft von Gladbach. Sein Vater trug den Spitznamen Heppo. Allmählich klingelt's, oder?

1973 eröffnet Heppo das Harem, es sind keine 25 Kilometer bis zum Bökelberg, nicht weit genug, um den Kontakt zwischen Verein und Etablissement zu verhindern. Fußball und Rotlicht, das passt sowieso, weil Männer und Rotlicht zusammengehören. Man bekommt miteinander zu tun, die Borussia und der Heppo, man verbringt Zeit miteinander und irgendwann Ende der 70er denkt sich Heppo: Warum mache ich nicht mal Werbung für mein Bordell im Bökelbergstadion? Der Verein ist einverstanden und das am hochkatholischen Niederrhein. Es braucht nur noch einen Slogan. So erfindet Heppo diesen Zweizeiler: »Ob Norden, Süden, Osten, Westen – Heppos Frauen sind die besten.«

Fortan sagt ihn der Stadionsprecher zu Beginn jeder Halbzeitpause auf. 26 Jahre lang. Die Dauerkarteninhaber werden ihn ein Leben lang nicht mehr aus dem Kopf bekommen, viele sprechen ihn im Stadion mit, in Gladbach wird er auf ewig bekannter sein als jeder Spruch von Nike oder Perwoll. Es entsteht sogar ein Fanclub im Bordell, Heppos Stuten. Zu Beginn heißt es in der Werbung noch »neben der Kirche«, aber das, sagt Sohn Fred, fand die Kirche überhaupt nicht gut, also heißt es später »im Zentrum«. Die Kirche allerdings ist das Zentrum, Arsbeck ist ein Dorf, keine Metropole.

Doch als das neue Stadion kommt, will der Verein plötzlich nicht mehr 2.000 DM pro Jahr, sondern das doppelte, sagt Fred. Er lehnt ab, der Nordpark wird heppo-frei, und Fred geht jahrelang nicht ins Stadion. Es enttäuscht ihn, wie der Verein mit treuen Geschäftspartnern umgeht. Erst als sein Sohn fußball- und damit borussiaverrückt wird, gibt er nach. Seitdem ist er wieder bei fast jedem

Heimspiel dabei, auch wenn er die meisten Spieler für Söldner hält und gerne gegen den Verein grollt. »Schreiben Sie: Die Spieler sind wie die Damen in seinem Etablissement. Sie tun es nur fürs Geld.« Okay, Herr Baltes. Dafür legen Sie aber mal die Karten auf den Tisch. Haben Borussen je das Harem betreten? »Ich möchte niemandem auf den Schlips treten, aber bei Borussia kennt man das Harem in- und auswändig.«

76. GRUND

Weil Dirk Heyne der einzige Fußballspieler ist, der durch einen Pfostenschuss zum Helden wurde

Wer sich dazu entschließt, Torhüter bei Borussia Mönchengladbach zu werden, sollte sich zugleich dazu entschließen, Exzentriker zu werden. Wolfgang Kleff, Uwe Kamps, Jörg Stiel, Logan Bailly – sie alle waren auf ihre Art ein wenig bis sehr verrückt. Dirk Heyne gehört nicht zum Lager der Exzentriker, als er sich am 3. Oktober 1992 gegen 17.15 Uhr dazu entschließt, in den Strafraum von Bayern München zu rennen. Es läuft die Nachspielzeit, Borussia liegt mit 1:2 zurück und hat nur noch diesen einen Eckball. Damals ist es noch nicht üblich, dass Torhüter kurz vor Schluss mit nach vorne laufen. Was also hat er da zu suchen und wo ist überhaupt Uwe Kamps? Ein paar Sekunden später fragt sich das niemand mehr.

Als 1989 die Mauer fällt, sind es nicht zuerst die Fußballspieler, die sich auf den Weg an den Niederrhein machen. Es sind die Fans. Manager Helmut Grashoff hat versprochen: Wer seinen DDR-Ausweis vorlegt, erhält eine Freikarte. Während andere Bundesligisten sich sofort die Top-Spieler angeln, hält sich Borussia zurück. Erst 1991 wechselt ein Hüne von mehr als 1,90 Meter an den Niederrhein. Mehr als ein Jahrzehnt ist Dirk Heyne beim 1. FC Magdeburg Stammtorhüter gewesen.

Als er mit seinem Verein die Qualifikation für die 1. und 2. Bundesliga verpasst, wechselt er mit 33 Jahren zu Borussia Mönchengladbach. Im ersten Jahr spielt er bloß für die Reserve, auch in der zweiten Saison hat er zunächst keine Chance, an Uwe Kamps vorbeizukommen. Doch als der in eine Formkrise gerät, ist Heynes Chance gekommen. Am Jahrestag der Wiedervereinigung läuft er gegen Bayern München im Olympiastadion auf. Es ist sein erstes von 24 Bundesligaspielen. Bayern ist Tabellenführer, Borussia Vorletzter. Seit fast elf Jahren haben die Gladbacher keinen Punkt mehr in München geholt, warum also ausgerechnet heute? Es geht sensationell los, als Hans-Jörg Criens in der 26. Minute per Kopf die Führung erzielt. Doch als Olaf Thon kurz nach Beginn der zweiten Halbzeit per Handelfmeter ausgleicht, scheint die Sache mal wieder für Bayern München zu laufen. Zumal Gladbach wegen eines Platzverweises in Unterzahl spielt. Es dauert immerhin bis zur 89. Minute, ehe Thomas Helmer das 2:1 macht. Gut gekämpft, trotzdem verloren – so ist das, wenn Borussia beim einstigen Rivalen antritt.

Doch dann erhält das Team noch diesen einen Eckstoß. Kastenmeier tritt ihn von rechts, der Ball landet eher unbeabsichtigt vor Heyne. Der hämmert ihn aus knapp acht Metern per Dropkick – gegen den Pfosten. An dieser Stelle hätte er der Pechvogel des Tages werden können, wie er gleich in der Woche darauf zum Pechvogel wird, weil er sich vorm nächsten Spiel verletzt und deshalb Wochen vergehen, bis er wieder im Tor steht. Seine Verletzungen sind es schließlich auch, die ihn zum Karriereende zwingen und somit das Duell auf Augenhöhe mit Uwe Kamps vorzeitig beenden. Doch an jenem 3. Oktober 1992 ist der Pfosten sein Freund, weil der Ball Martin Max vor die Füße fällt, der nur noch zum Ausgleich abstauben braucht. Später zeigt die Sendung *Ran* nicht Max, wie er jubelnd Richtung Eckfahne rennt. Sondern Heyne, der zur Trainerbank spurtet. Denn alle wissen: Das Tor hat er geschossen.

77. GRUND

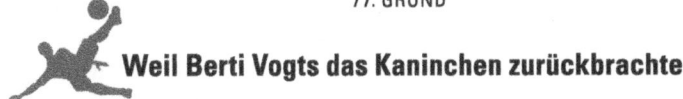

Weil Berti Vogts das Kaninchen zurückbrachte

Sehr geehrter Herr Vogts,

ja, Sie haben richtig gelesen. Nicht »Lieber Berti«, sondern »Sehr geehrter Herr Vogts«. Das drückt den Respekt aus, den ich für Sie empfinde. Es fällt mir schwer, diesen Brief zu schreiben, weil die Gefahr besteht, dass Sie ihn falsch verstehen. Bitte begreifen Sie aber keines der folgenden Worte als Spott, sondern als Zeichen meiner Aufrichtigkeit.

Wenn Sie ein Journalist am Ende Ihres Lebens fragt, an was sich die Menschen erinnern sollen, wenn sie sich an Berti Vogts erinnern, werden Sie mit Sicherheit Ihre sportlichen Triumphe aufzählen. Die sind in der Tat beeindruckend. Sie haben von 1965 bis 1979 für Borussia Mönchengladbach gespielt, ihre gesamte Profikarriere verbrachten Sie dort. Sie absolvierten so viele Erstligaspiele wie kein anderer für den Verein, 419 waren es. Sie holten in dieser Zeit so ziemlich alles, was sich holen ließ. Sie wurden fünf Mal Deutscher Meister, zweimal UEFA-Pokal-Sieger, einmal DFB-Pokalsieger. 1972 wurden Sie Europameister, 1974 Weltmeister. 1971 und 1979 wurden Sie Deutschlands Fußballer des Jahres. Man nannte Sie den *Terrier*, weil Sie immer hart an der Grenze des Erlaubten spielten und niemals vom Gegner abließen. Sie waren einer der besten Verteidiger der Welt. 1996 führten Sie Deutschland als Bundestrainer zum Gewinn der Europameisterschaft. Seitdem hat die Nationalelf keinen Titel mehr geholt.

Doch die Welt ist ungerecht. Die Welt wird sich in 50 Jahren nicht mehr an diese Erfolge erinnern, sie erinnert sich bereits jetzt kaum noch daran. Weil sie sich am liebsten immer an das Schlechte erinnert. Sie wird sich zum Beispiel daran erinnern, wie die

BILD-Zeitung nach dem WM-Aus 1994 ein Rücktrittsgesuch auf ihre Titelseite druckte und Sie aufforderte, es zu unterschreiben. Sie wird sich an die relativ erfolglosen Trainerposten in Kuwait, Schottland, Nigeria und Aserbaidschan erinnern. Sie wird sich daran erinnern, wie Stefan Raab 1994 *Böörti Böörti Vogts* sang und darin unter anderem fragte: »Wer ist der schönste Trainer der Stadt? (...) Und wer schleppt die geilsten Weiber ab? (...) Wer sieht hinten aus wie vorn? Und wer darf in der Nase bohr'n?« Und der Gipfel der Unverschämtheit: »Wer muss schon um acht ins Bett?« Es war Stefan Raabs erster Hit. Sie haben Stefan Raab berühmt gemacht. Sie haben damit quasi auch den *Eurovision Song Contest* gewonnen, schließlich hätte Raab sonst nie Lena entdeckt. Hat er sich je bei Ihnen bedankt?

Ich aber werde mich an etwas anderes erinnern. Nicht an die sportlichen Triumphe, denn die liegen für mich viel zu weit zurück. Ihre Erfolge als Spieler habe ich um mehr als zehn Jahre verpasst. Aber auch nicht an die sportlichen und persönlichen Tiefschläge. So einer bin ich nicht. Nein, es ist jener Gastauftritt in der 403. Folge des *Tatorts* aus dem Jahr 1999. Es zerreißt mir das Herz, wenn ich nur daran denke. Dort setzt der kleine Axel sein Kaninchen vor die Tür, dreht danach alle Knöpfe am Gasherd auf und legt sich wieder schlafen. Sie aber, der Nachbar, finden das Kaninchen, nehmen es in den Arm und klopfen an die Terrassentür. Der Freund von Axels Mutter öffnet. Sie geben ihm das Kaninchen zurück und sagen dann: »Es riecht nach Gas«. Der ahnungslose Mann dreht sofort den Herd ab und schiebt die Schuld auf die Handwerker.

Bevor Sie gehen, sagen Sie etwas holprig, aber so aufrichtig: »Gib dem Kaninchen eine Möhre extra. Es hat uns das Leben gerettet. Tschüss.« Wäre es nicht schön, wenn Sie der Welt so in Erinnerung blieben?

78. GRUND

Weil Borussia wegen Kiffens der letzte Pokalsieg aberkannt wurde

Es gibt zwei Arten von Dopingsündern: Die, die es mit Absicht tun, sind dreist. Die, die es aus Versehen tun, sind Pechvögel. Und deshalb fällt es schwer, ihnen böse zu sein. Quido Lanzaat, der einzige Dopingfall in der Geschichte von Borussia Mönchengladbach, ist einer von ihnen.

Im Januar 2000 tritt Borussia Mönchengladbach zum DFB-Hallen-Pokal in München an. Der damalige Zweitligist hat sich die Teilnahme durch den Sieg in einem Qualifikationsturnier gesichert. So richtig Lust hat keiner der Teams auf die Veranstaltung, die Trainer fürchten Verletzungen, die in der Vorbereitung auf die Rückrunde nicht gerne gesehen sind. Aber der DFB will es so. Gladbach gurkt sich durch zwei Unentschieden in der Vorrunde, gewinnt im Viertelfinale durch Elfmeterschießen gegen 1860, schlägt im Halbfinale Bayern München mit 3:2 und steht im Endspiel dem Zweitligisten Greuther Fürth gegenüber. Auch dieses Spiel gewinnt Gladbach mit 3:2 und holt sich nach dem DFB-Pokal 1995 mal wieder einen offiziellen Titel. Also fast. Denn Trainer Hans Meyer hält es für eine gute Idee, den Niederländer Quido Lanzaat für ein paar Minuten spielen zu lassen. Der 20-jährige Verteidiger aus der Ajax-Schule ist erst Anfang Januar zur Borussia gewechselt.

Prompt muss ausgerechnet Lanzaat zur Pinkelprobe, im Februar gibt das Institut für Biochemie in Kreischa sinngemäß bekannt: Ihr glaubt es nicht, aber der Holländer hat gekifft. Lanzaat beteuert seine Unschuld, er habe noch nie in seinem Leben einen Joint geraucht, Gladbach sperrt ihn vorsorglich für den Profi-Kader, Hans Meyer sagt laut SPIEGEL-Online damals: »Ich schließe aus, dass es Zahnpasta war.«[23]

Schließlich räumt Lanzaat in den Verhandlungen mit dem DFB ein, in der Silvesternacht zwei Joints geraucht zu haben, damals noch in Diensten von Amsterdam und frei von jeder Ahnung, bald bei Borussia zu spielen. Der DFB erkennt an, dass Cannabis in Holland nicht verboten ist und sperrt ihn nur wegen unsportlichen Verhaltens für acht Wochen. Greuther Fürth hingegen reicht das nicht. Der Verein pocht auf Doping und Titelentzug. In völliger Ignoranz der Tatsache, dass Cannabiskonsum die Leistungsfähigkeit eines Menschen eher schwächt als erhöht, legt Fürth Protest ein und bekommt schließlich Recht. Lanzaat wird für drei Monate gesperrt, Gladbach der Titel aberkannt. Außerdem muss der Verein die Siegprämie zurückgeben und verliert die automatische Qualifikation für den nächsten Hallenpokal, die mit einer Antrittsprämie von 200.000 DM verbunden ist.

Richtig viel Spaß haben Lanzaat und Gladbach nicht mehr aneinander. In zwei Jahren spielt er nur elfmal für Borussia, wechselt dann zu Aachen und landete über 1860 München, Duisburg, Sofia und Carl Zeiss Jena bei Wehen Wiesbaden. Dort ist sein Vertrag 2012 ausgelaufen. Borussia wartet weiterhin auf den nächsten offiziellen Titel und hat bloß dreimal den Wintercup der Stadtwerke Düsseldorf für sich entschieden. Den wird man in Gladbach in ein paar Jahren genauso vergessen haben wie den Gewinn des Kirin Cups von 1978, den eine japanische Bierbrauerei gestiftet hatte. Alkohol steht zum Glück nicht auf der Dopingliste.

79. GRUND

Weil man wegen Borussia sogar Scooter lieben muss

Es muss furchtbar sein, als Fan der Gästemannschaft im Nordpark zu sein. Nicht nur, weil es dort wenig zu holen gibt. Nein, wenn die Borussia ein Tor schießt, dann ertönt auch noch dieses »Döp döp

döp«, und alle singen mit. »Döp döp döp« ist ein kurzer Ausschnitt aus dem Song *Maria (I Like It Loud)* der Kirmes-Techno-Giganten von Scooter. Er ist wie so viele Scooter-Songs nüchtern betrachtet von fragwürdiger Qualität, aber in der Lage, Massen zu befeuern, wenn man ihn nur penetrant genug spielt. Damit hat es »Döp döp döp« zur bekanntesten und zugleich am meisten gehassten Torhymne der Bundesliga geschafft.

Es hat auch mit Penetranz zu tun, dass es »Döp döp döp« überhaupt zur Torhymne gebracht hat. Im Sommer 2005 trafen sich wieder einmal die Borussia-Fanclubs zu ihrer Deutschen Meisterschaft. Dort spielte ein Fan die ganze Zeit eben jenes *Maria (I Like It Loud)* beziehungsweise jenen berüchtigten Schnipsel, und es kam mit jedem Mal besser an. Er schlug dem Fanbeauftragten von Borussia, Thomas »Tower« Weinmann, vor, es als Torhymne für die Bundesliga zu verwenden. Der fragte sich: Wenn »Döp döp döp« schon bei der Fanclub-Meisterschaft so gut ankam, wie würde dann erst ein ganzes Stadion darauf reagieren? Er trug den Vorschlag an die Vereinsführung heran. Ein paar Wochen später lief es zum ersten Mal nach einem Tor der Borussia. Seitdem ist es für Gladbach-Fans keine Option mehr, Scooter zu hassen.

Auch das zweite musikalische Erkennungszeichen von Borussia hat es zu Ruhm gebracht: die Vereinshymne *Elf vom Niederrhein*, die stets unmittelbar vor dem Anpfiff gespielt wird, mit dem zum Kult gewordenen Refrain »Ja wir schwören Stein und Bein, auf die Elf vom Niederrhein, Borussia unser Dream-Team, denn du bist unser Verein!«

Anfang der 90er hatte Rüdiger Nau, ein Borussia-Fan aus Marburg, genug von der seichten Fanmusik, die am Bökelberg lief. Diesen Schlager wollte er nicht mehr hören, also schrieb er einfach einen eigenen Song und nahm ihn mit ein paar weiteren Musikern auf. Nachdem die Band mit ihrer Demo-CD bei Borussia nicht weit kam, ging sie zum Fanprojekt und durfte das Lied noch einmal aufnehmen. Bald wurde es im Stadion gespielt. Doch es war eine andere Version, die es zu Ruhm brachte. Der Band des Fanprojekts, B.O., war der Song etwas zu soft. Thomas Weinmann, nicht nur Fanbeauftragter, sondern auch Schlagzeuger von B.O., fand: »Es war okay, aber nicht massentauglich.« Also coverte die Band das Stück, das nun viel stärker nach Mitsing-Rock im Stile der Toten Hosen klang.

Zunächst allerdings lief die Hymne nicht direkt vor dem Anpfiff, sondern eine Viertelstunde früher. Dann aber beschloss der neue Trainer Dick Advocaat, dass Gladbach einen Song brauchte, wenn die Mannschaft auf den Platz kam. Das kannte er aus seiner Zeit bei den Glasgow Rangers. So wie in Schottland wollte er auch für seinen neuen Verein Tina Turners *Simply the Best* nehmen. Bei den entscheidenden Beratungen wurde Thomas Weinmann dazugeholt. Der war völlig entsetzt, als er von Advocaats Tina-Turner-Plänen hörte. Also fragte der Niederländer Advocaat: »Hast du ein Lied, wo dem Gegner de Beine schlottere vorm Spiel?« Das hatte er allerdings: das seiner eigenen Band. Ein paar Monate später war Dick Advocaat schon wieder weg, *Die Elf vom Niederrhein* aber läuft bis heute direkt vorm Anstoß.

80. GRUND

Weil Borussias Stadionsprecher Sportschaumoderatoren wurden oder Punks geblieben sind

Wikipedia weiß fast alles. Wann wer welchen Film gedreht hat, wie viele Kinder dieser und jene deutsche Promi hat und was das Nationalgericht von Bolivien ist. Wikipedia weiß auch vieles von Torsten Knippertz. Zum Beispiel, dass er 1970 in Mönchengladbach geboren wurde, dass er beim Lokalradiosender Radio 90,1 seine Karriere begann, dass er auch für 1LIVE und Radio Köln arbeitete, dass er Schauspieler und Moderator ist. Und dass er von 1999 bis

2001 Stadionsprecher von Borussia Mönchengladbach war und es seit 2006 wieder ist. Eines aber weiß Wikpedia nicht: Dass Torsten Knippertz ein dunkles Geheimnis hat. Nein, nicht dass er unter dem Namen Knippi & de Jünters Karnevalsmusik für Borussenfans macht. Das weiß Wikipedia. Knippertz, der in Gladbach nur Knippi heißt und als Stadionsprecher ein eher heiterer Zeitgenosse ist, spielt in einer Punkband, einer richtig harten. Es ist keine Jugendsünde, er tut es noch immer.

Die Band heißt Die Strafe, wurde Anfang der 90er Jahre gegründet, hat drei Mitglieder und sogar einen eigenen Wikipedia-Eintrag. Dort heißt Torsten Knippertz allerdings nur Torsten Strafe. Ihr erstes Album trägt den Titel *Strafe muss sein*, ihr größter Hit ebenso. Geschrieben hat ihn Knippi, Sänger und Gitarrist der Band, und er beginnt mit den Zeilen »Wenn du Böses tust / und du wirst dabei erwischt, / gibt es leider keine andere Möglichkeit, // Daumenschrauben, Folterbank / und andere schöne Dinge / stehen alle exklusiv für dich bereit«.

Das ist zum Glück nicht hundertprozentig ernst gemeint, Die Strafe spielt zwar ziemlich harten Punkrock, aber mit Augenzwinkern. Wie sonst ist ein Albumtitel zu erklären wie *Henry mit dem Spaten*? Oder der großartige Steckbrief von Knippertz auf der Website der Band: »Alter: sitzt im Knast / Fachgebiet: Prägerontologische Demenz / Lieblingszeit: Später / Lieblingszahl: 6:0«.[24] Anlässlich des 20-jährigen Bestehens gab die Band dem Fanzine *Useless* ein Interview. Der Journalist fragte die Musiker, ob die Konzerte noch genau seien wie früher, wenn sie auf die Bühne gehen. Knippi antwortete: »Was heißt gehen, heute schieben uns unsere Pfleger.«[25]

Bevor Torsten »The Punisher« Knippertz 2006 sein Comeback als Stadionsprecher gab, brachte ein anderer die Fans drei Jahre lang in Stimmung: Matthias Opdenhövel. Jawohl, *der* Matthias Opdenhövel. Der kam auch 1970 zur Welt, allerdings in Detmold. Da blieb ihm nichts übrig, als in die weite Welt zu fliehen. Bevor er am

Bökelberg und im Nordpark den Entertainer gab, übte er erst mal im Privatfernsehen. Viva-Moderator, *Bitte lächeln* bei RTL 2, Frühstücksfernsehen bei Sat.1, ein Musikquiz auf Vox. Als er zu Borussia kam, waren viele misstrauisch, schließlich war das der Kerl, der Videos von stolpernden Kindern gezeigt hatte. Als er ging, bedauerten das viele. Weil er eben die nötige Respektlosigkeit an den Tag legte, ohne gleich fies zu werden.

Das war die perfekte Vorbereitung für seine nächste Aufgabe, die Moderation der Sendung *Schlag den Raab*. Nicht nur einmal wies er den nicht gerade schüchtern auftretenden Raab in seine Schranken, wenn der es mal wieder übertrieb. So wurde er zum heimlichen Star der Show. Es brauchte schon das ungefähr beste Angebot im deutschen Fernsehen, um ihn von dort wegzulocken. Das machte ihm die ARD 2011, als sie ihm vorschlug, die heiligste Fußballsendung im Deutschen Fernsehen zu moderieren: die *Sportschau*. Seitdem begrüßt uns samstagabends regelmäßig ein bekennender Borussia-Fan zur Spieltagszusammenfassung. Sein dunkles Geheimnis kennt Wikipedia schon: Er wohnt in Köln.

81. GRUND

Weil sich Andreas Cüppers sonst nicht heiser gebrüllt hätte

Es gibt Spiele, bei denen schreibt der Kommentator ebenso Geschichte wie das, was sich auf dem Platz zuträgt. Ein solches Spiel war die Partie zwischen Borussia Mönchengladbach und Schalke 04 am 10. Mai 2009. Am 31. Spieltag brauchte Gladbach dringend einen Sieg, um die Abstiegsränge zu verlassen. Der 23-jährige Andreas Cüppers kommentierte das Spiel aus dem Stadion für den Lokalradiosender 100'5 Das Hitradio. 89 Minuten ließ Schalke kaum etwas zu. Dann kam die 90. Minute.

Drei Minuten vor Schluss hat dein Sender beim Spielstand von 0:0 zum letzten Mal zu dir ins Stadion geschaltet. Hast du dir noch was ausgerechnet für Borussia?
Nein. Nach dem verschossenen Elfmeter von Marin war ich davon überzeugt, dass Gladbach dieses Spiel nicht gewinnen würde. Wenn, dann war Schalke noch für ein Tor gut.

Es kam anders. Beschreib doch noch mal den entscheidenden Spielzug.
Tomáš Galásek, der fast einen Libero gab, spielt diesen weiten, hohen Pass vom eigenen Strafraum zu Oliver Neuville auf den rechten Flügel. Der war damals bloß noch Ergänzungsspieler. Neuville passt den Ball in die Mitte zu Colautti, ausgerechnet Colautti, der in der Saison noch keinen Treffer erzielt hat. Der nimmt den Ball an und schießt ihn absolut überzeugend an Manuel Neuer vorbei ins Tor.

Und du bist, man muss es so sagen, völlig ausgerastet und hast den Rest des Spiels nur noch schreiend kommentiert.
Das ganze Stadion ist ausgerastet, auch auf der Pressetribüne war niemand mehr zu halten. Der Moment des Überlebens ist eben der, der die größte Freude hervorbringt. Neben mir saß mein Vater, ein eingefleischter Borusse, der eigentlich ein eher ruhiger Vertreter ist. Selbst der verlor komplett die Fassung. Da war mir klar, welche Dimensionen das Ganze hatte. Ich musste aber auch so laut sprechen, weil ich wegen des Lärms sonst mein eigenes Wort nicht mehr verstanden hätte. Am nächsten Tag war meine Stimme völlig hinüber.

Deine Stimme war schon drei Sekunden nach dem Tor völlig hinüber. Aber du konntest ja nicht einfach aufhören zu reden.
Ich darf ja mein Handwerkszeug als Reporter nicht völlig vergessen. Mir ging es in den verbleibenden Minuten aber nur noch darum, diese drei Punkte einzusacken. Ich habe quasi den Trainer gemacht und unterm Stadiondach Anweisungen an die Spieler gegeben. Die

Konsequenz war, dass montags drauf die Kollegen an der Uni dachten, dass ich das ganze Wochenende auf Kegeltour gewesen war, weil ich keinen Ton mehr von mir geben konnte.

Neutralität ist nicht deine Stärke, oder?
Neutralität ist vor allem nicht gewünscht. Ich kommentiere für einen Lokalsender. Die Hörer wollen das Geschehen aus der Sicht eines Gladbachers verfolgen. Ich bin aber kein notorischer Schreihals.

In den Tagen darauf wurde deine Schlussreportage zum YouTube-Hit.
Ich hatte den Ausschnitt an Torfabrik.de geschickt, eine Website, die sich ausschließlich mit Borussia beschäftigt. Die stellten die Reportage als Download online. Und von dort landete sie wohl bei YouTube.

Hast du dir die Reportage selbst noch mal angehört?
Das bleibt nicht aus. Bis heute ärgere ich mich, dass ich beim Schiedsrichternamen durcheinander gekommen bin. Den Unparteiischen Peter Sippel habe ich kurzerhand auf den Namen des Ex-Profis Lothar Sippel getauft. An dieser Stelle: Entschuldigung, Herr Sippel.

Welche Rückmeldungen hast du bekommen?
Ich bekomme bis heute Rückmeldungen. Wenn ich mich bei Fans als derjenige oute, der für diese Reportage verantwortlich ist, wollen viele direkt ein Foto mit mir machen. Einige zeigen mir dann auch, dass sie das Ganze als Handyklingelton gespeichert haben. Ich habe gehört, dass mein Kommentar in den Spielen danach im Gladbacher Mannschaftsbus gespielt worden ist. Als Borussia ein paar Tage später gegen Cottbus spielte und wieder in der letzten Minute gewann, hat Sport1 bei meinem Sender nachgefragt, ob der Verrückte wieder kommentiert hat.

Und hat er?
Ja, ich war auch in Cottbus.

Hast du wieder so geschrien?
Nicht ganz so sehr. Es war ein Auswärtsspiel, um mich herum nur Cottbus-Fans und nach dem 0:1 war es totenstill im Stadion.

82. GRUND

Weil Igor de Camargo mindestens so viel Talent hat wie Roberto Boninsegna

Der Abend, an dem Igor de Camargo sterbend am Boden des Berliner Olympiastadions liegt, ist ein Abend, den jeder Borusse lieber zu Hause verbracht hätte. Minus 7 Grad sind es in der zugigen Arena, und Gladbach kommt an jenem 8. Februar 2012 im Viertelfinale des DFB-Pokals einfach nicht zurecht gegen tapfere Herthaner. Borussia ist Tabellenvierter, Hertha auf Platz 15. Doch so klar die Sache auf dem Papier aussieht, so ausgeglichen ist sie auf dem Platz. 0:0 steht es nach 90 Minuten. Verlängerung.

In der 99. Minute fängt Hertha-Torhüter Thomas Kraft einen langen Ball, Abwehrspieler Roman Hubník und Stürmer Igor de Camargo geraten im Zweikampf aneinander. Alles ganz normal. Doch so normal findet Hubník das nicht. Wütend läuft er auf de Camargo zu, nähert sich mit dem Kopf. Und was macht de Camargo?

Flashback: 12. Februar 2011. Borussia spielt im Millerntorstadion gegen St. Pauli und führt seit der 9. Minute mit 1:0 durch de Camargo. In der 21. Minute legt ihn Gegenspieler Matthias Lehmann um. De Camargo ist so empört, dass er mit gesenktem Kopf auf ihn losstürmt. Lehmann fällt, de Camargo erhält Rot, auch wenn die Fernsehbilder nicht genau aufschlüsseln, wer da zuerst zum Kopfstoß angesetzt hat. Gladbach verliert noch mit 1:3, danach muss Frontzeck gehen. Am 8. Februar 2012 hat de Camargo also mindestens zwei Vorbilder aus der Schauspielbranche, als er Hubník gegenübersteht. Nicht nur Lehmann, sondern auch Roberto Boninsegna, jenes Büchsenwurfopfer aus Mailand, das Borussia das 7:1 wegnahm. Und de Camargo legt noch einen drauf. Nicht nur nimmt er die Einladung an, er hilft ihr sogar nach. Die Fernsehbilder zeigen, dass der Stoß nicht von Hubník, sondern von de Camargo ausgeht. Hubník steigt ihm zwar auf den Fuß, doch fasst sich de Camargo eben nicht an den Fuß, sondern an den Kopf, als er sich auf den Weg Richtung Stadionboden macht. Schiedsrichter Doktor Felix Brych ist so begeistert von de Camargos Fähigkeiten als Dramadarsteller, dass er Hubník mit Rot vom Platz schickt und Borussia einen Elfmeter zuspricht. Den verwandelt Filip Daems sicher. Gladbach zieht ins Halbfinale ein.

Nicht jeder ist Brychs Meinung. ZDF-Kommentator Wolf-Dieter Poschmann spricht von einer »unwürdigen Schauspieleinlage«, Hertha-Trainer Skibbe sagt in die Fernsehkamera: »Der Brych sieht als einziger Mensch in ganz Deutschland hier einen Elfmeter. Unfassbar, unfassbar«, Dortmunds Mats Hummels postet bei Facebook »Man kann auch peinlich und beschämend in ein Pokalhalbfinale einziehen«. Sie alle wissen de Camargos Einakter nicht zu schätzen. Lucien Favre sagt lieber, er habe die Szene nicht gesehen. Anstatt sich vor seinen Schützling zu stellen und ihn zu loben: »Dieses Talent! Diese Ausdrucksstärke! Dieser Schmerz in seinem Gesicht! Ich war ganz ergriffen.«

83. GRUND

Weil Marco Reus sich nur verletzte, wenn er für die Nationalmannschaft spielen sollte

Am 6. Mai 2010 sagt Marco Reus laut der *Rheinischen Post* einen der vorhersehbarsten Sätze aller Zeiten. Man fällt automatisch in einen tausendjährigen Schlaf, wenn man ihn hört. »Es ist für jeden jungen Spieler ein Traum, bei der Nationalmannschaft dabei zu sein.«[26] Gerade eben hat ihn Bundestrainer Jogi Löw für das Länderspiel gegen Malta nominiert, es ist seine erste Berufung und der vorläufige Höhepunkt in Reus' junger Karriere. Doch Reus ahnt nicht, dass der Traum von der Nationalmannschaft noch anderthalb Jahre lang ein Traum bleiben sollte. Er ahnt sowieso recht wenig von den verrückten Dingen, welche ihm und der Borussia in den kommenden zwei Jahren widerfahren würden.

Als Marco Reus im Sommer 2009 zur Borussia wechselt, ist seine so genannte Frisur nur für kurze Zeit das auffälligste an ihm. Am 4. Spieltag wechselt ihn Trainer Michael Frontzeck eine Viertelstunde vor Schluss für Karim Matmour ein. Borussia führt 1:0 gegen Mainz. Acht Minuten später erobert Reus den Ball in der eigenen Hälfte und läuft Richtung Mainzer Tor. Er zieht keine Schnörkel, er probiert keine Übersteiger, er rennt einfach auf dem schnellsten Weg in den Strafraum und schiebt zum 2:0 ein. Er ist 20 Jahre alt und mit diesem Solo-Lauf euphorisiert er den ganzen Niederrhein. Wenige Woche später gehört der offensive Mittelfeldspieler zur Stammbelegschaft und sorgt mit weiteren sieben Toren und vier Vorlagen dafür, dass Borussia endlich einmal nicht in Abstiegsgefahr gerät. Nur in einem einzigen Spiel setzt Frontzeck ihn nicht ein. Zwei Tage nach seiner ersten Länderspielnominierung bestreitet Borussia das letzte Spiel der Saison. Plötzlich verspürt Reus einen Stich im Oberschenkel, er wird in der 89. Minute ausgewechselt. Die medizinische Abteilung versucht alles, aber auch sie kann keine Wunder vollbringen. Herr Löw, es tut mir leid, aber ich kann gegen Malta nicht dabei sein. Muskelverhärtung. Im August 2010 unternimmt Jogi Löw einen zweiten Versuch und nominiert ihn für das Spiel gegen Dänemark. Doch zwei Tage vor dem Spiel fühlt sich Reus plötzlich schwach, Mannschaftsarzt Heribert Ditzel diagnostiziert einen grippalen Infekt. Sorry, Herr Löw, kann doch nicht kommen.

In der nächsten Saison schießt Reus zehn Tore, das elfte in der Relegation, und Borussia steigt ganz knapp doch nicht ab. Reus verpasst nur zwei Spiele, eines wegen Gelb-Sperre, das zweite wegen eines Muskelfaserrisses. Löw verschickt zum dritten Mal eine Einladung für die Spiele gegen Uruguay, Aserbaidschan und Österreich. Er hätte sie sich sparen können. Schon das Rückspiel gegen Bochum hat Reus mit einer Verspannung im Oberschenkel bestritten. Zwar fährt er ins Quartier der Nationalmannschaft, fit wird er aber nicht. Trainer, ich fahr dann mal nach Hause, ja? Im August 2011 wird er für das Spiel gegen Brasilien nominiert, diesmal reagiert Reus' Körper nicht mit einer Verletzung. Er sitzt tatsächlich auf der Bank, doch Löw bringt ihn nicht. Schmollt er vielleicht, weil Reus ihn so häufig versetzt hat?

Borussia geht ihn die nächste Saison und legt einen sensationellen Start hin. Aus dem Abstiegskandidaten wird eine Spitzenmannschaft, und Reus ist der Star. Unverdrossen nominiert ihn Löw für die Länderspiele gegen Österreich und Polen im September 2011. Mal sehen, was der junge Mann diesmal als Ausrede parat hat. Trainer, ich hab' 'ne Schambeinreizung. Reus muss zum vierten Mal absagen. Weil er aber bei Borussia weiterhin die Saison seines Lebens spielt, bleibt Löw gar nichts anderes übrig, als ihn weiter zu nominieren. Vielleicht klappt es ja gegen die Türkei.

Marco Reus verletzt sich nicht, als er von seiner erneuten Berufung erfährt. Er schafft es unfallfrei ins Mannschaftshotel und durchs Training. Er nimmt ohne Probleme auf der Ersatzbank Platz, 90 Minuten hockt er dort, vielleicht will Löw herauskriegen, was noch dazwischenkommen kann. Dann, der Schiedsrichter hat schon fast die Pfeife im Mund, holt Löw Mario Götze vom Platz und schickt Reus aufs Spielfeld, der beim Betreten des Rasens auch nicht unglücklich im Gras hängenbleibt. Am 7. Oktober 2011 wird aus dem Traum Wirklichkeit. Gegen Belgien spielt er sogar 20 Minuten. Das ist zu viel des Guten. Vor dem Spiel gegen die Ukraine sagt sein Körper: Sorry, Magen-Darm-Grippe. Elf Länderspiele hätte Reus zu diesem Zeitpunkt schon bestritten haben können, doch es sind nur zwei. Bei Borussia verpasst Marco Reus in seinen drei Jahren bloß 5 von 102 Bundesligaspielen, 3 davon wegen Verletzung.

Schöner als der Traum, für die Nationalmannschaft zu spielen, ist eben noch immer der, für Borussia aufzulaufen.

84. GRUND

Weil hinter Jünter niemand anderes steckt als ...

Als die Welt sich überlegte, wie sie diese faulen Studenten unter Missachtung jeglicher Menschenwürde ans Arbeiten kriegen würde, da wurden im Profisport die Maskottchen erfunden. So hatte die Welt einen Vorwand, diese armen Menschen in viel zu dicke, viel zu schwere und viel zu schlecht durchlüftete Kostüme zu stecken, mit denen sie vor dem Spiel die Zuschauer in Stimmung bringen mussten.

Auch Borussia Mönchengladbach beschäftigt seit Ende der 90er ein lebendes Maskottchen. Es heißt Jünter, eine subtile Anspielung auf einen recht bekannten Mittelfeldspieler der 70er, und ist – Überraschung – ein Fohlen. Jünter hat einen schwarzen Kopf und eine weiße Mähne, kann zwar nicht reden, aber immerhin auf zwei Beinen laufen. Laut seiner eigenen Website ist Jünter 2,10 Meter groß und 110 Kilogramm schwer. Wenn Jünter nicht gerade durchs Stadion galoppiert, besucht er Kindergärten, Schulen und Stadtfeste, schreibt eine Kolumne für Borussia.de oder Autogramme. Wer ein paar Taler übrig hat, kann Jünter auch für 75 Euro pro Stunde mieten.

Doch wer steckt eigentlich im Kostüm von Jünter? Die Pressestelle von Borussia Mönchengladbach gibt sich sehr zurückhaltend. »Jünter ist Jünter« ist das Einzige, was der Abteilung zu entlocken ist. Das macht misstrauisch. Denn wer schweigt, hat etwas zu verbergen. Also doch kein Student? Der Autor dieses Textes möchte deshalb folgende sehr unwahrscheinliche bis gar nicht so unwahrscheinliche Theorien in die Welt setzen, wer den Jünter macht.

1. Jünter ist tatsächlich Jünter, also ein echtes Fohlen. Zwar gibt es eindeutige Hinweise darauf, dass Jünter nur eine Kostümierung ist, aber die Welt hat so viele merkwürdige Geschöpfe hervorgebracht, dass es eben auch Fohlen gibt, die aussehen, als hätte sie ein Schneider zusammengenäht.

2. Hinter Jünter steckt Bumsi. Exkurs für Nicht-Historiker: Bumsi war in den 80ern das erste Maskottchen von Borussia Mönchengladbach. Ein Fußball mit schwarzer Mähne, Armen und langen dünnen Beinen, der schwarze Puma-Fußballschuhe trug, stets grinste und freundliche Augen machte. Irgendwann verschwand Bumsi, eventuell lag es daran, dass der Name Assoziationen weckte, die nicht so wirklich mit Fußball zu tun hatten. Vielleicht sehnte sich Bumsi nach alten Zeiten zurück, die Verkleidung als Fohlen war die einzige Möglichkeit, ein Comeback zu geben.

3. Hinter Jünter stecken Spieler, die sich im Training oder im Spiel besonders schlecht angestellt haben. Zur Strafe müssen sie dann ins Kostüm schlüpfen und Kindergeburtstage belustigen. So kann der Verein auch Spieler loswerden, die statt Verstärkung Belastung geworden sind. Man steckt sie einfach so lange in dieses Pferdekostüm, bis der Betroffene seine Koffer packt.

4. Hinter Jünter steckt – Trommelwirbel – Günter. Also Günter Netzer. Der ist zwar schwer damit beschäftigt, seine Konten zu füllen, aber eigentlich denkt er doch immer nur an seine Borussia. Um ihr möglichst nahe zu sein, ohne dabei wie ein besessener Fan zu wirken oder gar wie jemand, der samstags nichts Besseres zu tun hat, schlüpft er ins Fohlenkostüm und bringt die Fans in Stimmung.

P.S.: Erst nach der Fertigstellung dieses Kapitels fand unser investigativer Autor die Wahrheit heraus. Die ist so langweilig, dass wir sie Ihnen ersparen wollen.

7. KAPITEL

EIN LEBEN LANG SCHWARZ-WEISS-GRÜN

BORUSSIAS FANS

85. GRUND

Weil Rübi seit 30 Jahren fast kein Heimspiel verpasst hat

Es gibt Dinge im Leben, die kann man nicht verstehen, die kann man bloß bewundern. Zum Beispiel die Tatsache, dass sich Klaus Engelhardt, Jahrgang 1964, seit Jahrzehnten kaum ein Heimspiel der Borussia hat entgehen lassen. Den Mitbegründer des Fanclubs Hagener Löwen kennen die meisten anderen Anhänger in der Nordkurve unter dem Spitznamen »Rübi«, nach der Nebenfigur Rübennase aus dem Film *Das Leben des Brian*.

Du kommst aus Hagen. Das ist nur einen Steinwurf von Dortmund entfernt. Trotzdem bist du Fan der wahren Borussia geworden. Warum?
In den 70ern hatte Borussia Dortmund nichts zu melden. Da war man entweder Fan von Bayern oder Gladbach. Ich habe schon als Kind durch Fernseher und Radio mitbekommen, wie Borussia spielte, und dieser Konterfußball hat mich sehr begeistert. Heute ist ganz Hagen natürlich leider schwarz-gelb.

Aber war denn dein Vater damals nicht Dortmund-Fan?
Doch, war er. Er hat auch versucht, mich zu bekehren. Was ihm nicht gelungen ist. Vielleicht habe ich auch ein wenig aus Protest zur anderen Borussia gehalten.

Ich weiß, die Nordkurve in Gladbach ist für dich das größte. Aber die Dortmunder Südkurve ist ja auch nicht von schlechten Eltern.
Natürlich ist die Dortmunder Südkurve beeindruckend. Aber man sollte sich eine Sonnenbrille aufsetzen, bevor man dorthin guckt.

Wann hast du Mönchengladbach zum ersten Mal im Stadion gesehen?
Das war ein 1:1 am 21. März 1981 in Bochum. Im Bökelbergstadion war ich am 11. April 1981, ein 1:0-Sieg gegen Kaiserslautern.

Weißt du das etwa auswendig?
Nein, aber ich habe jedes Spiel aufgeschrieben, das ich besucht habe.

Und das sind bisher?
1.128.

Seit wann bist du quasi bei jedem Heimspiel dabei?
Das ging auch Anfang der 80er los, seit der Saison 1983/84 stehe ich in der Nordkurve. Wir sind meist mit dem Auto angereist, damals waren die Eintrittskarten ja noch kein Bahnticket für den Spieltag. Dann haben wir in unserer Stammkneipe in Eicken, Haus Reumers, ein Bier getrunken und sind zum Stadion gelaufen.

Und seitdem Dauerkarte?
Bis in die 90er habe ich immer problemlos Einzelkarten bekommen, seit 1993 habe ich eine Dauerkarte. Die erste hat 140 DM gekostet, die letzte 345 Euro.

Und immer Stehplatz?
Mittlerweile sitze ich, Block 19a. Man wird nicht jünger.

Hast du eine Lieblingserinnerung?
Wir sind mal direkt nach einem Bundesligaspiel mit dem Zug nach Guimarães in Portugal zum UEFA-Pokal aufgebrochen, das dauerte 44 Stunden. Dort haben wir ein paar Tage im Hotel verbracht und uns dann das Spiel gegen Borussia angesehen, sind mit dem Zug wieder zurück und kamen rechtzeitig zum nächsten Bundesligaspiel an. Ein 7:1 in Bremen.

Borussia hat nicht nur gute Zeiten gehabt. Hast du dich nicht manchmal gefragt: Warum tue ich mir das alles an?
Natürlich. Aber dann fahre ich doch wieder zum Spiel. Da trifft man ja schließlich auch seine Freunde.

Wie viele Heimspiele hast du verpasst?
Das letzte war gegen Mainz 2008. Da war ich beruflich in Polen.

Gute Wahl. Das Spiel hat Gladbach mit 0:1 verloren. Und sonst?
Einmal konnte ich wegen einer Silberhochzeit nicht fahren. Ansonsten habe ich es immer hinbekommen, doch beim Heimspiel dabei zu sein.

Was ist, wenn du an Heimspieltagen Geburtstag hast?
Dann wird der verschoben. Es würde auch niemand kommen, weil alle in meiner Familie Borussia sind.

Auch deine Frau?
Ich bin ledig. Meine Borussia-Begeisterung hat nie eine Frau mitgemacht. Zumal ich immer klar gemacht habe, dass Borussia meine Nummer eins bleibt.

Du könntest dir doch unter den weiblichen Borussia-Fans eine Frau suchen.
Fußball und Frauen sollte man schön trennen.

Hast du dir eigentlich einen Stück vom Bökelbergrasen gesichert?
Das geht mir dann doch zu weit.

War früher denn alles besser?
Nee. Ich erinnere mich an ein Spiel gegen Blau-Weiß Berlin, da waren bloß ein paar Tausend Zuschauer am Bökelberg. Da war genug Platz, um sich in der Nordkurve hinzusetzen. Von den Toiletten am Bökelberg will ich gar nicht reden.

Rübi, wie lange soll das noch so weitergehen?
Bis ich mich in die Horizontale begebe. Vielleicht machen sie in Gladbach ja auch mal ein Pflegeheim für altgediente Fans auf.

86. GRUND

Weil Manolo trommelte, bis er nicht mehr konnte

Von dem Mann, der Ethem Özerenler hieß, ist wenig bekannt. Bloß, dass er 1938 geboren wurde, 1968 aus der Türkei nach Deutschland kam und in einer Spinnerei arbeitete. Von dem Mann, zu dem Özerenler wurde, sobald er das Bökelbergstadion betrat, wissen wir deutlich mehr. Denn Manolo war der berühmteste Fußballfan Deutschlands.

Es war 1977, als er beschloss: Die Stimmung ist mir nicht gut genug auf dem Bökelberg, also übernehme ich das ab jetzt. Fortan nahm er zu jedem Heimspiel der Borussia seine Pauke mit, setzte sich auf den Zaun vor Block 16 und schlug den Takt. Er ließ sich auch von keinem Ordner mehr verjagen. Bald gaben die Fans ihm den Namen Manolo, in Anlehnung an Manolo el del Bombo, den spanischen Fußballfan, der noch ein wenig berühmter als er war. Später setzten sie ihm einen Metallsitz auf den Zaun, damit er es etwas bequemer hatte. Eine Eintrittskarte brauchte er nicht, kein Kartenabreißer kam auf die Idee, ihn wieder nach Hause zu schicken. Ging einmal das Fell seiner Trommel kaputt, fand sich jemand aus dem Verein, der ihm ein neues kaufte. Wer wollte schon auf Manolo verzichten? Auf den Mann, der von sich sagte, er könne mit seiner Trommel die Spieler auffordern, den Ball zu passen oder den Ball zu halten. Manchmal zog er um den Platz und blieb auch gerne hinter der Gästebank stehen, um sie in den Wahnsinn zu trommeln. Jörg Berger, damals Trainer von Eintracht Frankfurt, sagte nach einem Spiel mal, er könne heute nichts essen gehen, weil er zum Ohrenarzt müsse. Später war Manolo nicht nur eine Berühmtheit in Gladbach, sondern wurde im ganzen Land bekannt, als ihn das Fernsehen zeigte.

Trotz seines Kultstatus war er aber nicht völlig unumstritten. Er sprach wenig, was auch daran lag, dass er kaum Deutsch konnte, er hatte wenig mit anderen Fans zu tun, mit den Ultras oder dem Fanprojekt. Nach dem ersten Abstieg der Borussia blieb er die ersten Spiele in der 2. Liga aus Protest daheim. Das haben ihm einige übel genommen. Als es mal ein anderer Fan wagte, ebenfalls eine Trommel mitzubringen, schlich sich Manolo heran, verpasste ihm eine Ohrfeige und sagte, dass hier nur einer trommle. »Er wird ein bisschen glorifiziert, ein bisschen zu viel«, sagte der Fanbeauftragte Thomas Weinmann mal gegenüber dem *Tagesspiegel*.[27]

Doch als Manolo 2002 schwer zuckerkrank wurde und deshalb sein Amt als oberster Fan und Trommler aufgab, fehlte er allen. Der *Rheinischen Post* sagte er noch: »Der Arzt hat gesagt, wenn ich wieder ganz der Alte bin, kann ich wieder trommeln. Wann das sein wird, weiß ich nicht.«[28] Doch daraus wurde nichts mehr. Ein paar Mal sah er sich seine Borussia noch im Rollstuhl im neuen Stadion an, ohne Trommel, schwer gezeichnet von seiner Krankheit. Als er mit 69 Jahren 2008 in einem Pflegeheim starb, gedachten nicht nur die Borussia-Fans seiner. Vor dem ersten Spiel nach seinem Tod bekam er in Offenheim eine Schweigeminute. Beim nächsten Heimspiel hatten die Borussen-Fans ein Plakat gebastelt, die Videoleinwand zeigte Bilder von ihm. Seine Leiche wurde in die Türkei überführt. Die Kosten übernahm der Verein.

Im Himmel macht er jetzt vermutlich Jörg Berger verrückt.

87. GRUND
Weil Borussia den ersten Fanbeauftragten der Bundesliga einstellte

Wer sich ausgerechnet die Mittagszeit ausgesucht hat, um mit Theo Weiss zu sprechen, denn begrüßt er mit einem Husten. »Gegen die erste Zigarette des Tages wehrt sich der Körper noch«, sagt er. Es war gestern mal wieder ein langer Arbeitstag für ihn als Thekenkraft in der Kneipe Zum Franziskaner in Berlin-Kreuzberg. Allzu lange ist der 51-Jährige noch nicht auf den Beinen. Wenn er aber erst mal alles rausgehustet hat, dann erzählt er die Geschichte, warum ausgerechnet Borussia Mönchengladbach den ersten Fanbeauftragten der Bundesliga einstellte und warum es ausgerechnet er wurde. Das war nämlich so: Weiss wuchs in der Nähe von Siegen auf, da seine Mutter aber aus Korschenbroich stammte, einem Nachbarort von Gladbach, war schnell klar, für welchen Verein sein Herz schlagen würde. Kaum hatte er seinen Führerschein, ging es Anfang der 80er schon mit der Fahrerei zu den Heimspielen los. Um sein Studium in Politik und Soziologie abzuschließen, zog er nach Westberlin. Das hatte den Vorteil, dass er nicht zum Wehrdienst eingezogen wurde.

Borusse blieb er trotzdem, und zwar ein engagierter. Als 1988 aus der fünf Jahre zuvor gegründeten Interessengemeinschaft der Borussen-Fanclubs das Fanprojekt hervorging, wurde er der erste Geschäftsführer. Das Projekt war einzigartig, weil es nicht von einem hauptamtlichen Sozialpädagogen betreut wurde, sondern von Fans für Fans, und für die Rechte der Borussen-Anhänger eintrat. Mit Borussia schloss das Fanprojekt einen Kooperationsvertrag ab, der auch eine gewisse finanzielle Unterstützung sicherte. Ansonsten trug sich das Projekt durch die Mitgliedsbeiträge. Der Aufwand für Weiss war groß, doch war es finanziell nicht möglich, aus seiner Arbeit seinen Beruf zu machen. An dieser Stelle trat Borussias Manager Helmut Grashoff auf den Plan, der bereits die Gründung des Fanprojekts unterstützt hatte. Zusammen beschlossen sie, den Posten des Fanbeauftragten zu schaffen. Den gab es damals nur als Begriff in der Soziologie, doch kein Verein hatte das bisher aufgegriffen. Grashoff tat es, und Borussia stellte den ersten Fanbeauftragten der Liga ein. Weiss brach sein Studium ab und nahm mit Beginn der Saison 1989/90 seine Tätigkeit auf. Weil er nicht nach Gladbach ziehen wollte, richtete er sich in Berlin ein Büro ein.

Er organisierte Fahrten zu Auswärtsspielen, verkaufte Karten, brachte das Fanprojekt voran, initiierte die Gründung eines Info-

Stands in der Nordkurve. Der dafür vorgesehene ausrangierte Campingwagen brannte allerdings vor der Inbetriebnahme ab. Später wurde aus dieser Idee der Fanladen in Mönchengladbach-Eicken. Und immer wieder flog Weiss an den Niederrhein. Bald stellte sich aber heraus, dass es viel zu umständlich war, von Berlin aus die Fans zu betreuen. Weiss wusste, was zu tun war, und gab nach einem Jahr den Posten an seinen Nachfolger weiter.

Heute hat Borussia drei hauptamtliche Fanbeauftragte. Die kümmern sich nicht wie damals um 30 bis 50 Fanclubs, sondern um mehr als 900. Sie organisieren auch nicht bloß Busse zu den Auswärtsspielen, sondern Züge und Flugzeuge. Die Grundlagen haben Weiss und das noch heute existierende Fanprojekt gelegt. Weiss ist überzeugt: »Bei Borussia haben die Fans was zu sagen.«

88. GRUND

Weil das Wäldchen noch steht

Das wichtigste Geräusch, um das es hier geht, ist »Ahhh«. Ich bin viel zu spät geboren worden, um die sagenhaften 70er erlebt zu haben, aber ich habe den Ort erlebt, an dem sich diese Zeit zutrug: den Bökelberg. Wir wohnten 60 Kilometer entfernt vom besten Stadion aller Zeiten und gehörten nicht zu diesen Verrückten, die so eine Strecke alle zwei Wochen auf sich nahmen. Wir, das waren mein Vater, mein jüngerer Bruder und ich. So blieb jeder Stadionbesuch etwas Besonderes, und ich kann mich noch an jedes einzelne Spiel erinnern, an die Gegner und an das Ergebnis. Das erste war gegen Bayer Uerdingen, Endstand 1:1. Das Datum musste ich allerdings nachsehen. Es war der 4. Mai 1991. Und ich erinnere mich noch an so viel mehr.

Zum Beispiel, dass wir von zuhause stets so gegen 13.00 Uhr aufbrachen, und kaum waren wir auf der Autobahn, kurbelte ich die Scheibe herunter, hielt den Borussia-Schal heraus und kurbelte die Scheiben wieder hoch, bis der Schal feststeckte und sicher im Fahrtwind flatterte. Je näher wir Mönchengladbach kamen, desto mehr Schals sah ich. Es war, als würde die Familie zusammenkommen. Vor dem Stadion kauften wir immer das *Fohlenecho*, das ich mir aber selten durchlas. Bereits vor dem Spiel war ich viel zu sehr damit beschäftigt, darüber zu staunen, was sich auf dem Rasen tat. Wir hatten natürlich einen Stehplatz, es gab ja kaum etwas anderes. Meist waren wir so früh da, dass wir noch mitbekamen, wie Borussias E-Jugend einen völlig überforderten Gegner mit 7:0 oder so vom Platz jagte. Dann sagte der Stadionsprecher Werbung durch, weil es noch keine Videoleinwände gab, die Spieler kamen zum Aufwärmen aufs Feld, gingen danach wieder in die Katakomben, wieder Werbung und schließlich kamen die Fohlen unter Musikbegleitung zurück. Direkt Gänsehaut bei mir. Ich konnte es nicht fassen. Ich war live dabei. Da vorne lief wirklich Peter Wynhoff. Und da wirklich Jörg Neun. Und da war die Kamera von Premiere.

Ich erinnere mich an ein 7:1 gegen Bochum. Ich stand zum ersten und einzigen Mal in der Nordkurve und dachte bei jedem Tor, dass es nun vorbei mit mir war. Ich erinnere mich an einen Derbysieg und wie ich vorher den FC-Spielern in ihrem Bus den Mittelfinger entgegengestreckt hatte. Ich erinnere mich an ein 2:2 gegen Leverkusen 2003, beide Teams steckten im Abstiegskampf, der Däne Morten Skoubo erzielte in der 90. Minute den Ausgleich für uns. Wir standen im Dauerregen. Ich erinnere mich an ein 4:1 gegen Schalke und am nächsten Tag fuhr ich, selbst Fußballer, zu einem Talentsichtungslehrgang in die Sportschule Wedau in Duisburg, und wurde nicht gesichtet.

Doch das, woran ich mich am meisten erinnere, ist etwas ganz Anderes. Wir parkten nie direkt am Stadion, weil das unmöglich gewesen wäre. Wir hatten einen Tipp bekommen und stellten das Auto vor dem Städtischen Hauptfriedhof ab. Um zum Stadion zu kommen, mussten wir durch ein Wäldchen gehen. Weil wir wussten, dass die Toiletten im Stadion erstens rar gesät waren und zweitens völlig versifft, erleichterten wir uns vorher im Wald. Ahhh. Wir waren nicht die einzigen, die das machten. Mindestens jeder, der so zum Stadion gelangte. Ich war mir ziemlich sicher, dass dieser Wald nicht lange überleben würde.

Heute fahre ich auf dem Weg zur Arbeit jeden Tag daran vorbei. Das Wäldchen ist so grün, als hätten wir damals alle Dünger gepinkelt.

89. GRUND

Weil der böseste Kabarettist Deutschlands ein Borusse ist

Es braucht keine prominenten Vorbilder, um sich für ein Leben als Fan von Borussia Mönchengladbach zu entscheiden. Aber sie bestätigen einen in der Wahl, wenn es nicht gerade Menschen sind, mit denen man auf keinen Fall den Fußballverein teilen möchte. Serdar Somuncu ist Fan von Borussia Mönchengladbach und das soll auch so bleiben.

Nennen wir Somuncu mal einen Kabarettisten, aber auch nur, weil es keinen besseren Begriff für diese bösartigen und klugen Programme gibt, die er auf der Bühne aufführt. Berühmt geworden ist er, als er mit Adolf Hitlers *Mein Kampf* auf Lesereise ging und dabei häufiger mit kugelsicherer Weste und Polizeischutz auftrat, weil einige Nazis das gar nicht so toll fanden, was er da machte. Er fordert sein Publikum, er fordert es heraus, er beschimpft es, er lässt es nicht zur Ruhe kommen und manchmal gewährt er ihm die Möglichkeit des erlösenden Lachens. Das meiste davon trifft auch auf Borussia zu.

Somuncu wurde 1968 in der Türkei geboren, kam nach Deutschland, zog nach Neuss und fing mit sechs Jahren an, Fußball zu spielen. Als Neusser, der auf der linken Rheinseite wohnte, war es ihm unmöglich, für einen rechtsrheinischen Verein zu halten, zum Beispiel für Fortuna Düsseldorf. Köln ging natürlich auch nicht für ihn als Niederrheiner, also blieb nur Borussia Mönchengladbach. Beeinflusst wurde er auch durch seinen Bruder, der ein paar Spiele für die Borussia machte, mit Frontzeck und Matthäus kickte, bevor er nach einem doppelten Kreuzbandriss seine Karriere beenden musste. Freikarten hatte Serdar in dieser Zeit sicher. Mittlerweile wohnt er in der Stadt des Erzfeindes und hat sich ein Sky-Abo zugelegt, um kein Spiel seiner Borussia zu verpassen. Am liebsten aber sieht er sich die Derbys im Kölner Stadion an und fotografiert sich bei einem Sieg mit der Anzeigetafel im Hintergrund.

Doch nicht nur der bösartigste Kabarettist Deutschlands hält zur Borussia und ein paar weitere nicht völlig unbedeutende Leute wie die NRW-Ministerpräsidentin Hannelore Kraft, Regisseur Christian Petzold, Formel-1-Boxenluder Kai Ebel, Politiker Wolfgang Thierse und Partybiene Mickie Krause, auch der Mensch mit der eindringlichsten Lache im deutschen Fernsehen: Joko Winterscheidt, der kongeniale Partner von Klaas Heufer-Umlauf, mit dem er früher *neoParadise* moderierte und nun so ziemlich alles, was sich ProSieben einfallen lässt. Er wuchs ganz in der Nähe von Mönchengladbach auf und war zwar mal für drei Jahre zu Ricken-Zeiten Fan der anderen Borussia, kehrte dann aber reumütig zurück. Kein Wunder, schließlich war sein erstes Spiel im Stadion das Pokalhalbfinale von 1992, als Uwe Kamps vier Elfmeter hielt. Seine Schwester war ganz irritiert, als sie die Tränen in seinen Augen sah. Geholfen haben sicher auch die vielen Spiele, die er in der Nordkurve sah, und die Tatsache, dass Uwe Rahn in seinem Ort wohnte. Seine Freunde und er holten sich ständig Autogramme von ihm, bis Rahn darauf keine Lust mehr hatte und sie mit Eis ruhigstellen wollte. Weshalb sie ihn daraufhin immer nach Eis fragten.

Da er mittlerweile in Berlin wohnt, klappt das mit den Stadionbesuchen nur noch selten, also bleibt nur der Fernseher. Als de

Camargo das 1:0 in der Relegation gegen Bochum schoss, gab ihm seine Freundin sofort zu verstehen, dass sämtliche Freudenschreie zu unterdrücken seien aus Rücksicht auf die schlafende Tochter. Kein Borussia-Fan hat an jenem Abend wohl so wenig seinen Gefühlen freien Lauf lassen können wie Winterscheidt.

In der ersten Sendung von *neoParadise*, nachdem Marco Reus seinen Wechsel bekanntgegeben hatte, spielte die Hamburger Gruppe Die Sterne ihren Klassiker *Was hat dich bloß so ruiniert?* live im Studio. Derweil lief am unteren Bildschirmrand ein Band mit Namen von Menschen, denen eben genau diese Frage gestellt wurde. Unter ihnen war auch Marco Reus. Winterscheids Redaktion hatte ihn aufmuntern wollen.

90. GRUND

Weil Borussia kein Verein ist, sondern eine Diagnose

Doktor: So, ich habe mir Ihre Werte angesehen. Was wollen Sie zuerst hören, die gute oder die schlechte Nachricht?
Patient: Die schlechte.
Doktor: Sie haben Borussia Mönchengladbach.
Patient: Und die gute?
Doktor: Sie haben Borussia Mönchengladbach
Patient: Oh. Sind Sie sicher?
Doktor: Es besteht kein Zweifel. Erinnern Sie sich daran, dass ich Ihnen das Bild dieses alten Mannes gezeigt habe?
Patient: Ja. Zusammen mit seiner Tochter.
Doktor: Das war Lothar Matthäus mit seiner aktuellen Freundin. Wir haben bei Ihnen Gehirnaktivitäten gemessen, die wir sonst nur aus dem Schützengraben oder von Boxern nach der 11. Runde kennen.

Patient: Vielleicht sind Ihre Werte falsch.
Doktor: Ausgeschlossen. Zur Sicherheit habe ich Ihnen danach das Bild eines Stadions gezeigt.
Patient: Sie meinen diese Ruine?
Doktor: Das war das Bökelbergstadion fünf Jahre vor dem Abriss. Sie hatten eine Herzfrequenz wie ein Teenager, der sich in seine Sportlehrerin verliebt hat.
Patient: Es besteht also kein Zweifel. Das muss ich erst mal verdauen. Aber was bedeutet das für mich?
Doktor: Nun, Sie werden sich zum Beispiel samstags um 15.30 Uhr wie ferngesteuert zu einem Radio begeben oder zu einem Fernseher und die Welt um Sie herum vergessen. Oder aber Sie werden das Verlangen verspüren, mit 50.000 anderen Menschen ins Stadion zu gehen und laut zu brüllen. Sie werden sich an Samstagen plötzlich in Augsburg oder Freiburg wiederfinden und nicht wissen, wie Sie dort hingekommen sind. Nur um Borussia zu sehen. Sie werden dafür alles andere verschieben, Geburtstage, Hochzeiten, Beerdigungen. Sogar, wenn es Ihre eigene ist.
Patient: Sonst noch was?
Doktor: Sie werden unter starken Stimmungsschwankungen leiden, das kann sogar mehrmals innerhalb von 90 Minuten wechseln. Sie werden ein starkes Interesse für die 70er entwickeln und über einen Kerl mit dem Namen Weisweiler sprechen, als sprächen Sie über den Herrgott persönlich. Sie werden Unmengen an Geld für alles ausgeben, auf dem eine Raute zu sehen ist. Sie werden immer, wenn jemand »Köln« sagt, ergänzen »Die Scheiße vom Dom«.
Patient: Die Scheiße vom Dom.
Doktor: Sehen Sie?
Patient: Das ist ja schrecklich. Kann man irgendwas dagegen tun?
Doktor: Sie werden lernen, damit umzugehen. Sie sind nicht der einzige, der Borussia Mönchengladbach hat. Die besonders

schlimm Betroffenen haben sich zu so genannten Fanclubs zusammengeschlossen, um sich gegenseitig zu helfen. Dazu rate ich Ihnen auch.
Patient: Ist Borussia Mönchengladbach denn heilbar?
Doktor: Leider nein. Schwarz-Weiß-Grün bis in den Tod. Erfahrungsgemäß wird es mit den Jahren sogar noch schlimmer. Aber es gibt Phasen der Entspannung, in den Sommermonaten und um Weihnachten herum. Die sollten Sie für Ihre Frau und die Steuererklärung nutzen.
Patient: Herr Doktor, seien Sie ganz ehrlich: Werde ich je wieder ein normales Leben führen können?
Doktor: Nein.

91. GRUND

Weil jeder Fan in fünf Sekunden fünf Momente aufzählen kann, die ihn zum glücklichsten Menschen der Welt gemacht haben

Fußball ist nicht das wichtigste im Leben. Vermutlich ist nicht mal Borussia das wichtigste im Leben, auch wenn dazu ein abschließendes Urteil noch aussteht.

Doch nichts hat die Fähigkeit, eine so urplötzliche, verdichtete, wahnsinnige Euphorie auszulösen wie ein Tor von Borussia Mönchengladbach, kein Glück ist schneller. Dies sind die fünf Momente, die mir als erstes einfallen, aber bei weitem nicht die einzigen sind.

1. Sonntag, 10. Mai 2009, 18.46 Uhr
Auf einer Zugfahrt nach Bonn bekomme ich eine SMS von meinem Bruder mit vielen Ausrufezeichen. 1:0 für Borussia Mönchenglad-

bach. Gegen Schalke 04. In der letzten Minute. Ich hätte den Zug zusammenbrüllen können, doch mir bleibt nur der innere Jubel. 1:0 gegen Schalke, das bedeutet Nicht-Abstiegsplatz, bedeutet Bundesliga. Abends laufe ich mit meinem Laptop so lange durch die Hotellobby, bis ich genug WLAN habe, um das Tor auf dem Bildschirm zu bestaunen.

2. Donnerstag, 19. Mai 2011, 22.18 Uhr

Es läuft die Nachspielzeit im Hinspiel der Relegation zwischen Borussia und dem VfL Bochum. 0:0. Ich sitze in meiner Wohnung in Mönchengladbach, habe keine Hoffnung mehr, dass noch ein Tor fällt, schalte den Ton des Fernsehers ab und gehe auf Toilette. Als ich zurückkomme, gehe ich davon aus, dass die Partie bereits vorbei ist, sehe aber, wie Camargo den Ball reinhaut. Weil der Ton noch immer abgestellt ist, kommt mir die Szene unwirklich vor, bis ich begreife: Wir führen. Trotz der Uhrzeit brülle und renne ich durch die Wohnung, weil ich weiß, dass alle anderen um mich herum dasselbe tun. Später sehe ich mir das Tor ganz oft mit Ton an, bis ich den Kommentar von Steffen Simon mitsprechen kann. »Dabrowski und da ist de Camargo und da ist schon wieder Luthe und da ist Hanke ... de Camargo ... Tooor, Gladbach 1:0 ... und was jetzt los ist, das ist ja unfassbar.«

3. Samstag, 3. Dezember 2011, 16.58 Uhr

Ein Freund hat mich mit zu Bekannten genommen, zusammen schauen wir uns das Spiel gegen Borussia Dortmund im Wohnzimmer an. Gladbach liegt 0:1 zurück. Da haut Mike Hanke den Ball ohne Vorwarnung aus der Distanz ins Netz. Ich liege Menschen in den Armen, die ich vor zwei Stunden noch nicht mal gekannt habe. Die letzten 20 Minuten erlebe ich wie im Rausch. Noch ein weiteres Tor und Borussia wäre Tabellenführer und damit ein ernsthafter Anwärter auf die Meisterschaft. Obwohl es beim 1:1 bleibt, bin ich noch stundenlang völlig aufgekratzt.

4. Samstag, 17. März 2012, 17.14 Uhr.
Borussia hat seit drei Spielen nicht mehr gewonnen, die Champions League ist in Gefahr. Die frühe Führung der Borussia hat Leverkusen, der Verein, der auch in die Champions League will, in der 75. Minute ausgeglichen. Acht Punkte trennen die beiden nun. Nicht beruhigend für mich. Ich sitze im Wohnzimmer meiner Freundin und starre nervös auf den ARD-Videotext, Seite 251, wo die Spielstände eingeblendet werden. Plötzlich steht dort kurz vor Schluss 1:2. Für Borussia. Meine Freundin sagt nachher, sie habe mich noch nie so euphorisch erlebt.

5. Mittwoch, 26. September 2012, 21.45 Uhr
Meine Freunde und ich haben die Schnauze voll. Wir sitzen ungefähr unterm Stadiondach hinterm Tor von ter Stegen und warten nur noch auf den Abpfiff, um enttäuscht nach Hause zu gehen. Borussia liegt mit 1:2 gegen den HSV zurück und hat überhaupt nichts zustande gebracht. In der letzten Minute bekommt Borussia noch einen Freistoß zugesprochen. Arango bringt ihn rein, Álvaro Domínguez köpft den Ausgleich. Wir wissen, dass es eines der unverdientesten Tore aller Zeiten ist, jubeln aber trotzdem wie die Irren. Bis zum nächsten Spieltag ist alles wieder gut.

92. GRUND

Weil die Bratwurst (meistens) nicht das Beste am Stadionbesuch ist

Wir sind wieder alle gekommen und wir glauben, dass es die richtige Entscheidung war. Nicht auf der Couch herumhängen, nicht mit der Freundin ausgehen. Nein, Heimspiel im Borussia-Park. Es ist Freitagabend, es ist Samstagnachmittag oder Sonntag. Wir haben unser altes Stefan-Effenberg-Trikot angezogen oder das mit der

Erdgas-Werbung, wir haben uns den Schal umgeworfen oder sind in die Jeansweste mit den 400 Aufnähern geschlüpft. Wir haben uns ins Auto gesetzt, in den Zug, in den Bus, wir haben unser Fahrrad aus der Garage geholt oder sind einfach losgegangen Richtung Nordpark. Erst später, auf der Hennes-Weisweiler-Allee, werden wir alle zu Fuß unterwegs sein. Wir haben 500 Meter bis 500 Kilometer überwunden. Wir haben die letzten Meter im Stau gestanden. Es ist immer irgendwann Stau, spätestens beim Einlass.

Wir spüren, dass das Kribbeln beginnt.

Spätestens dann wird uns klar, dass ein Heimspiel der Borussia an einem Freitag oder Sonntag die größte Publikumsveranstaltung Deutschlands ist, an einem Samstag eine der größten. Ganz egal, wer der Gegner ist. Der Unterschied zwischen Bayern München und Augsburg beträgt bloß 4.000 Zuschauer, und da sind die Gäste Schuld. Von uns sind immer genug da. Von den Gästen manchmal nur 50.

Wir trinken das letzte Wegbier, dann holen wir uns ein Bier im Becher und verteilen uns im Stadion. Die, die wirklich immer da sind, stellen sich in die Nordkurve, viel früher als die anderen, der Rest setzt sich. Wer einen Konzern leitet oder jemanden kennt, der einen Konzern leitet, geht Richtung VIP-Tribüne und isst Braten. Wir wissen noch immer nicht, was wir davon halten sollen. Einerseits ..., andererseits ... Wir anderen holen uns eine Bratwurst. Es ist keine schlechte Bratwurst, das wäre im Wurstland Deutschland aber auch peinlich, doch wir hoffen, dass die Bratwurst heute nicht das Beste ist. Sie soll Beilage sein, nicht Hauptgericht.

Wenn der Triumphmarsch aus Verdis *Aida* ertönt, begeben sich auch die letzten auf ihre Plätze. Er geht lückenlos über in *Go West* von den Pet Shop Boys. Im Anschluss liest der Stadionsprecher die Aufstellung der Borussia vor, er nennt die Vornamen, wir brüllen die Nachnamen. Danach singen wir unsere Hymne, *Die Elf vom Niederrhein* ... und geht das Spiel auch mal verlorn, dann macht uns das gaaar nichts aus ... Die Mannschaften kommen auf dem Platz.

Anpfiff. Spätestens jetzt sind wir überzeugt, dass es die richtige Entscheidung ist, hier zu sein. Egal wie die Mannschaft am Samstag zuvor gespielt hat, nun zählt das alles nicht mehr. Wir haben 20 Euro und mehr gezahlt, wir unterstützen das Team, aber wir wollen dafür auch was sehen. Die Erwartungen sind hoch, mindestens ein Sieg.

Wir sind nicht immer begeistert, aber wir sind begeisterungsfähig. Wir applaudieren bei jedem Torschussversuch, bei jedem gelungenen Seitenwechsel, bei jedem Pass in die Tiefe, wir halten den Atem an, sobald einer unserer Spieler auf das Tor des Gegners rennt, sobald wir in Überzahl sind. Wir pfeifen, wenn der Schiri gegen uns pfeift. Wenn einer von uns im Strafraum fällt, ist das ein Elfer, wir brauchen dazu keine Zeitlupe. Wenn die Mannschaft uns braucht, sind wir da. Wenn ein Tor fällt, umarmen wir wildfremde Leute und singen »Döp döp döp«, selbst wenn wir Scooter nicht mögen. Und liegen wir nach dem Abpfiff noch in Führung, dann ist das Wochenende unser Freund.

Doch wir können auch anders. Wir gehören nicht zu denen, die unabhängig vom Spielstand 90 Minuten Stimmung machen. Die Nordkurve kommt allerdings nah dran und versucht, den Rest zu animieren. Das gelingt nicht immer. Wer sitzt, ist bequem und hat höhere Ansprüche. Wir fluchen viel, wir haben immer Recht. Warum spielt der nicht? Warum schießt der nicht selbst? Den muss er doch machen. Bei jedem Fehlpass geht ein Raunen durchs Publikum. Unsere Liebe ist unendlich, unsere Geduld nicht.

Es gibt Spiele, es sind zum Glück nur sehr wenige, da wissen wir nach 60 Minuten, dass die Bratwurst das Einzige sein wird, an das wir uns am Ende des Tages erinnern. Es sind diese Spiele, in denen wir schließlich zu der Überzeugung kommen, dass ein Ausflug ins Grüne, ein DVD-Abend mit der Freundin doch die bessere Entscheidung gewesen wäre. Wenn die Mannschaft 0:3 zurückliegt, seit 30 Minuten nicht aufs Tor geschossen hat, dann sind wir nur noch schwer zu begeistern. Eigentlich nur noch durch den Anschlusstreffer. Dann sind wir aber wieder richtig da. Sonst aber gehen wir

Bier holen oder zehn Minuten vor Abpfiff nach Hause, damit wir nachher nicht im Verkehrschaos steckenbleiben.

Im ersten Moment bedauern wir das, aber je länger wir darüber nachdenken, desto beruhigender ist es. Bei einem Bundesligaspiel ist alles geplant. Wann die Einmarschhymne erklingt, wann die Mannschaften aufs Spielfeld gehen, wann Pause ist, wann auf dem Bildschirm welcher Spot läuft. Nur unsere Begeisterung ist nicht planbar. Wann wir begeistert sind, das ist noch immer unsere Entscheidung, das ist das Einzige, was wir in der Hand haben.

Aber ganz egal, ob 5:1 oder 1:5, beim nächsten Heimspiel sind die meisten von uns wieder da. Alles auf Anfang. Wir sind überzeugt, dass es die richtige Entscheidung ist.

93. GRUND

Weil es auch in Bagdad und Sydney Borussia-Fans gibt

Zwischen Mario Lausberg und seiner großen Liebe liegen 16.600 Kilometer. Luftlinie. 16.600 Kilometer, das ist die Distanz zwischen Sydney und Mönchengladbach, zwischen Mario Lausberg und Borussia. Lausberg, Jahrgang 1980, wuchs in Heinsberg an der deutsch-holländischen Grenze auf. Eines Tages ging sein Vater nach der Arbeit zu einem Fußballspiel, der kleine Mario schaute es sich im Fernsehen an. Er sah die Borussia am Bökelberg, ein Flutlichtspiel. Als in der Grundschule alle anderen Bayern-Fans wurden, wurde er Borussia-Fan. Als Borussia im April 1996 3:1 gegen Bayern gewann, stand er zum ersten Mal in der Nordkurve. Danach kaufte er sich eine Dauerkarte.

Dann aber kam Australien. 2007 flog er zum ersten Mal rüber, für zwei Semester, um sein Studium abzuschließen. 2011 brach er erneut auf, zog nach Sydney, begann, als Marktforscher zu arbeiten. Und blieb Borusse. Bis heute. Wenn er morgens aufwacht, checkt er zuerst die wichtigsten Borussia-Seiten im Netz, alle drei Monate bekommt er das *Fohlenecho* zugeschickt. Spielzusammenfassungen sieht er sich im Internet an. Doch mit Live-Spielen ist das so eine Sache. Die australischen Sender zeigen kaum Bundesliga. Immerhin liefen die Partien gegen Lazio Rom in Fernsehen. Lausberg sah sie sich beim Frühstück an. Und weil er mit seiner Vorliebe für Borussia in Australien nicht allein ist, hat er einen Fanclub gegründet, die Borussiaroos, eine Kombination aus Borussia und Kangaroos. Eines Tages war er in einem Restaurant auf einen BVB-Fanclub gestoßen. Ging ja nicht an, dass nur die andere Borussia auf dem fünften Kontinent vertreten war.

Borussias Fans leben in der ganzen Welt verstreut. Die Website des Vereins führt Anhänger auf allen Kontinenten. In Buenos Aires, Namibia, Montreal, Peking. Und eben in Sydney. Viele von ihnen sind Deutsche, die es der Liebe, des Berufs oder einfach des Fernwehs wegen ins Ausland verschlagen hat. Ihre Treue zur Borussia haben sie mit in den Flieger gepackt. Doch dann gibt es auch Leute wie Khalid Ismaiel. Der hat weder in Deutschland gelebt noch hat er Verwandte in Deutschland oder Deutsche in der Nachbarschaft. Khalid Ismaiel ist 52 Jahre alt und lebt als Ingenieur in Bagdad. Luftlinie nach Mönchengladbach: 3.650 Kilometer.

Es war das Jahr 1976, als Ismaiel zum ersten Mal von einem Verein namens Borussia Mönchengladbach hörte. Im Fernsehen wurde die Europameisterschaft übertragen, für die deutsche Nationalmannschaft liefen Vogts, Wimmer und Bonhof auf. Alle Klassenkameraden interessierten sich für Fußball, mit Begeisterung lasen sie das englische Fußballmagazin Shoot!. Kein Wunder, dass die meisten für einen englischen Club hielten. Ismaiel aber interessierte sich für den German Way of Life, und weil es die Zeit war, in der Gladbach dreimal in Folge Meister wurde, entflammte sein Herz für die Borussia.

Damals lieferte ihm vor allem die Deutsche Welle die Informationen, die er brauchte, sie berichtete im Radio sogar live von den

Spieltagen. Heute kann er sich über einen Satellitenkanal aus Dubai alle Spiele der Borussia ansehen. Die aktuellen Trikots schicken ihm Freunde aus Deutschland zu. Auf dem Bökelberg war er noch nie, er träumt von einem Besuch im Nordpark. Bis dahin zehrt er von der Erinnerung an den 6. Dezember 2012. Borussia spielte in der Europa League gegen Fenerbahçe Istanbul, es ging um nichts mehr, Gladbach siegte 3:0. Unter den mitgereisten Borussia-Fans war auch Khalid Ismaiel. Luftlinie Bagdad-Istanbul: 1.600 Kilometer. Lachhaft.

94. GRUND

Weil es das Geilste ist, für einen Traditionsverein zu halten

Liebe Fans von Bayer Leverkusen, VfL Wolfsburg, TSG Hoffenheim, und auch liebe Fans vom FC Augsburg, SC Freiburg etc. Die Worte, die ich nun an Euch richte, mögen arrogant und pubertär erscheinen, ich bin mir dessen völlig bewusst. Doch nehme ich nichts davon zurück.

Ich bin froh, dass ich nicht für Euren Verein halte. Wahnsinnig froh. Das liegt nicht nur an dem Geld, dass einigen Eurer Mannschaften im Überfluss zur Verfügung steht, so pubertär bin ich dann auch nicht. Borussia Mönchengladbach ist schließlich auch kein gemeinnütziger Verein, der seine Einnahmen dem Roten Kreuz spendet. Nein, ich finde es einfach geil, für einen Verein zu halten, der Tradition hat. Tradition heißt nicht, 1907 gegründet worden zu sein. Tradition heißt, 1968 gegen Eintracht Braunschweig in der 1. Liga gespielt zu haben. Tradition heißt, dass ich nicht die Vereinshistorie aufschlage und dort steht im Jahr 1973 »... schaffte souverän den Aufstieg in die Verbandsliga«. Tradition heißt, Narben zu tragen. Heißt, in Bundesliga-Rückblicken mit Schwarz-Weiß-

Bildern aufzutauchen. Heißt, 1973 schon von 30.000 nach vorne gebrüllt worden zu sein.

Klar, Ihr liebt Euren Verein wie wir unseren lieben, wir sind deshalb nicht die besseren Menschen, wir halten bloß für den besseren Verein. Wir haben bereits zu einer Zeit in der 1. Liga gespielt, als noch niemand wusste, dass es Euren Verein überhaupt gibt. Als wir im Europapokal gegen Mailand antraten, habt Ihr wahrscheinlich gerade Geld für den Ausbau des Vereinsheims gesammelt. Wenn wir absteigen, fehlt etwas. Wenn Ihr absteigt, zucken die Leute nicht mal kurz. Wir haben Dramen produziert, Tragödien und Triumphe. Ihr sagt, 1978 hat beim Meisterschaftsspiel gegen Pfullendorf der Blitz eingeschlagen.

Versteht mich nicht falsch. Es geht mir nicht um Erfolge. Einige Eurer Teams spielen momentan sogar deutlich besser als wir, die letzte Meisterschaft liegt nicht so lange zurück wie unsere. Ihr habt sogar schon Champions League gespielt. Für den Europapokal der Landesmeister fehlten Euch damals aber ungefähr noch sieben Aufstiege. Nein, es geht mir darum, dass wir Fußabdrücke hinterlassen haben, Ihr hingegen habt bisher zwei Grashalme umgeknickt. Wir wissen auswendig, wie wir über die Autobahn zum Betzenberg kommen, Ihr müsst vor jeder Fahrt noch auf der Karte nachgucken. Wir sind eine Saga von 2.000 Seiten, Ihr bloß eine vierseitige Broschüre. Wir sind die Einheimischen, Ihr die Zugezogenen. Wir haben hier schon gewohnt, da war das hier noch alles Wald, da gab es noch keine einzige Ampel und kein Café mit mehr als zwei Kaffeespezialitäten.

Könnt Ihr Euch eigentlich vorstellen, wie geil sich das anfühlt, mit 20.000 in der Fankurve zu stehen, die Hymne zu brüllen und zu wissen, dass Generationen vor Euch hier schon gestanden und gebrüllt haben? Nein, könnt Ihr nicht. Die Generation vor Euch stand noch auf einem Grashügel und konnte mit dem Auto direkt vor dem Stadion parken. Ich höre Euch schon sagen, jeder Verein habe mal klein angefangen, jeder Verein war mal Neuling. Das ist richtig. Aber Ihr müsst 100 Jahre alt werden, bis Ihr begreift, dass dieses Argument nur ein Versuch ist, Eure Geschichtslosigkeit zu ertragen. In 100 Jahren werdet Ihr begreifen, wie geil es ist, für einen Traditionsverein zu halten.

Kann sein, dass Ihr irgendwann den Ton angebt. Aber ohne uns würde es die Musik gar nicht geben.

95. GRUND

Weil Facebook ohne Borussia nur halb so unterhaltsam wäre

An einem ganz normalen Sonntagnachmittag im November 2012, zu einer Zeit, als sich die Bewohner der Bundesrepublik Deutschland allmählich auf einen gemütlichen Fernsehabend vorbereiten, bricht sich die Wut Bahn.

»Idioten, nichts könnt ihr«, »Unsere Abwehr ist Müll!«, »Wie kann man sich sooooo blöd anstellen?«, »Unglaublich dumm«, »Solche Lappen ej, was müssen die auch immer so foulen?!!«.[29] Gerade hat Greuther Fürth am 11. Spieltag gegen Borussia Mönchengladbach per Elfmeter das 1:0 erzielt. Greuther Fürth ist Abstiegskandidat Nummer eins, Borussia will wieder nach Europa – und dann das. Als der Betreuer des Borussia-Accounts bei Facebook den Rückstand postet, müssen die Fans, die nicht im Stadion sind und ihren Frust nicht direkt Richtung Mannschaft brüllen können, ihren Ärger ganz schnell im sozialen Netzwerk loswerden.

Kaum haben sie das getan, erzielt Oscar Wendt, der den Elfmeter verursacht hat, den Ausgleich. Da ist doch gleich eine ganz andere Stimmung im Facebook-Dorf der Borussen. »Auswärtssieg! Auswärtssieg!«, »Bääääämmmm«, »Klasse Junge«, »Jetzt kriegen die richtig einen drauf!«, »Yes!!«. Bis Edgar Prib kurz vor der Halbzeit mit der erneuten Führung wieder die Wutkochtöpfe überlaufen lässt. »Absteiger!!! Ganz ehrlich!!!!«, »Gibt dicke Packung«, »Gott, sind die scheiße doof«, »Borussia ist eine Krückenmannschaft«, »Echt peinliche Vorstellung«. »Das ist doch echt zum Kotzen«. Eine halbe Stunde später ist nichts mehr zum Kotzen. Gerade hat Patrick Herrmann Borussia mit 3:2 in Führung geschossen. »Yeah baby«, »Geil«, »Die Seele brennt«, »Hammer«, »Borussia!!!!!«. Als Thorben Marx auch noch das 4:2 erzielt, ist der Sonntagabend gerettet.

Fußball ist zu 100 Prozent die Abwesenheit von Verstand. Gefühle sind es, die den Fan an den Verein binden. Diese Gefühle können schneller umschlagen als das Wetter in den Alpen. Nirgendwo lässt sich das besser und authentischer nachverfolgen als in den Kommentaren des Facebook-Auftritts der Borussia. Jeden Zwischenstand veröffentlicht der Verein dort und veranlasst jedes Mal hunderte von Fans, ihren aktuellen Gefühlszustand mitzuteilen. In der einen Sekunde war noch Weltuntergang inklusive Trainer-Raus-Rufe, dann ist plötzlich ein neues Zeitalter angebrochen, in dem Gladbach jede Saison um die Meisterschaft mitspielt. Bei Rückstand ordentlich schimpfen, bei Führung ordentlich jubeln und die beschimpfen, die eben noch ordentlich auf das Team geschimpft haben. »Na, wo sind die ganzen Kritiker jetzt?« Wer sich dort äußert, hat nicht unbedingt etwas zu sagen, aber unbedingt etwas loszuwerden. Wer weiß, wie viele Fans ohne Facebook ihren Wohnzimmerschrank mit der Axt zertrümmern würden?

96. GRUND

Weil 10.000 Fans mit nach Rom fuhren

Im Grunde ist der Abend des 21. Februars 2013 kein schöner für Borussia. Gerade hat das Team in Rom mit 0:2 gegen Lazio verloren und ist im Sechzehntelfinale der Europa League ausgeschieden. Doch auf den Rängen ist noch immer die Hölle los. Nicht bei den

Lazio-Fans, die haben sich längst auf den Weg nach Hause gemacht. Nein, wer dort noch immer die Mannschaft und sich feiert, sind die 10.000 Borussen-Fans, die für dieses Spiel so viele Karten gekauft haben wie die Anhänger des Gegners. Also geht das Team nach dem Duschen noch mal in die vollbesetzte Kurve, einzelne Spieler halten mit ihrem Handy den historischen Moment fest. Sogar Lucien Favre lässt sich blicken und macht mit den Fans die Welle. Es ist nicht das 0:2, das bleiben wird, sondern die Tatsache, dass so viele Anhänger wie noch nie Borussia zu einem Auswärtsspiel im Europapokal begleitet haben.

Schon den ganzen Tag über haben die Borussia-Fans im Internet für Schlagzeilen gesorgt. Knapp 2.000 von ihnen versammeln sich an der Spanischen Treppe, feiern ihre Borussia, schmähen den FC. Die Videos erreichen bei YouTube Zehntausende. Am Sonntag darauf antwortet der Sportkommentator Hansi Küpper im Sport1-*Fußballtalk* auf die Frage, was ein Traditionsverein ist: »Wenn in den Siebzigern ein Verein sich in die Herzen der Menschen in ganz Deutschland spielt und der holt jahrzehntelang keinen Titel und dann fährt dieser Verein nach Rom und da stehen 10.000 und Italien versteht die Welt nicht mehr, das ist Tradition!«

Tradition ist es in der Tat, dass bei Auswärtsspielen der Borussia nicht bloß ein paar Hundert Zuschauer im Gästeblock stehen, wie es bei den meisten Bundesligisten der Fall ist. Wenn Borussia auswärts spielt, dann werden sie von Tausenden Anhängern erwartet. Thomas »Tower« Weinmann, Fanbeauftragter des Vereins, erklärt das so: »Gladbach gehört neben Bayern, Dortmund und Schalke zu den vier Bundesligavereinen mit einer bundesweiten Anhängerschaft.« Den 70ern sei Dank. Deshalb wird Borussia auch bei fast jedem Auswärtsspiel ihr Kartenkontingent los, 3.000 bis 4.000 Fans sind immer dabei. Gegen Köln waren es sogar mal fast 30.000. Weinmann war gerade beim Pinkeln, als großer Jubel ausbrach. Er bekam gleich schlechte Laune, weil er davon ausging, dass der FC in Führung gegangen war. Dabei hatten seine Borussen ein

Tor geschossen, und die Fans einen Lärm gemacht, als sei es ein Heimspiel.

Dass Borussia auswärts so viele Fans mitbringt, ist trotz der goldenen Vergangenheit allerdings erstaunlich. Schließlich litt Borussia in den Nullerjahren an einer chronischen Auswärtsschwäche. Höhepunkt war eine Serie von anderthalb Jahren ohne Auswärtssieg zwischen dem 10. April 2004 und dem 24. September 2005. In der Saison 2004/05 blieb das Team ohne einen Sieg in der Fremde. Als es später auswärts wieder nicht lief und die Fans keine Lust mehr hatten, sich von den gegnerischen Anhängern verspotten zu lassen, machten sie sich einfach über sich selbst lustig. Das Fanprojekt ließ T-Shirts drucken mit dem Aufdruck »Auswärts-Depp«. Auf der Rückseite standen alle Auswärtssiege seit dem ersten Wiederaufstieg. Das T-Shirt war sofort ausverkauft.

97. GRUND

Weil selbst ein Testspiel ein Erlebnis ist

Ein Bundesligaspiel von Borussia Mönchengladbach gehört zu den Dingen, die regelmäßig die Belastbarkeit von Blutbahnen und Nervenzellen ausreizen. 50.000 Zuschauer, ein 1:0 und noch zehn Minuten zu spielen, ein Ball, der gegen die Latte knallt. Dass es nicht besser geht, bedarf keiner Diskussion. Doch anders schon. Sehr anders.

Willkommen in der Welt des Testspielbetriebs.

Ein Samstag im Juli 2013. 30 Grad Sonne knallen auf das niederrheinische Städtchen Wegberg herunter. Normalerweise würde sich an so einem Nachmittag höchstens der Postbote bewegen, doch das kann Wegberg heute vergessen. Borussia kommt. Der mächtige Nachbar hat es sich zur Angewohnheit gemacht, jedes Jahr in der Sommerpause ein Testspiel im Waldstadion des Fünftligisten

FC Wegberg-Beeck auszutragen. Stadion ist zwar die korrekte Bezeichnung, weckt aber falsche Vorstellungen. Es gibt eine kleine überdachte Haupttribüne mit Plastiksitzen, den Rest des Feldes umgeben begraste Erdhügel für alle, die einen Stehplatz vorziehen. 5000 Zuschauer fasst das Waldstadion, 3.000 sind gekommen, um sich das Spiel gegen den belgischen Erstligisten Lierse SK anzusehen. Man könnte sich aber auch einfach an den Zaun stellen, der die Anlage umgibt, und von dort kostenlos aufs Spielfeld gucken.

Wie bei jedem anderen Testspiel haben alle Beteiligten stillschweigend vereinbart, nicht annähernd 100 Prozent zu geben. Die Spieler grätschen nicht, sie dribbeln nicht, sie kombinieren nicht, sie springen nicht. Der Trainer stellt nicht seine beste Mannschaft auf. Es fehlen viele namhafte Spieler, kein Arango, kein ter Stegen, kein Kruse, kein Herrmann, kein Nordtveit. Dafür viele unbekannte Spieler, von denen einige so jung sind, dass man fürchten muss, einer von ihnen muss gleich vom Platz, weil Mutter zum Essen gerufen hat. Der Schiedsrichter pfeift nur an und ab. Die Fans machen keine Stimmung. Den größten Applaus gibt es, als die Mannschaften um kurz vor vier den Platz betreten und als das Spiel abgepfiffen wird. Zweimal dürfen die Fans jubeln, denn zweimal trifft Branimir Hrgota. Man wundert sich, dass die Zuschauer vor lauter Sommerfestidylle nicht noch anfangen, am Spielfeldrand zu grillen. Die Einzige, die 100 Prozent gibt, ist die Musikanlage, die vor und nach dem Spiel die Zuschauer beschallt. Doch 100 Prozent reichen nicht aus, um den Top-40-Pop verlustfrei über den Platz zu tragen.

Trotzdem ist so ein Testspiel unbedingt zu empfehlen. So nahe kommt man seinen Borussen in der Bundesliga nicht. In der Bundesliga stehen da 1.000 Ordner, Polizisten, Kameraleute. Man sitzt meist 10 bis 50 Meter vom Spielfeld entfernt und sieht weniger als im Fernsehen. Bei einem Testspiel fällt das alles weg, inklusive der monströsen Pausenbespaßung. Vor dem Stadion stehen zwei Polizeiautos, die Ordner fallen trotz ihrer orangefarbenen Leibchen nicht auf. Es ist ohne große Probleme möglich, einen Platz hinter der Werbebande zu finden und das Spiel auf Augenhöhe zu verfolgen. Die Zuschauer hören, wie hart der Ball ist, sie hören, was sich die Spieler zurufen, sie hören sie keuchen. Die Spieler, die im Fernsehen und im Stadion wie Helden aus einer anderen Galaxie wirken, sind in Wegberg plötzlich Menschen, die ohne Trikot nicht von den Zuschauern zu unterscheiden wären. Ein Testspiel ist ein Fußballspiel ohne den Bundesligawahnsinn.

Nach dem Abpfiff verschwinden die Spieler nicht einfach in den Kabinen. Sie wissen: In wenigen Sekunden sind sie von Fans umzingelt. Bei einem Bundesligaspiel wird ein Fan für das Betreten des Rasens standrechtlich erschossen, bei einem Testspiel ist das Teil des Erlebnisses. Kinder mit Trikots und dicken Filzstiften überwinden die Bande und gehen auf Autogrammjagd. Wer jetzt als Spieler nicht jede von ihm hingehaltene Schreibfläche signiert, der braucht sich nicht mehr blicken lassen. Denn er zerstört Kinderträume.

Und wenn der Zuschauer nach dem Spiel zurück zum Auto geht, kann es passieren, dass ihn ein kleiner Mann anspricht.

»Waren Sie mit dem Spiel zufrieden?«

»Ein bisschen müdes Gekicke.«

»Die haben hart trainiert die letzten Tage.«

Und noch bevor man fragen kann, woher er das denn wisse, sagt er stolz: »Ich bin der Vater von Amin Younes.«

Hach.

98. GRUND

**Weil auch der Kommerz
dem Gefühl nichts anhaben kann**

Borussia Mönchengladbach ist ein Mitglied der Fußballbundesliga. Jeder Bundesligist funktioniert nach den Prinzipien eines Unternehmens, mit dem einzigen Unterschied, dass Geld verdienen nicht

Zweck ist (hoffentlich), sondern Mittel für den sportlichen Erfolg. Es gibt Vereine, die in der Lage sind, das besser zu verbergen (St. Pauli, Mainz, Freiburg), es gibt Vereine, denen gelingt das weniger (Hoffenheim, Bayern, Wolfsburg). Borussia liegt irgendwo dazwischen, aber genau wie alle anderen bringt der Verein viel Geld in Bewegung.

Es verdienen und zahlen in diesem System ja nicht nur der Verein, es verdienen und zahlen in diesem System die Sponsoren, die Fernsehsender, die übrigen Medien. Das merkt man schnell. Das Trikot von Borussia ziert ein Sponsor mit einem sehr störenden Logo. Bei jedem Interview stehen die Spieler vor einer Werbewand. Werbebanden werden vor dem Team platziert, wenn es das offizielle Mannschaftsfoto der jeweiligen Saison machen lässt. Bei jedem Eckball im Borussia-Park präsentiert ein Autohersteller das Eckenverhältnis. Der Spieltag ist auseinandergezogen, damit Sky möglichst viele Zuschauer erreicht. Das Stadion bietet überwiegend Sitzplätze, weil man für Sitzplätze mehr Geld nehmen kann. Auch Borussia hat Business Lounges.

Der Einzige, der in diesem System nur zahlt, aber nichts verdient, ist der Fan. Er soll zahlen, damit alle anderen verdienen. Er soll ins Stadion kommen, ein Trikot kaufen, Sky gucken, Audi fahren, die Sportzeitung lesen. Deshalb wird er umworben, als ginge es einzig und allein um ihn. Gerne sagen die Spieler nach schlechten Spielen, dass sie den Fans nun etwas schuldig seien. Man muss schon sehr naiv sein, um zu glauben, dass die Unterhaltung des Fans der Zweck der Fußballbundesliga ist.

Borussia-Fans gelten nicht als knallharte Kapitalismuskritiker, aber auch viele von ihnen fühlen sich nicht immer wohl. Einerseits ermöglicht das Geldverdienen dem Verein so teure Einkäufe wie Luuk de Jong, andererseits verliert der Fußball dadurch viel von seiner Ursprünglichkeit. Der Widerstand der Fans gegen die Verbannung von Pyrotechnik hat im Kern damit zu tun, dass der Fan sich nicht alles überstülpen lassen will, was lediglich dazu dient, noch mehr Geld zu verdienen. Das Pyro-Verbot soll mehr Sicherheit bringen, das aber ist nicht nur Zweck, sondern auch Mittel, um mehr Familien mit mehr Geld in die Stadien zu locken.

Doch es ist zum Glück noch immer so: All das schmälert auf Dauer nicht das geile Gefühl, Fan von Borussia Mönchengladbach zu sein. Zwar sind unsere Emotionen der Weg, über den die Geschäftsleute an unseren Geldbeutel kommen, aber das entwertet unser Gefühl nicht. Kein PR-Mensch hat es in uns ausgelöst, das war schon vorher da und es wird auch noch da sein, wenn alles andere mal nicht mehr sein wird. Wir sind ja nicht wegen dieser Maschinerie hier, sondern trotz. Wir feuern diese Mannschaft an, weil wir es wollen, nicht weil ihr es Euch so ausgedacht habt. Dieses eine Gefühl, das ist so stark, das gehört nur uns. Ihr könnt es ausbeuten, aber Ihr könnt es nicht verderben.

8. KAPITEL

GEMISCHTE TÜTE

WAS SICH NICHT EINORDNEN LIESS

99. GRUND

Weil Borussia das erste deutsche Team war, das ein Freundschaftsspiel in Israel bestritt

Es gibt einige Dinge, die eine Fußballmannschaft lieber lassen sollte, wenn sie Deutscher Meister werden will. Zum Beispiel drei Tage vor einem wichtigen Spiel in ein Land reisen, das regelmäßig Ziel terroristischer Anschläge ist. Es gibt aber auch Dinge, die man einfach tut, obwohl viele Dinge dagegen sprechen. So läuft Borussia Mönchengladbach am 25. Februar 1970 in Tel Aviv gegen die israelische Nationalmannschaft auf. Es ist das erste Spiel, das eine deutsche Fußballmannschaft im jüdischen Staat bestreitet. 25 Jahre nach Ende des Zweiten Weltkriegs.

Angefangen hat alles mit Hennes Weisweiler. Der bildet zu seiner Zeit an der Sporthochschule Köln den Holocaust-Überlebenden Emanuel Schaffer zum Fußballtrainer aus. Als dieser 1969 mit der israelischen Nationalmannschaft in Deutschland gastiert, sucht er einen Gegner für ein Trainingsspiel und wendet sich an Weisweiler. Der willigt sofort ein. Borussia schlägt Israel auf dem Bökelberg mit 3:0. Manager Helmut Grashoff freundet sich mit Schaffer an, der das Team zu einem Gegenbesuch nach Israel einlädt. Grashoff sagt sogleich zu.

Doch das Spiel gegen die israelische Nationalmannschaft soll drei Tage vor dem Meisterschaftsspiel gegen Werder Bremen stattfinden. Borussia befindet sich gerade in einem Kopf-an-Kopf-Rennen mit Köln um die Tabellenspitze und könnte zum ersten Mal Deutscher Meister werden. Außerdem haben einige Spieler Angst um ihre Sicherheit, die Spielerfrauen drängen Grashoff, die Reise abzusagen. Grashoff wendet sich an das Auswärtige Amt. Dort betont man die politische Bedeutung, die das Spiel für die deutsch-israelische Beziehungen hat. Die Sache ist klar, der Termin bleibt.

Mit einer Bundeswehrmaschine und zahlreichen Sicherheitsbeamten bricht das Team nach Israel auf. Angeführt von Netzer stürmt das Team zu einem 6:0-Sieg, die Zuschauer feiern die Helden vom Niederrhein mit Sprechchören. Gladbach gewinnt sein nächstes Bundesligaspiel und wird kurz darauf zum ersten Mal Deutscher Meister. Im Dezember kehren die Borussen wieder nach Israel zurück, diesmal für zehn Tage. Der Flug in den Nahen Osten wird zur Tradition. Regelmäßig bereitet sich Borussia in den nächsten Jahren in der Winterpause bei angenehmen Temperaturen auf die Rückrunde vor.

Die guten Beziehungen sorgen auch dafür, dass Borussia der erste europäische Profiverein ist, der einen israelischen Spieler verpflichtet. Im Sommer 1972 kommt Shmuel Rosenthal, Abwehrchef der israelischen Nationalmannschaft, an den Niederrhein. Markenzeichen: Koteletten und Walross-Bart. Er soll als Libero die Abwehr stabilisieren. Doch stattdessen kassiert Borussia Tor um Tor. Rosenthal landet auf der Bank und macht nur 13 Spiele für Borussia. Damit ist das Abenteuer Bundesliga für ihn beendet, bevor es richtig begonnen hat. In der *Rheinischen Post* begründet er seinen Leistungsabfall später mit dem niederrheinischen Klima: »Dann wurde das Wetter schlechter und ich bekam Probleme.«[30]

100. GRUND

Weil Thomas Broich nebenbei Philosophie studierte

Für viele Fußballspieler ist der Kopf bloß ein Körperteil, mit dem sie den Ball berühren dürfen und auf dem sie sich lustige Frisuren wachsen lassen. Bitte keine Empörung. Die Vereine haben sie ja nicht eingestellt, weil sie sich von ihnen neue Erkenntnisse in der Quantentheorie erhoffen.

Thomas Broich hat während seiner Zeit bei Borussia Mönchengladbach von 2004 bis 2006 gezeigt, dass es auch andere Profis gibt. Er hat es sogar so sehr gezeigt, dass er auf ewig der *andere Profi* sein wird, lange nachdem man seine Leistungen auf dem Platz vergessen hat. Er war kein politischer Revoluzzer wie Ewald Lienen, er war ein junger Mann, der die Freiheit liebte und neben dem Körper auch den Geist trainieren wollte. Während andere Hip-Hop hörten, hörte er auch mal klassische Musik, was ihm den Spitznamen Mozart einbrachte. Während andere zur Entspannung Playstation zockten, las er russische Klassiker. Während andere den neuesten Audi fuhren, fuhr er einen alten Mercedes. Und während andere an trainingsfreien Nachmittagen auf der Kö ihr Geld ausgaben, hatte er in Düsseldorf ein anderes Ziel: die Heinrich-Heine-Universität. Für irgendwas musste das Abitur ja gut sein. Dort studierte er nichts Vernünftiges oder Uncooles wie zum Beispiel Oliver Bierhoff, der sich nach 25 Semestern an der Fernuni Hagen endlich Diplom-Kaufmann nennen durfte. Nein, Broich studierte das aussichtsloseste aller Fächer: Philosophie.

Ein großer Fußballspieler ist aus dem offensiven Mittelfeldspieler Thomas Broich leider nie geworden, auch wenn er zu den größten Hoffnungen des deutschen Fußballs gehörte, auf einer Stufe mit Schweinsteiger, Lahm und Podolski. Doch nicht nur Verletzungen waren es, die ihn zurückwarfen, es war auch genau das, was ihn von anderen unterschied: der Gebrauch seines Kopfes. Broich entwickelte früh eine Distanz zum Zirkus Bundesliga, er war nicht bereit, so viel für den Sport zu opfern, und vergaß vor lauter Kopf, dass er wegen der Füße bezahlt wurde. In Zeiten der Krise wandte sich das Image des Feingeistes schnell gegen ihn. Dann war er das Weichei. Die wenigsten Mitspieler hatten Verständnis für seinen Lebensstil. In Gladbach begann er vielversprechend, doch der diktatorisch veranlagte Advocaat nahm ihm die Freude am Spiel. Nach Advocaats Abschied kehrte sie nicht mehr so richtig zurück. Broich wechselte zum 1. FC Köln. Auch dort lief es zu Beginn gut, dann aber überwarf er sich mit Christoph Daum. Beim 1. FC Nürnberg beschloss er: Ich muss hier weg. Möglichst weit.

Und so fand er doch noch sein ungewöhnliches Glück. In der 1. australischen Liga. Der Dokumentarfilm *Tom meets Zizou* erzählt ergreifend diese Geschichte vom Talent zum fußballdepressiven Spieler zum erfolgreichen Auswanderer. Auf der anderen Seite des Erdballs, wo Fußballer nicht so unter Druck stehen wie in der Bundesliga, entwickelte er wieder Freude am Spiel und wurde gleich zweimal australischer Meister mit Brisbane Roar. Seinen Vertrag hat er vorzeitig bis 2017 verlängert.

101. GRUND

Weil Kasey Keller in einer Burg residierte

Es gibt exakt zwei Dinge, um die ein Amerikaner Deutschland beneidet: die Fußball-Bundesliga und die Schlösser und Burgen. Als Kasey Keller im Januar 2005 nach Deutschland kommt, könnte man ihn glatt für einen Ami-Touristen halten. Mit seiner hohen Stirn und den breiten Schultern sieht er aus wie einer dieser Dads mit Gürteltasche aus einem Hollywood-Familienfilm der 80er. Doch Kasey Keller ist nicht bloß gekommen, um sich Bundesliga und Burgen anzusehen. Mit 35 Jahren wird er nicht nur Stammtorhüter von Borussia Mönchengladbach, sondern auch Burgherr.

Vorher hat der Torhüter der amerikanischen Nationalmannschaft in London in einer viktorianischen Villa aus dem 19. Jahrhundert gelebt. Für die neue Heimat entdeckt seine Frau Kristin im Internet Haus Donk, eine Wasserburg in der Kleinstadt Tönisvorst, 20 Autominuten vom Nordpark entfernt. 1.000 Jahre alt, im 19. Jahrhundert niedergebrannt, in den 1970ern wieder aufgebaut, zwei Türme, Gewölbekeller, Rittersaal, Wasserspeier mit gruseligen Gesichtern, Graben, parkähnlicher Garten mit See. Perfekt für einen Ami mit Schlossfantasien. Zumal Haus Donk auch zeitgemäße Annehmlichkeiten bietet. Zum Beispiel einen 100 Quadratmeter großen Pool- und Saunabereich. Die Familie Keller mit ihren zwei Kindern mietet sich ein. Und macht sich daran, das Schloss zu amerikanisieren. Auf die Terrasse stellt Kasey einen großen Grill, in den Garten einen Basketballkorb, in die Küche einen riesigen Kühlschrank. Außerdem schleppt er einen Flipper an und hängt ein Poster von Beavis and Butt-Head auf.

Der King of the Castle wird in Gladbach auch zum King of the Strafraum. Anderthalb Spielzeiten sorgt er dafür, dass Borussia in der Liga bleibt. Und wird deshalb schnell zum Publikumsliebling. The Wall nennen ihn die Fans. Die Mannschaft wählt ihn zum Kapitän. Doch den Abstieg kann auch er irgendwann nicht verhindern, seine Schuld ist es am allerwenigsten. Am 29. Spieltag der Saison 2006/07 verletzt er sich kurz vor Abpfiff am Oberschenkel und wird nie mehr ein Spiel für Borussia machen. Weil erst er sich bei der Vertragsverlängerung ziert und schließlich Borussia nicht mehr will, als er will. Sein Abschied gerät denkwürdig. Nach dem letzten Spiel gegen Bochum kommt er im weißen Hemd und schwarzer Stoffhose auf den Platz gelaufen, im Schlepptau seine Kinder, und schnappt sich ein Mikrofon. Statt eine lange Abschiedsrede zu halten, sagt er bloß »Cologne, Cologne ...« und die Nordkurve vollendet. Keller schmeißt das Mikrofon in die Luft und geht vom Platz.

Haus Donk wird nach dem Auszug der Familie Keller zu einer Wellness-Oase mit allen möglichen seltsamen Anwendungen und Angeboten. Das hat sich selbstverständlich ein Ehepaar aus Düsseldorf ausgedacht.

102. GRUND

Weil Borussen auch nach ihrer Zeit in Gladbach für Aufsehen sorgten

Eigentlich kann dieser Ball gar nicht reingehen. Knapp acht Meter vor dem Tor ruht er auf dem Rasen. Daneben steht Stefan Effenberg, ein paar Meter davor Patrik Andersson. Auf der Linie hat sich fast die komplette Mannschaft des Gegners versammelt. Da ist keine Lücke zu sehen. Es ist der 19. Mai 2001. Hamburger SV gegen Bayern München. 94. Minute. Indirekter Freistoß. Der HSV führt seit drei Minuten mit 1:0. Eigentlich darf dieser Ball auch nicht reingehen. Findet Fußballdeutschland. Denn gelingt den Bayern der Ausgleich, werden sie doch noch Meister und nicht die Schalker, die die Feierlichkeiten bereits begonnen haben. Jetzt alle mal Luft anhalten. Stefan Effenberg legt den Ball vor und Patrik Andersson, früher Gladbachs knallharter Verteidiger, hämmert das Leder flach links in die Ecke, vorbei an allen HSV-Beinen. Es ist sein erstes Tor für die Münchener. Schalke wird bloß Meister der Herzen.

So wie Patrik Andersson haben auch andere Borussen nach ihrem Fortgang vom schönen Niederrhein für Aufsehen gesorgt. Nicht immer hatte das sportliche Gründe, aber immer war es denkwürdig. Weitere Beispiele ohne Anspruch auf Vollständigkeit:

Am 14. August 1981 wurde Ewald Lienen Opfer des berühmtesten Fouls der Bundesligageschichte. Gerade war er von Borussia zu Arminia Bielefeld gewechselt, als ihm der Bremer Norbert Siegmann mit dem Stollen den rechten Oberschenkel aufschlitzte. Die 25 Zentimeter lange Fleischwunde dürfte noch der Zuschauer in der letzten Reihe gesehen haben. Aufgebracht rannte Lienen zu Bremens Trainer Rehhagel und beschuldigte ihn, Siegmann zum Foul angestiftet zu haben. Letztlich war die Verletzung harmloser, als sie aussah. Ein paar Wochen später konnte Lienen schon wieder spielen, heute herrscht zwischen allen Beteiligten Frieden.

Dante gehörte schon bei Borussia zu den heiteren Zeitgenossen. Auch die Bayern konnten ihm seinen Humor nicht nehmen. Als er wegen seines Einsatzes in der brasilianischen Nationalmannschaft 2013 nicht am DFB-Pokal-Finale gegen Stuttgart teilnehmen konnte, schickte er seinen Kollegen unmittelbar nach dem Sieg eine Videobotschaft und sang »Wir gewinn' Meisterschaft, wir gewinn Champions League und Pokal auch, und Pokal auch«. Daraus wurden im Studio zwei Singles von eher übersichtlicher musikalischer Qualität mit den Titeln *Wir gewinnen die Meisterschaft* und *Und Pokal auch*. Die Songs schafften es gleichzeitig in die Top 100 der deutschen Charts. Das war noch keinem Fußballer gelungen.

Holger Fach, vier Jahre Spieler und ein Jahr Trainer beim VfL, gehörte nicht zu jenen, die jeden Tag Schlagzeilen für den Boulevard produzierten. Der große, schlaksige Fach wirkte viel zu asketisch, um für die Presse von Interesse zu sein. Das änderte sich, als er anfing, Spielerinnen der deutschen Fußballnationalmannschaft zu daten. Wenn wir den einschlägigen Publikationen und Wikipedia glauben dürfen, lief das ungefähr so ab: Erst knutschte Herr Fach mit Inka Grings. Als er darauf keine Lust mehr hatte, traf er sich mit Linda Bresonik. Das Tollste daran: Grings und Bresonik waren zuvor mehrere Jahre ein Paar gewesen, bis Fach sich dazwischen schob. »Das bizarre Liebes-Dreieck des deutschen Fußballs«[31] titelte BILD.

Wenn es um Schlagzeilen geht, darf einer nicht fehlen: Lothar Matthäus. Der wurde in seiner Gladbacher Zeit noch nicht verhaltensauffällig, war nur in erster Ehe verheiratet. Das änderte sich schnell. Er heiratete Lolita Morena. Er heiratete Marijana Kostić. Er heiratete Kristina Liliana Čudinova. Er hatte eine Beziehung mit Maren Müller-Wohlfahrt, der Tochter des Bayern-Docs. Er hatte eine Beziehung mit Joanna Tuczyńska. Lothar wurde älter, die Frauen jünger. Es hat keinen Sinn, seine aktuelle Freundin zu nennen, weil sich auf dem Weg zur Druckerei schon wieder alles geändert haben könnte. Außerdem ließ er sich für die Vox-Doku *Lothar –*

immer am Ball in seinem Alltag begleiten und bewies dabei, dass er nicht mal vernünftig Spiegeleier braten kann. Er sprach ein Fantasie-Englisch, als er seine Fußballkarriere in den USA fortsetzte, er ... Das muss jetzt reichen.

103. GRUND

Weil sie irgendwann alle zurückkommen

Es gibt ein Leben nach Borussia. Es heißt Borussia. Viele Borussen haben gedacht, sie könnten anderswo ihr Glück finden. Es anderswo besser haben. Einige haben gewusst, dass sie es nirgendwo besser haben werden, sind deshalb geblieben und Funktionär geworden. Das Paradebeispiel für beides ist Jupp Heynckes, der bei Borussia seine Karriere begann, dann zu Hannover wechselte, bald wieder für Borussia stürmte, Co-Trainer und Cheftrainer wurde, wieder wechselte und schließlich noch einmal Cheftrainer wurde. Doch neben ihm gibt es noch viele andere Borussen, die es immer wieder zurück zum großartigsten Verein der Bundesliga zog.

Kategorie: »Kann ich nicht wieder bei euch mitspielen?«

Abwehrlegende Hans-Günter Bruns kam bereits nach einer Saison auf die Idee, die Rheinseite zu wechseln und für Fortuna Düsseldorf zu spielen. Glücklicherweise kehrte er eine Saison später wieder zurück und spielte noch elf Jahre für Borussia. Von 1987 bis 1990 deutete Stefan Effenberg am Bökelberg schon mal an, wie gut er noch werden würde. Nach nicht erwähnenswerten Zwischenstationen in München und Florenz kehrte er wieder zu seiner Bestimmung zurück und führte Borussia zweimal in den Europapokal. Martin Dahlin brauchte nur fünf Jahre oder 106 Spiele, um 50 Bundesligatore für Borussia zu erzielen. Danach fühlte er sich dazu berufen, für den AS Rom anzutreten. Nur um ein paar Monate später in der Rückrunde doch wieder am Bökelberg aufzulaufen und noch mal zehn Buden zu machen. So torgefährlich war Marcel Ketelaer nur in der 2. Liga, doch seine Flügelläufe sind bis heute jedem Fan in Erinnerung. Nach fünf Jahren Borussia wollte er höher hinaus und wechselte zum HSV. Dort setzte er sich nicht durch und heuerte wieder in Gladbach an. Nach sensationellen acht Torvorlagen gegen Ende der Saison 2002/03 gelang ihm allerdings nicht mehr so viel.

Christoph Kramer kam als Leihe für zwei Jahre von Leverkusen zu Gladbach, schaffte dort seinen Durchbruch, wurde Nationalspieler und Weltmeister und musste doch zurück nach Leverkusen. Aber weil er dort nicht glücklich wurde, kehrte er nach einem Jahr wieder zurück.

Kategorie: »Ihr kennt mich noch von früher, kann ich nicht Cheftrainer werden?«

Wenn immer es ging, hat Borussia in den vergangenen 20 Jahren bei Trainerwechseln auf frühere Profis zurückgegriffen. Der erfolgreichste von ihnen war Bernd Krauss, der in den 80ern sieben Jahre für Borussia verteidigte und sich dann über den Posten des Co-Trainers als Chef qualifizierte. Nicht ganz so viel Erfolg hatte Michael Frontzeck, der gleich zweimal als Spieler zu Borussia zurückkehrte und als Trainer immerhin eine passable Saison hinlegte, bevor der Vorstand die Notbremse zog. Horst Köppel spielte insgesamt neun Jahre für Borussia, trainierte sie allerdings nur etwas mehr als eine Saison, obwohl ihm die beste Platzierung seit zehn Jahren gelang. Ewald Lienen, früher Stürmer, und Holger Fach, einst Verteidiger bei Borussia, durften nur sechs Monate bis ein Jahr auf der Trainerbank Platz nehmen, Norbert Meier noch ein wenig kürzer. Und Rainer Bonhof? Ach schweigen wir lieber.

Kategorie: »Kann ich nicht einfach bei euch bleiben?«

Einige Spieler ließen sich nach dem Ende der Profikarriere gleich einen neuen Job bei Borussia geben. Uwe Kamps wurde nach 40.000 Bundesligaspielen nicht völlig überraschend Torwarttrainer. Christian Hochstätter spielte sensationelle 16 Jahre für Borussia und war danach das Leben außerhalb Gladbachs gar nicht mehr gewohnt. Also wurde er Sportdirektor. Doch als Dick Advocaat ging, musste auch Hochstätter gehen. Abwehrspieler Steffen Korell beendete 2005 seine Karriere bei Borussia wegen eines Knorpelschadens. Zwar war er nicht das größte Talent unter der Sonne, soll aber als Abteilungsleiter Scouting bei anderen das Talent entdecken und verhindern, dass Borussia sich den nächsten Bankdrücker holt. Die größte Karriere hat Max Eberl hingelegt. Als Spieler eher unauffällig bekommt er nun neben dem Trainer die meiste Sprechzeit vor den Fernsehmikrofonen. Schließlich hat er es über den Posten des Nachwuchskoordinators zum Sportdirektor geschafft. Sogar eine Kölner Kultfigur wollte nach seiner aktiven Zeit Gladbach nicht mehr verlassen. Toni Polster trieb sich zwar noch kurz in Salzburg herum, kehrte dann aber zurück, um drei Jahre in der Marketingabteilung von Borussia zu arbeiten.

104. GRUND

Weil Marc-André ter Stegen einen Elfmeter gegen Messi gehalten hat

Es gibt bessere Momente für einen Torhüter, um eingewechselt zu werden. Zum Beispiel jeden anderen. Gerade ist Ron-Robert Zieler als erster Keeper der deutschen Nationalmannschaft vom Platz geflogen, weil er einen Argentinier nicht gerade subtil im Strafraum von den Beinen geholt hat. So kommt Marc-André ter Stegen im

August 2012 zu seinem zweiten Länderspiel. Das Problem ist bloß: Seine erste Aufgabe ist es, einen Elfmeter zu halten. Gegen Lionel Messi. Kaum zehn Sekunden, nachdem er sich die Handschuhe angezogen hat, läuft Messi an. Ter Stegen rudert mit den Armen, Messi schießt flach in die rechte Ecke. Und ter Stegen – wehrt den Ball nicht nur ab, sondern hält ihn fest.

Ter Stegen und der Bundesadler, das ist eine denkwürdige Beziehung. Denn der Elfmeter ist leider seine einzige Heldentat in der A-Nationalmannschaft. Ansonsten: Tiefschläge und Pannen. Seine besten Leistungen zeigt er, wenn die Raute auf seiner Brust prangt. Guter Junge.

Aber von Anfang an. In der Rückrunde 2010/11 geht der Stern von ter Stegen bei Borussia auf. Der Gladbacher Jung hat alle Jugendmannschaften des Vereins durchlaufen und steht beim Spiel gegen den 1. FC Köln zum ersten Mal im Tor der Bundesligamannschaft. Die Borussia ist in höchster Abstiegsgefahr, ein Torwartwechsel zu dieser Zeit nicht ohne Risiko.

Doch Favre weiß: Der Typ hat es drauf. Und wie. Beim 5:1 ist er ein sicherer Rückhalt. Spätestens, als er beim 1:0-Sieg gegen Dortmund alles abwehrt, was die anderen Borussen aufs Tor bringen, weiß auch Fußballdeutschland: Manuel Neuer bekommt Konkurrenz. In der Saison darauf läuft es noch besser. Er kassiert nur 24 Gegentore, das ist Vereinsrekord. Der *kicker* wählt ihn zum besten Torhüter der Saison. 15-mal spielt er zu Null, kassiert nie mehr als zwei Gegentore. Das führt zu Gerüchten. Zum Beispiel: Barcelona will ihn.

Dann beruft ihn Jogi in den erweiterten EM-Kader. Und alles geht schief. Gegen die Schweiz soll er sich bewähren. Klingt machbar. Doch die Bayern-Spieler pausieren noch, die Abwehr ist völlig überfordert. 3:5 verliert Deutschland, zweimal sieht ter Stegen beim Rauslaufen nicht gut aus. Zum letzten Mal hat Deutschland vor acht Jahren gegen Rumänien fünf Gegentore kassiert. Die Nationalmannschaft fährt ohne ter Stegen zur EM nach Polen.

Nach dem Turnier bekommt er wegen des Platzverweises von Zieler seine nächste Chance. Doch trotz des gehaltenen Elfmeters verliert Deutschland 1:3. Beim Eigentor von Khedira sieht er ebenso unglücklich aus wie der Täter. Ter Stegen muss eine Saison warten, bis Löw ihm eine dritte Chance gibt. Gegen die USA muss es doch klappen. Auch wenn die Spieler von Dortmund und Bayern fehlen. Nach einer Viertelstunde, die USA liegen bereits in Führung, passt Höwedes mit mäßiger Geschwindigkeit den Ball zurück zu ter Stegen. Der will ihn sich zur Seite legen, doch irgendwie rollt der Ball vorbei, er grätscht noch hinterher – vergeblich. 0:2. Er ist nun völlig verunsichert, stolpert wenige Minuten später beim Zurücklaufen. Deutschland verliert mit 3:4. Zwölf Gegentore hat ter Stegen in drei Länderspielen kassiert, jedes endete mit einer Niederlage. Der FC Barcelona hat ihn leider trotzdem gekauft.

105. GRUND

Weil die Weisweiler Elf sonst Nachwuchssorgen hätte

Die Titelsammlung von Borussia Mönchengladbach ist imposant. Doch das ist nichts gegen die Trophäen, die Jörg Jung aufbewahrt. Gäbe es im Guinness Buch der Rekorde die Kategorie »Meiste Pokale in einer Versicherungsfiliale«, dann wäre Jung uneinholbar vorne. Weil keine Vitrine ausreichen würde, hat er sie einfach alle auf den Schrank im Büro gestellt. Jörg Jung hat in den 80ern für Borussia gespielt, auch wenn sich daran ehrlicherweise nur wenige erinnern. Ein Bundesligaspiel machte er für das Team und zwei im UEFA-Pokal. Der Kader war damals einfach zu gut besetzt. Deutlich häufiger und erfolgreicher hat er für das Team gespielt, dessen Geschicke er seit einigen Jahren zusammen mit den Fohlenlegenden Peter Wynhoff und Karlheinz Pflipsen leitet: die Weisweiler Elf.

Oder wie Jung sie nennt: »die beliebteste Traditionself Deutschlands«.

Die Geschichte der Weisweiler Elf beginnt am 18. Juli 1991 in der Gaststätte Parkklause im Gladbacher Stadtteil Windberg. Damals beschließen Kultmasseur Charly Stock, Torjäger Herbert Laumen, Rudi Pöggeler, Mitglied der Aufstiegsmannschaft von 1965, und Hans Davids, der erste Manager von Günter Netzer, das Andenken von Hennes Weisweiler so zu bewahren, wie er es am liebsten gehabt hätte: auf dem Fußballplatz. Es gibt zwar schon so eine Art Traditionself der Borussia, aber die ist nicht wirklich organisiert. Das wollen sie ändern und gründen eine Elf, die Weisweilers Namen trägt. Seine Frau Gisela gibt ihr Einverständnis, kurze Zeit später treten die Borussen zum ersten Spiel an gegen eine Auswahl von Pfarrern auf der Ernst-Reuter-Kampfbahn vom 1. FC Mönchengladbach. Jupp Heynckes besorgt den ersten Satz Trikots. Zu den Spielern gehören Rainer Bonhof, Wolfgang Kleff, Horst Köppel und Herbert Laumen. Im Laufe der Jahre werden fast alle großen Borussen in die Elf berufen, nur das Debüt von Stefan Effenberg steht noch aus. Zu Beginn sind es bloß drei bis vier Spiele pro Jahr, doch die Qualität der Weisweiler Elf spricht sich herum.

Heute bestreitet das Team jährlich 25 bis 30 Auftritte. Bei Vereinsjubiläen, Sportplatzeröffnungen, Benefizveranstaltungen oder Turnieren gegen andere Traditionsmannschaften. Die sind im Gegensatz zur Weisweiler Elf nicht unabhängig vom Verein. Jung, Pflipsen und Wynhoff betreiben das Team als Mini-GmbH ohne Gewinnabsichten. Hauptsache, die Null steht. Kern der aktuellen Truppe sind Spieler vom DFB-Pokal-Finale 1995, neben Wynhoff und Pflipsen auch Thomas Kastenmaier, Jörg Neun und Ersatztorhüter Jörg Kaessmann. Zwar ist die Laufbereitschaft nicht mehr so ausgeprägt wie früher, die Spiele dauern deshalb nur zweimal 40 Minuten, aber das Gefühl im Fuß ist noch da. Weshalb das Team die meisten Spiele deutlich mit 5 bis 15 Toren gewinnt. Und das ohne Training. Die Weisweiler Elf könnte in jeder Bezirksliga locker mithalten. Die Bilanz ist deutlich besser als die der aktuellen Bundesligamannschaft. Am wichtigsten aber ist die dritte Halbzeit, wenn die Spieler noch bei einer Bratwurst Autogramme geben und den Fans in der Provinz beweisen, dass Fußballstars auch bloß Menschen sind.

Borussia sorgt freundlicherweise dafür, dass der Weisweiler Elf der Nachwuchs nicht ausgeht. Jeder Spieler, der seine Karriere beendet und für die Fohlen gespielt hat, ist ein Kandidat für die Traditionstruppe. Arie van Lent ist mittlerweile dabei, auch Oliver Neuville bleibt seiner alten Liebe treu. Das ewige Talent Benjamin Auer debütierte sogar mit 32 Jahren und schoss fünf Tore. In seiner gesamten Zeit bei Borussia schaffte er gerade mal drei.

106. GRUND

Weil die Namensrechte am Stadion noch nicht verkauft wurden

Wer immer noch glaubt, in der Bundesliga gehe es nicht hauptsächlich ums Geld, werfe bitte einen Blick auf die Namen der Stadien. Bayern München spielt in der Allianz Arena, Borussia Dortmund im Signal Iduna Park, Schalke 04 in der Veltins-Arena, der HSV in der Imtech Arena, der SC Freiburg im Mage Solar Stadion. Und so weiter. Und so weiter. Nur drei Bundesligisten haben darauf verzichtet, den Namen ihrer Heimspielstätte einem Unternehmen zur Verfügung zu stellen: Hertha BSC spielt weiterhin im Olympiastadion. Das Land Berlin als Besitzer hätte sicher etwas gegen eine Umbenennung einzuwenden. Werder Bremen tritt seit Jahrzehnten im Weserstadion an, das Stadion gehört dem Verein aber nur zur Hälfte, die andere gehört der Stadt.[32]

Bleibt nur noch Borussia. Die ist alleiniger Besitzer ihres Stadions und hat bis heute darauf verzichtet, ihre Arena nach einem

Kreditunternehmen oder Getränkefabrikanten zu benennen. Wenn die Fohlenelf daheim aufläuft, dann im Stadion im Borussia-Park. So lautet jedenfalls die offizielle Bezeichnung. Doch es ist nicht die einzige. Im Umlauf sind auch Nordpark-Stadion, Stadion im Nordpark oder einfach Borussia-Park.

Dabei war der Plan ein anderer gewesen. Im März 2002 ist der erste Spatenstich für ein Stadion, das die Ära Bökelberg beendet. Auf einem früheren Gelände der britischen Armee entsteht der Nordpark, ein riesiges Gewerbegebiet, und das Zentrum soll das neue Stadion sein. Die ursprünglichen Pläne, eine Multifunktionsarena mit verschließbarem Dach und herausfahrbarem Rasen zu errichten, scheitern an den Kosten von knapp 350 Millionen DM. Stattdessen orientiert sich Borussia an den Fragen: Wie viel Geld können wir aufbringen? Was bekommen wir dafür? Heraus kommt eine Sparversion für 87 Millionen Euro mit 54.000 Zuschauern. Von außen sieht sie ein wenig so aus, als sei sie nicht fertig gebaut worden. Zum Vergleich: Die Veltins-Arena mit ihren 61.000 Sitzplätzen kostet rund 191 Millionen Euro. Im August 2004 trägt Borussia ihr erstes Bundesligaspiel in der neuen Heimat aus. 80 Meter über dem Meeresspiegel, der Borussia-Park liegt 19 Meter höher als der Bökelberg.

Das neue Stadion enthält alles, womit sich Geld verdienen lässt. Viele Sitzplätze, Logen, Business-Plätze. Von Anfang an hat Borussia auch die Absicht, mit dem Verkauf des Stadionnamens Kohle in die Kasse zu bringen. In einem Interview mit der *Rheinischen Post* sagt der damalige Vizepräsident Rolf Königs bereits 2002:

»Wir gehen vom Bökelberg weg. Emotionale Überlegungen wie etwa beim Hamburger Volksparkstadion entfallen deshalb bei uns vollständig. Das neue Stadion wird nicht Nordpark-Stadion oder auch nicht Hennes-Weisweiler-Stadion heißen. Wir haben die hervorragende Möglichkeit, den Namen im Rahmen unseres Sponsorings zu vermarkten.«[33] Im Januar 2004 antwortet der damalige Präsident Adalbert Jordan derselben Zeitung auf die Frage, ob das

Stadion schon einen Namen habe: »Wir arbeiten daran. Ich hoffe, dass wir einen Partner finden – und das in nicht zu ferner Zukunft, damit der Name Nordpark sich nicht allzu sehr festsetzt.«[34]

Genau das aber ist zum Glück passiert, und Borussia von dem Plan abgerückt, unbedingt einen Sponsoren zu finden. Es hat Interessenten gegeben. Einer machte es zur Bedingung, das Stadion blau zu beleuchten. Borussia lehnte ab. Das ist schließlich mit den Vereinsfarben nicht vereinbar. So spielt Borussia auch neun Jahre nach der Eröffnung im Stadion im Borussia-Park oder im Nordpark oder im Borussia-Park oder wo auch immer. Hauptsache, Borussia steht auf dem Platz.

107. GRUND

Weil es hier sonst nichts gibt

Über die Stadt Mönchengladbach lassen sich zwei Dinge positiv festhalten: Man ist schnell im Grünen und man ist schnell in Düsseldorf, im Ruhrgebiet und in Köln. Mit anderen Worten: Das Positivste an Mönchengladbach ist, dass man schnell wegkommt. Oberbürgermeister Norbert Bude und ein paar andere Repräsentanten der Stadt werden das ein wenig anders sehen, das ist ihr Beruf, aber Gladbach hat trotz seiner knapp 255.000 Einwohner nicht so wahnsinnig viel zu bieten. Die Altstadt hat einen Leerstand wie ein Dorf in Brandenburg. Zum Ausgehen fahren die Leute lieber nach Düsseldorf. Das Kulturleben beschränkt sich auf ein paar Konzerte im Hockeystadion und im Borussia-Park, ein renommiertes Museum und ein einigermaßen renommiertes Theater. Die Bausubstanz der Stadt ist von übersichtlicher Schönheit, gefühlt sieht Mönchengladbach aus wie Oberhausen oder Duisburg. Bis vor einigen Jahren war Gladbach die größte deutsche Stadt ohne Anbindung an den Fernverkehr, nun gibt es eine Handvoll Verbindungen pro Woche.

Die Stadtkassen sind leer. Gladbach musste jahrelang mit einem so genannten Nothaushalt über die Runden kommen. Noch vor 100 Jahren war es eine blühende Textilstadt, mit dem Niedergang der Textilindustrie begann auch der Niedergang der Stadt. Eigentlich sind es zwei Städte, die sich noch immer nicht total sympathisch sind, Mönchengladbach und Rheydt. Bereits 1929 waren die beiden Orte zusammengelegt worden, 1933 machte der Rheydter Joseph Goebbels, der berühmteste, aber sicher nicht beliebteste Sohn der Stadt, seine Heimat wieder selbstständig. 1975 wurde Rheydt erneut eingemeindet, was die Bewohner nicht unbedingt mit Begeisterung aufnahmen. Rheydt hat bis heute seinen eigenen Hauptbahnhof. Gladbach ist damit weltweit die einzige Stadt mit zwei Hauptbahnhöfen.

Auch der Niederrhein, als deren Hauptstadt Mönchengladbach gilt, ist von bescheidener Attraktivität. Die Region ist zwar hübsch, sie bietet Grün zum Spielen für alle unter zehn, die Ruhe der Natur für alle über 40, aber für die aufregenden Jahre dazwischen gibt es nur die Autobahnauffahrten der A57 und A40 Richtung Köln und Ruhrgebiet. Selbst Wetter und Geografie sind von erstaunlicher Mittelmäßigkeit. Der Nahverkehr ist keine Alternative zum Auto, sondern bloß ein schlechter Witz. Man hat einfach nicht bedacht, dass Leute nach der Tagesschau noch irgendwo hin wollen. Wer in den Kreisen Kleve und Viersen aufwächst, der macht entweder eine Ausbildung zum Bankkaufmann oder er flieht, sobald er Abi hat.

Doch einmal in der Woche ist alles anders. Einmal in der Woche sind ausnahmslos alle Menschen stolz, dass sie von hier sind. Einmal in der Woche spielt ihre Borussia. Im Gegensatz zu anderen Vereinen wie dem 1. FC Köln, Leverkusen, HSV oder Wolfsburg vertritt Borussia nicht bloß eine Stadt, sondern eine Region, das Team nennt sich nicht ohne Grund »Elf vom Niederrhein«. Es ist nicht selbstverständlich, dass eine Stadt dieser Größe bis auf kurze Auszeiten einen Verein in der 1. Liga hat. Mönchengladbach liegt in der Rangliste der einwohnerstärksten Städte Deutschlands auf

Platz 26, aber in der Bundesliga ist die Stadt eine der erfolgreichsten. Es gibt nichts in der Region, das einen ähnlichen Werbewert hat, etwas, das man auf allen fünf Kontinenten kennt.

Deshalb schmerzen Niederlagen der Borussia die Fans auch ein wenig mehr, als es Fans anderer Vereine ertragen müssen. Der Berliner hat nach einer Niederlage noch Berlin, der Münchener München und sogar der Freiburger Freiburg, aber wenn Gladbach verliert, dann ist der Fan wieder auf seinen Niederrhein zurückgeworfen.

Wenn die Stadt vor der Wahl stünde, den größten Arbeitgeber oder Borussia zu retten, dann würde sie vermutlich ohne zu zögern die Borussia retten. Arbeit gibt es auch anderswo.

108. GRUND

Weil Herr Endt seinen Supermarkt auch an Heimspieltagen nicht schließt

Bier ist ein günstiges Genussmittel, weil es in Massen hergestellt wird. Biertrinker brauchen deshalb auch nicht zu befürchten, an ihrer Biertrinkerei pleite zu gehen. Teuer wird Bier nur, wenn es in Restaurants und bei Veranstaltungen verkauft wird. In dem Wissen, dass die Leute sich auf jeden Fall ein Bier holen, weil es dazugehört. Auch Borussia Mönchengladbach verschenkt ihr Pils an Heimspieltagen nicht gerade.

An dieser Stelle kommt Herr Endt ins Spiel. Herr Endt betreibt mehrere EDEKA-Märkte in Mönchengladbach und Umgebung. Ende 2009 eröffnete er auch einen Supermarkt direkt am Stadion, die Parkplätze teilte er sich mit einer Aldi-Filiale. Lange diskutierte Herr Endt mit seinen Kollegen, ob er sich auf das Abenteuer einlassen sollte, schließlich ist der Samstag der umsatzstärkste Tag. Wenn dann Heimspiel ist, drückt das die Umsätze, weil die Straßen ums Stadion dicht sind und viele Kunden von der Fahrt zum Supermarkt absehen.

Herr Endt kannte auch sonst keinen anderen Supermarkt an einem Stadion. Die ersten Monate schloss er das Geschäft deshalb an Heimspielsamstagen ab 14.00 Uhr. Aldi machte es ebenso. Doch während Aldi dabei blieb, fand Herr Endt die Umsätze an jenen Samstagen so unbefriedigend, dass er das Risiko einging. Das hieß: Samstag ganz normal geöffnet. Er ist selbst Borussia-Fan, und der Fan ist ja auch Kunde.

Er zieht es bis heute durch. Passiert ist bisher nur einmal etwas. Nach Unruhe auf dem Parkplatz schritt die Polizei mit Pferden ein, Endt musste das Geschäft schließen. Sonst aber null Problem. Die Fans gehen in den Laden, höchstens in Grüppchen, holen sich ihre Schokoriegel, ihre Zigaretten und natürlich ihr Bier, das in drei Kühlschränken lagert, die dort ohne die Heimspiele nicht stehen würden und regelmäßig nachgefüllt werden. Dann gehen sie wieder hinaus, hängen noch ein bisschen auf dem Parkplatz herum und machen sich auf den Weg zum Stadion. An einigen Spieltagen, wenn es zum Beispiel gegen Fortuna Düsseldorf geht, darf Herr Endt allerdings keine Flaschen verkaufen, er darf dann überhaupt kein Glas verkaufen, nicht mal eingemachte Gurken. Sperrbezirk rund ums Stadion. Herr Endt, klauen die Fans da bei Ihnen nicht einfach das Bier? »Ich will es nicht hoffen.«

Zwar steigt der Bierumsatz an Heimspieltagen um bis zu 50 Prozent, aber noch immer ist der Gesamtumsatz an normalen Samstagen um knapp 20 Prozent höher. Deshalb hatte Herr Endt noch eine clevere Idee. Es ist nicht so richtig komfortabel, bei Borussia zu parken. Es dauert lange, bis man wegkommt, und weit laufen muss man häufig auch. Das Bedürfnis der Fans nach besseren Parkplätzen verband Herr Endt mit seinem Bedürfnis, die Umsatzverluste auszugleichen, und gab den Parkplatz auch für Fans frei. Für zehn Euro pro Auto. Kassiert wird an der Auffahrt, dafür gibt es ein großes Parkticket. Wer heute an einem Heimspiel über den

Supermarktparkplatz geht, stellt fest: Hat sich gelohnt. Bei Spitzenspielen ist der Parkplatz komplett voll, die Autos stehen auch dort, wo normalerweise kein Parkplatz ist. Für Kunden, die einfach nur einkaufen wollen, kostet der Parkplatz nichts. Man sollte dann aber besser nicht im Borussia-Trikot und im vollbesetzten Auto anreisen, das kratzt an der Glaubwürdigkeit.

Herr Endt, kommen denn auch Borussia-Spieler bei Ihnen nach dem Training einkaufen? »Ja, es kommen Spieler und hohe Funktionäre.«

Also kommt auch der Trainer bei Ihnen einkaufen? »Ich möchte keine Namen nennen.«

Herr Endt, das war ein klares Ja.

109. GRUND

Weil mein Bruder und ich sonst kein Gesprächsthema hätten

Mein Bruder, der Niklas heißt, ist 17 Monate jünger als ich. Wir sind in derselben Familie aufgewachsen, wir sind auf dieselbe Schule gegangen und wir haben in derselben Fußballmannschaft gespielt. Trotzdem aber sind wir ziemlich verschieden. Er ist eher der Nüchterne, der Gamer, der Zahlenmensch, der Kräftige (nein, nicht dick!), für freie Marktwirtschaft. Ich bin mehr so »Berufung statt Beruf«, der Abgedrehte, der Konzertgeher, der mit den dünnen Oberarmen, irgendwie links. Deshalb haben wir uns vermutlich auch nie gestritten. Wir kamen uns einfach nie in die Quere. Wir wohnen 250 Kilometer auseinander, und diese Distanz überwinden wir nur selten. Weder mit Zug oder Auto noch mit dem Telefon.

Doch es gibt eine Sache, auf die können wir uns einigen, seitdem wir Kinder sind: Borussia Mönchengladbach. Jeden Samstag, wenn im Radio die Bundesligakonferenz lief, waren wir gleichgeschaltet. Brüllte er entsetzt »Scheiße« in seinem Zimmer, brüllte ich nebenan entsetzt »Scheiße«. Um sicherzustellen, dass der andere es mitbekommen hatte, obwohl wir wussten, dass der andere auch Radio hörte, ging einer von uns rüber und fragte »Scheiße, oder?«. Jubelte er in seinem Zimmer, jubelte ich nebenan auch. Bei Toren der Borussia trafen wir uns irgendwo in der Mitte, klatschten uns ab und warteten darauf, dass Sabine Töpperwien endlich den Namen des Schützen durchgab. Yes! Strike! Sauber! Weiter so! Lief ein Spiel von Borussia im frei empfangbaren Fernsehen, sahen wir es uns selbstverständlich zusammen an. Das waren die einzigen Tage, abgesehen von seiner Hochzeit, an denen wir uns in die Arme fielen.

Irgendwann trieben uns Studium und Ausbildung auseinander. Wir waren nicht die Typen, die regelmäßig telefonierten, ich habe häufiger mit seiner Frau gesprochen als mit ihm. Aber bis heute weiß ich: Wenn ich eine SMS von ihm bekomme, ist klar: Es ist wieder was Wichtiges in Sachen Borussia passiert. Trainer entlassen, Reus verkauft, Stadion explodiert. Die SMS handeln ausschließlich von Borussia. Kein Witz. Und wenn ich ihm schreibe, dann nur, weil ich unterwegs bin und wissen will, wie das Spiel läuft. Ich brauche bloß zu texten »Wie steht es?«. Jedes weitere Wort wäre zu viel. Sehen wir uns doch mal wieder, reden wir nicht darüber, wie es dem anderen geht oder wie es im Beruf läuft, wir besprechen ausnahmslos die Lage bei Borussia, mal mit Sorge, mal mit Freude. Zu Weihnachten überlege ich nicht lange: Der Fanshop ist gleich bei mir um die Ecke.

Unsere einzigen gemeinsamen Ausflüge führen in den Nordpark. Als ich wegen meines Umzugs nach Mönchengladbach von der Stadt zwei Eintrittskarten für ein Borussia-Spiel bekam, gab ich die zweite selbstverständlich meinem Bruder. Zu seinem Junggesellenabschied lud ich ihn ins Stadion zum Spiel gegen Dynamo Kiew ein. Nur wir beide. Kein Besäufnis, keine Stripperin im Zimmermädchen-Outfit. Bloß Männer in kurzen Hosen. Keinem von uns erschien das eine Sekunde unangemessen. Als wir mit dem Bus zurückfuhren und die Niederlage diskutiert hatten, schwiegen wir. Es gab nun wirklich nichts mehr zu bereden.

110. GRUND

Weil es noch 1.000 andere Gründe gibt

Weil Borussia nicht nur 12:0 gegen Dortmund gewonnen hat, sondern auch 7:1, 6:1, 5:1 und 6:4. Weil Borussia am liebsten für Bier auf dem Trikot wirbt. Weil Branimir Hrgota seinen ersten Treffer erzielte, indem er einen Elfmeter ins Tor lupfte. Weil es samstags um 15.30 Uhr sowieso nichts anderes zu tun gibt. Weil Borussia so bodenständig geblieben ist wie die Region. Weil jedem Fan noch weitere 111 Gründe einfallen. Weil Uli Sude einfach fragte, ob er mal am Training teilnehmen dürfe. Weil der luxemburgische Rekordnationalspieler unsere Abwehr organisierte. Weil ein Kanadier mal unser erfolgreichster Stürmer war. Weil Lawrence Aidoo nicht nur seine Gegner, sondern auch sich selbst schwindelig spielte. Weil Jupp Heynckes drei Spieler aus dem Kader schmiss, die in der Nacht vor dem Spieltag Backgammon gezockt hatten. Weil Borussia ein Bundesligaspiel mit drei Amateuren in der Startelf gewann. Weil Stefan Effenberg eine Predigt in der Kirche hielt. Weil Sebastian Deisler seine Bundesligakarriere bei Borussia begonnen hat. Weil Igor Belanows spektakulärste Aktion in Gladbach ein Ladendiebstahl war. Weil Oliver Neuville, der bei Borussia die Nummer 27 trug, ein Auto mit dem Kennzeichen ON 27 fährt. Weil der Slogan »Ri-Ra-Ro, Netzer, Vogts und Co.« einen Borussia-Schlachtruf-Wettbewerb gewann. Weil Borussia Rekordsieger des Wintercups der Stadtwerke Düsseldorf ist. Weil Max Kruse seinen Urlaub unterbrach, um das neue Trikot zu präsentieren. Weil in Gladbach sogar die Linienbusse die Raute tragen. Weil es uns nichts ausmacht, dass wir Oliver Bierhoff vor seinem Durchbruch weggeschickt haben. Weil Peter Wynhoff am liebsten gegen Köln traf. Weil Borussia mal in roten Trikots spielte. Weil Borussia die ersten beiden Spiele im Europapokal bloß 0:3 und 0:8 verlor. Weil Borussia 1969 während einer Japan-Reise drei von vier Spielen gegen die japanische Nationalmannschaft gewann. Weil Ruuuuuul angeblich auch einen Nachnamen hat. Weil selbst beim letzten Spiel der Abstiegssaison 2006/07 50.000 Zuschauer in den Nordpark kamen. Weil Borussia mal 5:0 gegen Bayern München gewann. Weil Borussia in der Saison 1983/84 kein Heimspiel verlor. Weil der Mannschaftsbus Linie 1900 heißt. Weil Borussia zwei Heimspiele in Nürnberg austrug. Weil Manfred Orzessek den ersten Elfmeter hielt, der in der Bundesliga gegen Borussia gepfiffen wurde. Weil sowohl Friedhelm Frontzeck als auch sein Sohn Michael für Borussia spielten. Weil Álvaro Domínguez in 83 Sekunden zwei Handelfmeter verursachte. Weil Borussia ein Freundschaftsspiel gegen Grün-Weiß Enzen 30:1 gewann. Weil Igor Demo ein Fußballgott war. Weil Borussia auch eine Tischtennis-, Handball- und Frauenfußballabteilung hat. Weil Borussia auch einen Lewandowski hatte, allerdings mit dem Vornamen Egbert. Weil wir dich nie vergessen werden, Robert.

111. GRUND

Weil darum

Der große Nick Hornby hat einmal gesagt ... ach keine Ahnung, was der große Nick Hornby einmal gesagt hat, aber es ist Pflicht für jeden Autoren eines Fußballbuchs, Nick Hornby zu erwähnen. Erledigt. Weiter im Text. Bald ist es ja geschafft.

Hinter dir liegen 110 Gründe, weshalb du Borussia Mönchengladbach liebst oder lieben solltest. Dir würden selbst noch viel mehr einfallen. Doch jetzt verrate ich dir ein Geheimnis, das keines mehr ist, weil du es längst schon kennst: So funktioniert Fansein nicht. Du hast nicht gedacht: Ach, für welchen Fußballverein soll ich denn mal halten? Mal sehen, zu wem mir mehr Gründe einfallen. Falls du doch so denkst, bist du Fan von Bayern München und hast das falsche Buch gekauft. Bayern München, Borussia Mönchengladbach, das kann man schon mal verwechseln.

Nein, es ist nicht wegen Netzer oder wegen des Dosenwurfs oder wegen der fünf Meisterschaften oder wegen Uwe Kamps' gehaltener Elfmeter. Nicht mal wegen des Bökelbergs. Zum Fan dieses Vereins bist du anders geworden, ungefähr so, wie du dich verliebt hast. An dem einen Tag war noch alles ganz normal und am nächsten Tag war da plötzlich dieses Gefühl von, nun ja, starker Hingezogenheit. Du hast mit einem Mal gewusst: Das ist dein Verein und kein anderer. Jedes Mal, wenn du ihn im Fernsehen sahst oder im Stadion, hattest du dieses Flattern im Magen. Bis heute löst bei dir der Anblick der Raute etwas aus, was du allen Frühlingsgefühlen der Welt vorziehst. Und im Gegensatz zu Beziehungen mit Menschen hast du diese Beziehung nicht beendet, auch in den schlimmsten Zeiten hast du es niemals in Erwägung gezogen. Du bist dir hundertprozentig sicher, dass du nie Schluss machen wirst. Denn deine Liebe zu Borussia ist bedingungslos. Auch wenn du wüsstest, dass die Zeiten nie mehr besser würden, dass es nie mehr zur Meisterschaft reicht, nie mehr zu einem Europapokalspiel, nie mehr zu einem einzigen Sieg in der Bundesliga. Bei allen, die nicht zu Borussia halten, brauchst du nicht auf Verständnis zu hoffen. Wer nicht verliebt ist, für den ist Borussia ein Mädchen wie jedes andere auch. Nur du hast das Besondere erkannt.

Doch auch wenn deine Liebe bedingungslos ist, ohne Grund ist sie nicht. Du kannst ihn nur nicht benennen. Und deshalb ist in Wahrheit der einzige Grund, warum du Borussia Mönchengladbach liebst: darum.

9. KAPITEL

DIE BONUSGRÜNDE

WAS SEITDEM GESCHAH

BONUSGRUND 1

Weil Borussia sich nach 37 Jahren wieder für die Königsklasse qualifizierte

Am 12. April 1978 macht Hans-Jürgen Wittkamp etwas so Gewöhnliches, dass selbst er es schnell vergisst. Dabei geht dieser Vorgang in die Geschichte ein, weil er für 37 Jahre der letzte sein wird. An jenem 12. April spielt Wittkamp, Libero von Borussia Mönchengladbach, einen Pass. Es ist kein sonderlich guter, er kommt nicht einmal an. Da kann sich Kalle Del'Haye noch so strecken, das Ding landet im Seitenaus. Kurze Zeit später pfeift der Schiedsrichter das Spiel gegen den FC Liverpool ab. Borussia Mönchengladbach hat das Halbfinal-Rückspiel im Europapokal der Landesmeister verloren und ist ausgeschieden. Es ist das Ende einer Ära. Bis wieder ein Borusse den Ball in der Königsklasse berühren sollte, würde es bis zum 15. September 2015 dauern, bis zum Spiel gegen den FC Sevilla.

Überhaupt nur einen Gedanken an die Champions League zu verschwenden, das verbot sich für Borussia-Fans Jahrzehnte von selbst. Sie waren schon froh, wenn Borussia sich frühzeitig den Klassenerhalt sicherte, nein, wenn sie überhaupt die Klasse hielt. Doch dann kam dieser Lucien Favre. Nachdem er Borussia auf den vierten Platz geführt hatte, mit dem Team aber leider in der Qualifikation gegen Dynamo Kiew gescheitert war, schien auf Jahre die einzige Gelegenheit auf die Champions League vergeben. Danach wurde Borussia achter und sechster, in sicherer Distanz zu den Plätzen für die Königsklasse.

Und dann – diese Saison 2014/2015. Es dauerte bis zum elften Spieltag, bis Gladbach überhaupt mal ein Spiel verlor (okay, dann gleich drei in Folge), nach der Hinrunde war der dritte Platz, der zur direkten Teilnahme an der Champions League berechtigte, nur einen Punkt entfernt (die Tabellenführung immerhin schon 18). Es folgte eine Rückrunde, die selbst Träumer der Borussia nicht zugetraut hätten. Gladbach verlor nur zweimal, spielte dreimal unentschieden und gewann zwölfmal. ZWÖLFMAL. Gegen Wolfsburg, Dortmund, Leverkusen. Sogar gegen Bayern München. Auswärts. Ausgerechnet gegen die historisch miesen Schalker und Angstgegner Augsburg gingen die Borussen als Verlierer vom Platz. Die Belohnung waren 39 Punkte, die Rückrundenmeisterschaft, Platz 3 und die Teilnahme an der Champions League. Um Himmels willen, was war mit dieser Borussia los?

Am 15. September 2015 war es André Hahn, der Hans-Jürgen Wittkamp ablöste. Mit einer Ballberührung, die ebenso schnell wieder in Vergessenheit geriet.

BONUSGRUND 2

Weil Borussia sich auch von fünf Niederlagen in Folge nicht aus der Ruhe bringen lässt

Was Borussia in der Rückrunde 2014/2015 anstellte, mag ein Wunder gewesen sein. Was Borussia zum Auftakt der folgenden Saison zustande brachte, war ein noch größeres Wunder. Bloß mit minus eins multipliziert. Eine Rückkehr in die Zeiten, die selbst die größten Pessimisten unter den Borussia-Fans (also 99 Prozent) nicht mehr für möglich hielten.

Das 0:4 am ersten Spieltag gegen Dortmund ließ sich noch schönreden. Dortmund hatte ein Heimspiel und einen neuen Trainer. Wie ließ sich gegen diese Euphorie etwas ausrichten? Es würde schon alles gut werden. Auch das 1:2 im ersten Heimspiel gegen Mainz ließ sich noch erklären, ohne von Krise sprechen zu müssen. Mainz hatte seine wenigen Chancen genutzt, Gladbach seine vielen nicht. Also ein bisschen am Abschluss arbeiten, dann sieht die Welt schon besser aus.

Dass es ein ernsthaftes Problem gab, ließ sich nach dem 1:2 gegen Bremen nicht mehr wegdiskutieren. Gladbach erspielte sich fast keine Torchance, Bremen gewann so ziemlich jeden Zweikampf, spielte aber nicht einmal gut. Auch der HSV übertrat nicht den Rahmen seiner Möglichkeiten im vierten Saisonspiel und schlug Gladbach trotzdem mit 3:0, weil die Abwehr mehrfach im Tiefschlag lag und die Offensive erst gar nicht ihre Arbeit aufnahm. 0:3 gegen einen Abstiegskandidaten – plötzlich war Borussia selbst einer. Nach dem 0:1 gegen Köln, der ersten Auswärtsniederlage gegen den Erzfeind seit zehn Jahren, war der Tiefpunkt erreicht. 0 Punkte, 2:12 Tore nach fünf Spielen. Tabellenletzter. Was war bloß in der Sommerpause passiert? Waren die Spieler durch Aliens ersetzt worden, die bloß so aussahen wie Raffael, Xhaka und Jantschke? Dann entschied sich auch noch Lucien Favre, an seinem Denkmal zu kratzen und den Verein zu verlassen, obwohl niemand seinen Rücktritt gefordert hatte.

Und doch schien den Verein die Krise nur marginal zu beunruhigen. Keine Panik, keine Auflösungserscheinungen, kein gegenseitiges Angepflaume, keine hektische Trainersuche. Borussia glaubte daran, dass die Erfolge der vergangenen Jahre kein Zufall waren, und machte einfach weiter. U23-Trainer André Schubert übernahm erst mal den Job von Favre, weil zu diesem Zeitpunkt nur Feuerwehrmänner verfügbar waren, und in diese Zeit wollte Borussia nicht zurück. Nur für einen kurzen Moment – denn zumindest der Rücktritt von Favre war für die Fans ein Schock – schien es möglich, dass Borussia in alte Rumpelfußballer-Zeiten zurückkehren würde. Doch Gladbach weigerte sich einfach und spielte plötzlich wieder Fußball. Nach 21 Minuten stand es gegen Augsburg bereits 4:0. Und wenn da nicht die Sache mit den Elfmetern gewesen wäre, hätte Borussia sogar gegen Manchester City in der Champions League gewonnen. Aber das ist eine andere Geschichte.

BONUSGRUND 3

Weil Borussia Weltmeister im Produzieren von Elfmetern ist

Wer lernen möchte, sein Champions-League-Debüt mit größtmöglicher Präzision zu verkacken, der sollte sich das Spiel FC Sevilla gegen Borussia Mönchengladbach vom September 2015 anschauen. Nach 37 Jahren spielt Borussia mal wieder in der Königsklasse. Wie durch ein Wunder übersteht das kriselnde Team die erste Halbzeit ohne Gegentor. Vielleicht ist ja sogar ein Punkt drin. Im ersten Champions-League-Spiel gleich ein Punkt. Das wäre was fürs nicht vorhandene Selbstbewusstsein.

Genau zu diesem Zeitpunkt, also zum ungünstigsten, entdeckt Borussia ein neues Markenzeichen: Elfmeter verursachen. Schon im dritten Saisonspiel gegen Bremen haben sich zwei Borussen erfolgreich darin bewährt. Marvin Schulz hatte es Anthony Ujah viel zu leicht gemacht, theatralisch abzuheben, Granit Xhaka hielt es kurz vor Spielende für eine gute Idee, den Fuß Richtung Gesicht von Assani Lukimya zu bewegen. Gegen Sevilla aber schreibt das Team Geschichte. Okay, der erste Elfmeter ist keiner. Sommer wehrt den Ball ab, Kevin Gameiro fällt trotzdem überzeugend genug. 0:1. Nur drei Minuten später lässt Brouwers das Bein stehen, und es ist jemand in der Nähe, der clever genug ist, die Einladung anzunehmen. Immerhin hält Sommer. Wiederum nur 16 Minuten später stellt sich Jantschke an, als absolviere er gerade sein erstes Fußballtraining. 0:2. Drei Elfmeter in 19 Minuten, das ist vermutlich auf ewig Champions-League-Rekord, Gladbach verliert 0:3. Doch die Borussen sind noch lange nicht satt. Den ersten Saisonsieg gegen Augsburg bringen sie noch in Gefahr, indem sie den Augsburgern nach einer 4:0-Führung zwei Elfmeter gewähren. Nach einer 2:0-Führung gegen Stuttgart ist den Fohlen so langweilig, dass Nordtveit seinen Gegner mit eingesprungenem Streckfuß von den Beinen holt.

Wer gedacht hätte, dass es die Borussia nun ruhiger angehen würde, sah sich getäuscht. Kein Spiel war so sehr geprägt von Elfmetern, von gegebenen und verweigerten, wie jenes gegen Manchester City im Borussia-Park. Zunächst hebt Raffael im gegnerischen Strafraum ohne erkennbaren Grund ab und wird für dieses Kunststück mit einem Elfmeter belohnt. Den er auch selbst schießt und verschießt. Danach wird Lars Stindl eindeutig von den Beinen geholt, bekommt aber Gelb wegen Schwalbe. Einen weiteren Elfmeter verweigert ihnen der Schiedsrichter, als ein Spieler von Manchester den Ball sehr verdächtig an die Hand bekommt.

Manchester ist in Sachen Elfmeter-Produktion einfach nicht so professionell wie die Borussia. In der 90. Minute beim Stand von 1:1 gibt sich Fabian Johnson im Zweikampf mit Sergio Agüero sehr robust. Mit schmerzverzerrtem Gesicht geht der zu Boden, steht dann auf, läuft an und verwandelt den Elfmeter.

Fortsetzung folgt.

BONUSGRUND 4

Weil die Liebe zu Borussia den Tod überdauert

Das Leben, das irdische zumindest, endet mit dem Tod. Das gilt auch für einen Fußballfan. Bratwurst im Stadion essen und Sportschau gucken werden dann eher schwierig. Ob man vom Himmel einen freien Blick aufs Spielfeld hat – wer weiß das schon?

Doch Borussia-Fans brauchen nicht traurig sein. Auch nach dem endgültigen Ableben – der Fan ist ja zuvor schon Tausende kleine Tode gestorben – kann er sich zu seinem Verein bekennen und sicherstellen, in einem Borussia-freundlichen Umfeld die letzte Ruhe zu finden.

Vor einigen Jahren stand die Kirche St. Josef im Mönchengladbacher Stadtteil Rheydt vor dem Aus. Weil es in nächster Nähe noch zwei weitere katholische Kirchen gab, waren nicht mehr alle zu halten. Also beschlossen die Katholische Pfarrei St. Marien und ihr Pfarrer Klaus Hurtz, aus St. Josef eine Grabeskirche mit Urnengräbern zu machen. Im September 2014 wurde die Kirche entweiht, danach begann der Umbau. Eine ganz normale Grabeskirche wäre selbstverständlich zu langweilig gewesen. Also ersann Hurtz zusammen mit Borussia-Präsident Rolf Königs den Plan, eine besondere Zielgruppe anzusprechen: Borussia-Fans. Die Urnengräber sind mit Glasplatten verschlossen, in Rot, Weiß und Blau. Ein Drittel der 4500 Gräber allerdings ist in Schwarz, Weiß und Grün gehalten, den Vereinsfarben der Borussia, vorrangig in der Nordkapelle. Es ist dem Fahnenmeer der Nordkurve nachempfunden. Im Mai 2016 wurde die Kirche wiedereröffnet. Die ersten, die sich einen Platz in der himmlischen Fankurve reservierten, waren Frauen.

Je nach Liegezeit (12 oder 20 Jahre) kostet ein Borussia-Urnengrab bis zu 3500 Euro. Klingt viel? Wer sich 20 Jahre die günstigste Dauerkarte holt, zahlt 300 Euro mehr. Und in der Kirche schüttet ihm garantiert niemand Bier aufs Trikot.

 BONUSGRUND 5

Weil Borussia sich seit mehr als 20 Jahren weigert, ein Pokalhalbfinale zu gewinnen

Jeder Fußballfan weiß: Der DFB-Pokal ist der schnellste Weg nach Europa. Jeder Borussia-Fan weiß: nur theoretisch. Denn praktisch scheinen die Fohlen kein Interesse am schnellsten Weg zu haben, daran, sich über den DFB-Pokal für den Europapokal zu qualifizieren. Seitdem sie 1995 zum letzten Mal das monströse Trinkgefäß in Berlin geholt haben, weigern sie sich konsequent, überhaupt mal ein Halbfinale zu gewinnen. Etwas anderes als Absicht kann nicht dahinterstecken.

6. Februar 2001. Borussia ist damals Zweitligist auf dem Weg zum Aufstieg, Union Berlin ein Drittligist auf dem Weg in die Zweite Liga. Noch in Minute 79 sieht alles nach einem Favoritensieg aus. Borussia führt mit 2:1 in Berlin. In der 80. jedoch erzielt ein Unbekannter namens Steffen Menze den Ausgleich, das Elfmeterschießen muss entscheiden. Mit Uwe »Vier Elfer gegen Leverkusen gehalten« Kamps sollte das kein Problem sein. Doch Kamps hält nichts, Arie van Lent und Max Eberl, die ersten beiden Schützen, verballern, Borussia fliegt raus.

17. März 2004. Der mal wieder vom Abstieg bedrohte Erstligist Borussia reist zum Zweitligisten Alemannia Aachen an den Tivoli. Trotz Nicht-Legenden wie Ivo Ulich, Bradley Carnell, Enrico Gaede und Slađan Ašanin sollte ein Sieg möglich sein. Doch ein Freistoßtor in der 42. Minute kann Borussia nicht mehr ausgleichen. Was auch daran liegt, dass der Schiedsrichter ein selbst aus dem Weltraum zu erkennendes Handspiel eines Aacheners im eigenen Strafraum in der 90. Minute übersieht.

21. März 2012. Borussia Mönchengladbach ist die Überraschungsmannschaft der 1. Liga nach Beinahe-Abstieg und empfängt Bayern München. Die haben in dieser Saison schon zweimal gegen die Elf vom Niederrhein verloren. Das sollte ein drittes Mal möglich sein. 120 Minuten lang halten beide Mannschaften ein 0:0. Schon wieder muss das Elfmeterschießen entscheiden. Dante ballert seinen Schuss in den Nachthimmel, auch Nordtveit trifft nicht. Mal wieder kein Ausflug nach Berlin. Dante gibt kurze Zeit später seinen Wechsel zu Bayern München bekannt, ungute Erinnerungen an Lothar Matthäus werden wach.

24. April 2017. Borussia hatte es mal wieder ins Halbfinale geschafft. Gegen den Ligakonkurrenten Eintracht Frankfurt sollte ein Heimsieg locker drin sein. Frankfurt rettet sich wie die Bayern ins Elfmeterschießen. Dort versenken beide Seiten Ball um Ball ins Tor. Es steht 7:7, und nachdem Andreas Christensen angetreten ist, steht es immer noch 7:7. Nachdem Guillermo Varela für Frankfurt

angetreten ist, allerdings auch noch. Doch Djibril Sow, Schütze 9, scheitert ebenfalls. Und dann tut Branimir Hrgota für Eintracht etwas, was ihm für Borussia nicht so häufig gelang – treffen. 7:8 Borussia ist raus. Berlin, Berlin, wir fahrn nie mehr nach Berlin.

BONUSGRUND 6

Weil Lars Stindl Deutschland zum ersten Confed-Cup-Titel schoss

Wenn einer die größten Spieler aufzählen soll, die je für Borussia aufgelaufen sind, wird ihm dieser Name erst spät einfallen, und das ist ein wenig ungerecht. Denn Lars Stindl bringt seine Leistungen im Stillen, als Kapitän, als Mittelfeldspieler, als Torschütze. Er hat nicht mal ein Tattoo auf dem Unterarm, das er nach einem Treffer küssen kann.

Und weil Stindl zu den eher ruhigen Vertretern seines Berufs gehört, passt auch diese Geschichte sehr zu ihm. Denn es geht ja bloß um den Confed-Cup und wenn es um den Confed-Cup geht, ist nichts Außerordentliches zu erwarten.

Der Fifa-Konföderationen-Pokal hat schon immer ein Schattendasein geführt, dieses Vorbereitungsturnier auf eine Weltmeisterschaft. Deutschland hatte erst zweimal teilgenommen, beim ersten Versuch gleich in der Vorrunde aus, beim zweiten Versuch 2005 in der Heimat immerhin Platz 3.

Auch 2017 interessiert sich so recht niemand für die Veranstaltung, Jogi Löw lässt viele Stammkräfte daheim und gibt den Jungen eine Chance. Lars Stindl hat kurz zuvor sein Debüt in der Nationalmannschaft gegeben und ist mit beinahe 29 Jahren der Zweitälteste im Kader. Stindl dankt seinem Trainer die Nominierung. Im ersten Spiel gegen Australien trifft er nach fünf Minuten zur Führung. Mal wieder nicht spektakulär. Sein Mitspieler legt den Ball zurück auf Stindl, der aus dem Strafraum trifft. Im zweiten Spiel erzielt er den Ausgleich gegen überlegene Chilenen. Der Kölner Jonas Hector spielt den Ball von links in den Strafraum, Stindl hält den Fuß hin.

In diesen Tagen passiert etwas Schönes mit dem Turnier, das eigentlich niemanden interessierte. Die junge deutsche Mannschaft mit Julian Draxler als Kapitän deutet schon einmal an, was sie in Zukunft zu leisten im Stande ist. Im Halbfinale jagt sie Mexiko mit 4:1 aus dem Turnier.

Im Finale gegen die Chilenen ist das Team kein Favorit, denn die Südamerikaner treten in Bestbesetzung an, Claudio Bravo, Arturo Vidal, Alexis Sánchez. Doch was hilft das, wenn ein Chilene vor dem eigenen Strafraum nach 20 Minuten eine Art Tanz aufführt, leider mit Ball. Timo Werner spitzelt ihm die Kugel weg und legt sie vorm herausstürmenden Torhüter zu Stindl, der sogar noch die Zeit hat, einen Schritt mit dem Ball zu gehen, um dann zur Führung einzuschieben. Die hält bis zum Schluss, Deutschland holt erstmals den Confed Cup und Lars Stindl damit seinen ersten Titel mit der Nationalmannschaft – einen mehr als Michael Ballack.

 BONUSGRUND 7

Weil nur Borussia es schafft, unbesiegbare Bayern zu besiegen und eine Woche später gegen Wolfsburg unterzugehen

Die Bayern sind mal wieder da, aber diesmal ist es etwas anderes. Denn am 13. Spieltag der Saison 2017/2018 sind sie mit Jupp Heynckes angereist, der nach dem Rauswurf von Carlo Ancelotti wieder einmal die Bayern vor dem Untergang, also dem zweiten Platz in der Meisterschaft, bewahren soll. Das bekommt er sehr lange gut hin. Ungeschlagen sind die Bayern mit ihm. Das sollte doch gegen eine sich nicht gerade in überragender Form befindende Borussia so bleiben. Bloß hat Heynckes nicht damit gerechnet, dass Abwehrspieler Süle kurz vor der Halbzeit zu auffällig den Ball mit der Hand im Strafraum berühren würde. 1:0 für Borussia in der 39. Minute. Noch vor der Halbzeit setzt sich Ginter seine Tarnkappe auf, anders ist es jedenfalls nicht zu erklären, dass er kilometerweit keinen Gegenspieler um sich hat, als er zum 2:0 einschiebt. Die Bayern treffen mehrfach nur den Pfosten, Yann Sommer grinst, dann hämmert Vidal ihm doch noch einen rein. Bloß hilft das nicht mehr viel. Abpfiff. Borussia hat gezeigt, dass die Bayern auch unter Heynckes nicht unbesiegbar sind.

Sollte dies etwa der Auftakt einer Serie werden? Die Initialzündung für den Marsch zur Tabellenspitze? Gladbach liegt nur fünf Punkte hinter den Bayern, aber vor Dortmund und Leverkusen. Da kann man doch schon mal träumen.

Der nächste Gegner heißt VfL Wolfsburg, auswärts, da hat man nie so gut ausgesehen, seit 2003 nicht gewonnen. Allerdings hat dieses Wolfsburg in 13 Spielen gerade mal zwei Siege geholt und ist ein beinahe so ernsthafter Abstiegskandidat wie der HSV. Da sollte doch endlich was zu holen sein – nach vier Minuten trifft Wolfsburg zum 1:0. Nach 25 Minuten heben sie den Ball zum 2:0 ins Tor. Das Spiel endet mit 3:0. »Ein absolutes Traumtor«, sagt der Reporter. Ein absoluter Albtraum für Borussia.

BONUSGRUND 8

Weil Josip Drmić sich gleich zweimal zurückkämpfte

Wäre dies nicht das echte Leben, sondern ein Film, dann würde dieser Josip Drmić ganz anders zurückkehren. Mit einem Tor aus 40 Metern oder zumindest dem entscheidenden Abstauber kurz vor Schluss. Doch Josip Drmić kehrt ganz leise zurück. Am 18. November 2017 betritt er in der 90. Minute das Spielfeld des Berliner Olympiastadions, er holt sich noch eine Gelbe Karte und dann ist das Spiel schon aus. Er wird auch in den Spielen darauf nicht auf sich aufmerksam machen. Und doch ist es ein Wunder – für den, der die Details kennt.

Denn eigentlich war Drmić schon weg.

Josip Drmić, Stürmertalent aus der Schweiz. In Nürnberg schafft er den Durchbruch, wechselt nach Leverkusen, setzt sich dort nicht durch, doch Landsmann Favre glaubt an ihn, Gladbach glaubt an ihn und zahlt zehn Millionen. Als Favre flüchtet, sieht's auch für Drmić düster aus, der neue Trainer Schubert setzt nicht auf ihn. Ein einziges Tor erzielt er, dann verleiht der Verein ihn zum HSV. Auch dort trifft er ein einziges Mal, bevor er im März 2016 im Spiel gegen Leverkusen – ja genau, die – einen Schlag aufs Knie bekommt. Manche Knie überstehen das, seines nicht. Knorpelschaden, Operation, Saisonende, die Schweiz fährt ohne ihn zur EM. Drmić humpelt zurück zur Borussia – und gibt sein Comeback noch in der Hinrunde 2016, ein Treffer will ihm aber nicht gelingen.

Dann soll er wieder mal eingewechselt werden, doch er merkt: Da ist doch was mit dem Knie. Die Ärzte schauen nach: wieder Knorpelschaden. Operation, Saisonende, Gedanken ans Karriere-Ende. Monatelang kämpft er sich zurück, gibt sein Comeback in der U23 in der vierten Liga, 0:3 gegen SC Verl. Egal. Bundesliga-Comeback gegen Hertha. Mehr als ein Jahr hat ihn diese Knie-Sache gekostet. Eine Woche später gegen die Bayern vergibt er eine Großchance. Der alte Drmić ist wieder da.

 BONUSGRUND 9

Weil Christofer Heimeroth nie ein Klagelied sang

Christofer Heimeroth gibt es nicht. Nicht nach modernen Maßstäben. Denn Christofer Heimeroth hat keinen Facebook-Account, keinen Twitter-Account, keinen Instagram-Account. Ohne Social-

Media-Profil ist unter Borussias Profis sonst nur Raúl Bobadilla, aber der steht immerhin ab und zu auf dem Platz. Christofer Heimeroth aber steht nicht einmal ab und zu auf dem Platz, er steht nie auf dem Platz.

Sein letztes Pflichtspiel machte der Ersatztorhüter am 6. Dezember 2012 gegen Fenerbahçe Istanbul, das letzte Bundesligaspiel einige Monate zuvor, ein 0:5 gegen Borussia Dortmund. Das Video »Christofer Heimeroth – die wahre Nummer 1« hat 533 Aufrufe bei Youtube. Dass er trotzdem eine gewisse Popularität erlangt hat, liegt daran, dass er sein Schicksal so würdevoll erträgt. Einen besseren Ersatztorhüter als Heimeroth hat Borussia nie besessen.

Dabei ist es nicht so, dass Heimeroth mit Ersatztorhüter-Plänen von Schalke zur Borussia gewechselt war. 2006 war er aber gleich mal nur die Nr. 2 hinter Kasey Keller. Borussia stieg ab, Keller ging und Heimeroth durfte eine Saison lang zeigen, was er draufhatte. Mit ihm als Nr. 1 stieg Gladbach sofort wieder auf. Doch dann war immer jemand besser als er. Erst Logan Bailly. Nachdem der sich selbst ins Abseits gestellt hatte, stieg Heimeroth vorübergehend wieder zur Nr. 1 auf, bis ihn ein gewisser Marc-André ter Stegen verdrängte. Und als der Richtung Barcelona weitergezogen war, stellte ihm Borussia Yann Sommer vor die Nase. Und dann wurde er sogar zur Nr. 3. Doch Heimeroth beschwerte sich nicht, er rebellierte nicht, stattdessen half er den Neuen beim Einstieg, trug zur Stimmung im Team bei und war da, wenn er auf dem Spielfeld gebraucht wurde. 2010 hielt er in einem DFB-Pokalspiel gegen Leverkusen im Elfmeterschießen den Ball von Patrick Helmes, Borussia zog in die nächste Runde.

Und im Fernsehen hat er trotzdem regelmäßig seine Auftritte. Wenn die Kamera nach einem Tor auf die jubelnde Ersatzbank hält, dann ist der kräftig feiernde Christofer Heimeroth nicht zu übersehen.

BONUSGRUND 10

Weil sogar bayrische Jungs bei uns glücklich werden

Sonst war es immer andersherum gelaufen: Borussia verlor Spieler an die verdammten Bayern. Kalle Del'Haye, Lothar Matthäus, Stefan Effenberg. Doch dieser Thomas Kastenmaier wechselte tatsächlich von der Isar an die Niers. Okay, er hatte nur eine Saison bei den Bayern gespielt, neun Bundesligaspiele gemacht und ein Tor erzielt und eigentlich war er sich auch mit dem 1. FC Köln schon einig, nahm dann aber Abstand von einem Wechsel, weil ihm die Fans des FC etwas Sorgen machten – aber Bayer war Bayer.

Lange brauchte er nicht, um den Transfer zu rechtfertigen. Als Außenverteidiger kam ihm zwar vor allem die Aufgabe zu, Tore zu verhindern, doch diese Aufgabe interpretierte er sehr offensiv. Das beste Mittel, um Tore des Gegners zu verhindern, war noch immer, selbst Tore zu schießen. Und so stieg Thomas Kastenmaier zum Freistoß-Gott auf, zu »Borussia's free kick legend«, wie Borussia einmal auf Englisch twitterte. Zu einer Zeit, als Roberto Carlos und Juan Arango gerade mal gelernt hatten, wo das Tor stand. Er konnte es zwar auch mit Gefühl, aber sein berühmtester Treffer war eigentlich nur in Zeitlupe zu erkennen. Im März 1995 hämmerte er den Ball aus 25 Metern in den linken Winkel. Torhüter Andreas Wessels vom VfL Bochum sah den Ball zwar früh, doch mehr als Zuschauen war für ihn nicht drin. Vielleicht hatte er auch Angst um seine Hände. Das sah nicht nur aus wie das Tor des Monats, das wurde das Tor des Monats. Man kann es sich auf Youtube ansehen.

40 Treffer erzielte Kastenmaier für Borussia in der Bundesliga, torgefährlicher war kaum ein Verteidiger. Sein Ende als Fußballer geriet trotzdem unwürdig. Im Dezember 1996 verletzte er sich im Spiel gegen seinen früheren Arbeitgeber München am Knie. Er bestritt kein einziges Spiel mehr und beendete seine Karriere mit 32.

Danach versuchte er es als Co-Trainer und Trainer, doch zu einem Großen brachte er es dabei nicht. 2010 ließ er auch das bleiben.

Der Region und dem Fußball ist Kastenmaier bis heute treu geblieben. Er wohnt in Erkelenz und betreibt eine mobile Fußballschule für Kinder und Jugendliche. Wenn die Jungs vom FC Wickrathhahn, SV Adler Niederfischbach und TuS Germania Kückhoven nicht wissen, wer denn dieser Kastenmaier ist, sagt er, sie sollten seinen Namen mal bei Youtube eingeben – und dann sind sie vermutlich ganz still.

 BONUSGRUND 11

Weil Thorsten Albustin sich selbst besiegte

Die Geschichte von Borussia Mönchengladbach ist reich an Torhütern, die für Aufsehen sorgten. Wolfgang Kleff, Uwe Kamps, Marc-André ter Stegen, Jörg Stiel, Wolfgang Kneib sind zu Legenden geworden. Thorsten Albustin gehört eindeutig nicht in diesen Kreis. Gerade einmal zwei Spiele machte er für Borussia, beide gingen verloren, es war die Saison, als das Team zum ersten Mal abstieg. Doch Albustin gelang etwas, zu dem nicht viele in der Lage sind: Er besiegte sich selbst.

Bereits als er vom MSV Duisburg zu Borussia wechselt, stimmt etwas mit seiner Psyche nicht. Bei einem Spiel mit den Amateuren des MSV flattert da plötzlich der Ball auf ihn zu. Er rutscht ihm durch die Hände ins Tor. Jedem Torhüter passiert mal so ein Missgeschick, aber Albustin vergisst nicht. Seine Karriere bei Borussia ist schon wieder vorüber, er ist noch bei den Amateuren, da hat er seine erste Panikattacke. Die Angst reißt ihn aus dem Schlaf. Später wird er darüber in dem Buch *Leben zwischen Fußball und Wahnsinn: Die Angst besiegen* schreiben, sein Körper habe gebebt, »als ob tausende aggressive Wespen durch meine Venen rasten«.

Von da an bestimmt die Angst sein Leben und vertreibt ihn sogar vom Fußballplatz. Er spielt mittlerweile nur noch in unteren Ligen, als das schummrige Licht bei einem Pokalspiel unter der Woche für einen weiteren Panikanfall sorgt. Er täuscht eine Verletzung vor und lässt sich auswechseln. Er glaubt, dass er nie mehr als Torhüter auf dem Platz stehen wird.

Das ist der Punkt, an dem Albustin merkt, dass er ein großes Problem hat. Zum Glück entdeckt er in dieser Phase wieder, was ihn als Torhüter ausgezeichnet hat: Ehrgeiz, Kämpferherz, Wille. Er macht zwei Gesprächstherapien, studiert Sport, wird Torwarttrainer bei Rot-Weiss Essen, später bei der Jugend von Schalke 04, er überwindet alle möglichen Ängste in Eigentherapie. Zunächst seine Höhenangst, indem er sich hohe Gebäude erst ansieht und dann von oben herabschaut. Dann seine Angst vorm Stadion. Denn sitzt er auf der Tribüne, sieht er sich umkippen wie damals in seinem letzten Spiel. Er fängt auf Fußballplätzen an, dann geht er in kleinere Stadien, dann zu Fortuna Düsseldorf. Beim ersten Versuch rennt er sofort wieder raus, später dann hält er eine ganze Halbzeit am Stück durch. Er macht Entspannungstraining. 2011 hat er seine letzte Panikattacke. Und schließlich holt er sich auch noch den letzten Ort zurück, den die Angst ihm vorenthält: 2013 steht er wieder im Tor und spielt einige Jahre Kreisliga. Heute steht er als Trainer an der Seitenlinie.

Es hätte für ihn auch ganz anders kommen können. In der Saison im Gladbacher Bundesliga-Kader ist er die Nummer 2 hinter einem jungen Keeper, der später Stammtorhüter bei Benfica Lissabon wird. Doch am 10. November 2009 geht Robert Enke, von Depressionen zermürbt, auf die Schienen.

QUELLEN

1. Markus Aretz, Stephan Giebeler, Elmar Kreuels, *Borussia Mönchengladbach. Die Chronik*, Die Werkstatt, Göttingen 2010
2. www.11freunde.de/galerie/guenter-netzer-ueber-autos-frauen-und-frisuren?
3. Hanns-Bruno Kammertöns, Anne Kunze, *Das Geld hätte ich genommen*, in: DIE ZEIT 24/2012
4. Karsten Kellermann, O. E. Schütz, Christian Spolders, *Ich freue mich auf die Probleme*, in: Rheinische Post, 24. Oktober 2008
5. SID, *Ich bin klar besser als der Ibišević*, in: Badische Zeitung, 30. Januar 2009
6. o. V., *Der Psycho-Krieg*, in: DER SPIEGEL 34/1985
7. ebd.
8. Karsten Kellermann, *Ein schöner Tag für Giovane Élber*, in: Rheinische Post, 16. Mai 2005
9. Holger Jenrich: *Borussia Mönchengladbach – Tore, Tränen & Triumphe*, Die Werkstatt 1995
10. Karsten Kellermann, *Alles richtig gemacht*, in: Rheinische Post, 26. Juli 2012
11. Karsten Kellermann, Robert Peters, *Der Tiger geht*, in: Rheinische Post, 20. Juli 2005
12. o. V., *Den Horizont aufgemacht*, in: Der Spiegel 7/1995
13. o. V., *Perfekter Abschied*, in: Rheinische Post, 25. Mai 2003
14. alle Zitate nach *Die Elf vom Niederrhein* und 50jahre.bundesliga.de
15. Karsten Kellermann und O. E. Schütz, *Kahês Samba heißt Axé*, in: Rheinische Post, 30. September 2006
16. Bernd Müllender, *Sie brauchen sich*, in: taz, 18. Januar 2013
17. www.rp-online.de/sport/fussball/vereine/borussia/arango-unser-fans-beten-traum-torschuetzen-an-1.3104877
18. O. E. Schütz, *Die Furcht vor dem Londoner Rausch*, in: Rheinische Post, 25. September 1996

[19] O. E. Schütz, *Wilfried Hannes: Wir Spieler wissen, worum es in diesem Duell geht*, in: *Rheinische Post*, 11. Dezember 1984
[20] o. V., *Heribert Faßbender*, in: DER SPIEGEL 50/1984
[21] Henning Sussebach, *Manchmal muss der Rasen eben brennen*, in: DIE ZEIT 19/2003
[22] o. V., *Angriff über Links*, in: DER SPIEGEL 7/1985
[23] www.spiegel.de/sport/fussball/zitat-was-gladbach-coach-meyer-zum-hasch-fall-meint-a-65074.html
[24] www.die-strafe.de/
[25] Rene Bx, *Die Strafe: 20 Jahre und null Weiterentwicklung*, unter: www.useless-fanzine.de/magazin/1868-die-strafe-20-jahre-und-null-weiterentwicklung
[26] O. E. Schütz, *Weiter im Eiltempo*, in: *Rheinische Post*, 7. Mai 2010
[27] Stefan Hermanns, *Der Zaunkönig*, unter: www.tagesspiegel.de/sport/borussia-moenchengladbach-der-zaunkoenig/1229508.html, 9. Mai 2008
[28] O. E. Schütz, *Die Trommel schweigt*, in: *Rheinische Post*, 19. Juli 2002
[29] Alle Zitate in diesem Kapitel von www.facebook.com/borussia.mg
[30] Karsten Kellermann, *Der erste Israeli der Bundesliga*, in: *Rheinische Post*, 21. April 2012
[31] Andreas Pohl, Ursula Vielberg, Vim Vomland, *Das bizarre Liebes-Dreieck des deutschen Fußballs*, 19. Februar 2006: www.bild.de/sport/aktuell/sport/fach-liebes-dreieck-bizarr-116584.bild.html
[32] Braunschweig spielt zwar im Eintracht-Stadion, die Namensrechte liegen aber bei einer Sponsorengruppe.
[33] o. V., *Stadion-Name wird verkauft*, in: *Rheinische Post*, 8. Januar 2002
[34] O. E. Schütz, *Angekommen*, in: *Rheinische Post*, 28. Januar 2004

Bücher

Markus Aretz, Stephan Giebeler, Elmar Kreuels, *Borussia Mönchengladbach. Die Chronik*, Die Werkstatt, Göttingen 2010

Markus Aretz, Holger Jenrich, *Die Elf vom Niederrhein*, Die Werkstatt, Göttingen 2005

Stefan Hermanns, *Gladbachs Giganten*, Delius Klasing, Bielefeld 2012

Werner Jakobs, *Borussia Mönchengladbach – die Elf vom Niederrhein*, Rheinsport, Kaarst 1999

Holger Jenrich, *Borussia Mönchengladbach – Tore, Tränen & Triumphe*, Die Werkstatt 1995

Magazine, Zeitungen und Artikel

SID, *Ich bin klar besser als der Ibišević*, in: *Badische Zeitung*, 30. Januar 2009

Andreas Pohl, Ursula Vielberg, Vim Vomland, *Das bizarre Liebes-Dreieck des deutschen Fußballs*, 19. Februar 2006, unter: www.bild.de/sport/aktuell/sport/fach-liebes-dreieck-bizarr-116584.bild.html

Heribert Faßbender, in: DER SPIEGEL 50/1984

o. V., *Angriff über Links*, in: DER SPIEGEL 7/1985

o. V., *Der Psycho-Krieg*, in: DER SPIEGEL 34/1985

o. V., *Den Horizont aufgemacht*, in: DER SPIEGEL 7/1995

Henning Sussebach, *Manchmal muss der Rasen eben brennen*, in: DIE ZEIT 19/2003

Hanns-Bruno Kammertöns, Anne Kunze, *Das Geld hätte ich genommen*, in: DIE ZEIT 24/2012

O. E. Schütz, Wilfried Hannes: *Wir Spieler wissen, worum es in diesem Duell geht*, in: *Rheinische Post*, 11. Dezember 1984

O. E. Schütz, *Die Furcht vor dem Londoner Rausch*, in: *Rheinische Post*, 25. September 1996

o. V., *Stadion-Name wird verkauft*, in: *Rheinische Post*, 8. Januar 2002

O. E. Schütz, *Die Trommel schweigt*, in: Rheinische Post, 19. Juli 2002
o. V., *Perfekter Abschied*, in: Rheinische Post, 25. Mai 2003
O. E. Schütz, *Angekommen*, in: Rheinische Post, 28. Januar 2004
Karsten Kellermann, *Ein schöner Tag für Giovane Élber*, in: Rheinische Post, 16. Mai 2005
Karsten Kellermann, Robert Peters, *Der Tiger geht*, in: Rheinische Post, 20. Juli 2005
Karsten Kellermann und O. E. Schütz, *Kahês Samba heißt Axé*, in: Rheinische Post, 30. September 2006
Karsten Kellermann, O. E. Schütz, Christian Spolders, *Ich freue mich auf die Probleme*, in: Rheinische Post, 24. Oktober 2008
O. E. Schütz, *Weiter im Eiltempo*, in: Rheinische Post, 7. Mai 2010
Karsten Kellermann, *Der erste Israeli der Bundesliga*, in: Rheinische Post, 21. April 2012
Karsten Kellermann, *Alles richtig gemacht*, in: Rheinische Post, 26. Juli 2012
Stefan Hermanns, *Der Zaunkönig*, unter: www.tagesspiegel.de/sport/borussia-moenchengladbach-der-zaunkoenig/1229508.html, 9. Mai 2008
Bernd Müllender, *Sie brauchen sich*, in: taz, 18. Januar 2013
Rene Bx, *Die Strafe: 20 Jahre und null Weiterentwicklung*, unter: www.useless-fanzine.de/magazin/1868-die-strafe-20-jahre-und-null-weiterentwicklung

Websites

www.11freunde.de • www.50jahre.bundesliga.de • www.die-strafe.de • www.facebook.com/borussia.mg • www.fussballdaten.de • www.rp-online.de • www.spiegel.de • www.youtube.com/user/deutschewelle

*Wenn nicht anders vermerkt, hat der Autor
die verwendeten O-Töne selbst aufgezeichnet.*

EISHOCKEY · HANDBALL · BASKETBALL

*Eine Liebeserklärung an die großartigste Mannschaft,
den großartigsten Club und den großartigsten Verein der Welt*

www.schwarzkopf-schwarzkopf.de